浙江大学德育与学生发展研究中心资助

2018年度教育部人文社会科学研究专项任务项目

（中国特色社会主义理论体系研究）

德育与学生发展研究
系列丛书

NEW PERSPECTIVE OF MORAL EDUCATION SYSTEM IN COLLEGES AND UNIVERSITIES

THE PRACTICE OF COMMUNITY

高校德育体系新认知

共同体的实践

任少波　等◎著

ZHEJIANG UNIVERSITY PRESS
浙江大学出版社

总　序
从学术共同体到德育共同体

经历千年的风雨，大学从“象牙塔”变成“社会轴心机构”，越来越深入我们的生活。对于大学的认识，无论是古希腊吕克昂学园中的辩论，还是中世纪宗教学校中的神启，或是现代大学中的诸多职能，都没有离开过对一个问题的探讨：大学何以使人过上有意义的生活？换言之，对知识的习得，对道德的养成，对意义的追求，一直是大学难以割舍而又矛盾存在的“集合体”。那么，大学到底应该扮演一个怎样的角色？

布鲁贝克在《高等教育哲学》一书中指出：“大学确立它的地位主要有两种途径，即存在两种高等教育哲学，一种哲学主要以认识论为基础，另一种哲学则以政治论为基础。”认识论把以“‘闲逸的好奇’精神追求知识作为目的”，在知识和现实之间划上明确的界限；政治论把教育作为政治的一个分支，强调教育对国家、社会的深远影响。两种论点的背后，恰恰是对大学使命、目标、定位、功能的“合法性”论证和哲学化思考。高深学问的探讨是大学的源起和初心，是摆脱价值左右的“自由探索”；而国家、社会对大学的深度关切和外部介入，带来的是价值问题，大学已经成为它们所服务的社会的不可分割的一部分。因而，在大学里存在着学术—市场、自治—共治、学术中立—价值选择等冲突，而且这些冲突在不同时代反复被提及，形成了大学的不同价值取向。

我们追溯大学的起源，“知识的探究”一直占据着灵魂地位，“知识的堡垒”也从未被攻破，知识的创造、生产、传播和继承是大学的核心使命。长期以来大学存在的合法性基础在于对知识的索求和真理的探究，而无关现实的生活和政治的价值。在这样的场所里，学生可以“自主地去学习”，教师可以“随心所欲地去研究”，这个团体充满理性和人文精神而且高度自治，是一个“学术共同体”的角色。然而，在全球化日益深入、互联网广泛应用、科技竞争日趋激烈的当代社会，大学教育不再被束之高阁，大学也不是“养在深闺人未识”的大家闺秀，而是更好地贴近市场、产业、生活的时代宠儿。正如联合国教科文组织在《学会生存：教育世界的今天和明天》一书中指出的：“社会已经连续不断地巩固改组它们的结构。……现在社会难道不应该把‘学习实现自我’，即人的教育，放在最优先的地位吗?”其实关于这个问题，联合国教科文组织在《学会关心：21世纪的教育》的报告中就给出过答案：“归根到底，21世纪最成功的劳动者是最全面发展的人，是对新思想和新的机遇开放的人。”

关于人的全面发展，马克思的经典著作中有大量的论述。马克思认为，人的全面而自由的发展是未来社会的价值目标，是实现人的发展的最高理想境界，并提出“教育与生产劳动的结合是培养全面发展的人的唯一途径”。纵观大学的演变历史，特定历史条件下的教育有着特定的价值和意义。柏拉图时代对“哲学王”的培养，中世纪对“僧侣、骑士”的培养，文艺复兴时期对“爱弥儿”的培养，工业社会对“良好的社会公民”的培养，都是特定社会标准下的教育，无不反映了教育对人的影响。面向新时代，经济、政治、文化诸方面的综合发展成为历史潮流，技术的进步让人摆脱自然的束缚和个体的局限，人的需求和能力得到极大的提升，自由、充分、个性的全面发展成为可能。在这样的时代里，培养适应现代生活、改造现存世界的人，让个体理解和选择有意义的生活，应该成为大学的核心活动。

从西方大学反观中国高等教育，近代中国大学发展一直受到两条逻辑路线影响：一条是以科学主义为主的西方高等教育，另一条是以人伦教化为主的传统文化教育。近代中国大学创办于救亡图存的危机年代，无论是中西学堂、南洋公学还是京师大学堂，无不以西学为榜样，设新科、启民智、重实用，在办学体系、课程内容、教学方法上大量模仿西方。中华人民共和国成立以来，高等教育的培养目标、教育理念发生了变化，高等学校得以迅猛发展。然而机械地照搬苏联模式，一度也使大学偏离全面发展的航道。随着改革开放的深入和经济体制的转变，高等教育发展进入新的历史时期。人民群众对高等教育的需求不断高涨，现代教育理念不断创新，大学正焕发新的生命力。在这条路线上更多是现代性的逻辑，隐约展现的是西方大学的身影（或镜像）。我们“洋为中用”，积极吸收西方一切先进经验和文明成果，从落后走向发展，逐步建立起与世界高等教育发展同步的理念、目标与方向。与此同时，在另外一条路线上，传统以“仁义”为核心的德育思想长期“统治”着教育领域，深深地影响着高等教育。《大学》开篇提到，“大学之道，在明明德，在亲民，在止于至善”，说明了知识及其教育的首要目的是培养社会发展所需之人。《论语》指出，“弟子入则孝，出则悌，谨而信，泛爱众而亲仁，行有余力，则以学文”，把道德修养放在知识学习之上，浸透着“修身”的价值追求。青少年阶段是人生的“拔节孕穗期”，最需要精心引导和栽培。因而，在当代中国大学里，“培养什么人，如何培养人以及为谁培养人”是教育的根本问题，“立德树人”是教育的根本任务，德育、智育、体育、美育、劳育的全面发展是教育的根本出发点和落脚点。尤其可贵的是，把“德育”放在首位，突出“德育”在人的全面发展中的核心地位和统领之义。正是这种以德为首、融合全面发展的教育思想传统，创造性地塑造了大学作为“德育共同体”的角色。

但丁说过：“一个知识不全的人可以用道德去弥补，而一个道德不全的人却难以用知识去弥补。”我们认为，从“学术共同体”到“德育共同体”，是对大学合法性基础认识的再深化、再发展。大学离不开学术，但是学术不是大学的全部；大学离不开政治，但是政治终究无法替代大学。中国特色的世界一流大学，应该是现代性的大学构架和道德性的文化传统交织在一起的时代产物，应该展现出多维度、多目的、多功能的教育生态，真正成为生活的中心、社会的工具、思想的源泉和发展的动力，最终承担起“生命共同体”的角色。

教育实践本质是一种道德实践。当前，国家全面推进中国特色世界一流大学建设。对标世界一流大学的显性指标，我们充满信心，扎根中国大地的“特色指标”需要我们不断充实自身。我们也深信，在中国特色社会主义伟大实践中，德育一定是高等教育应有之义，也是高校办学“特色指标”之所在，具有重要的现实意义。尤其在现代大学的开放办学中，在重视德育的优良文化传统中，在人的现代化不断丰富的过程中，“德育共同体”的理论研究和实践探索恰逢其时。为此，浙江大学德育与学生发展研究中心组织力量，从“德育共同体”的理论、体系、实践、案例等方面开展研究，形成了“德育与学生发展研究”系列丛书。丛书包罗德育养成和个体发展的多方面，既着眼于德育新要求，探讨“德育共同体”的生成、发展和趋势，构建德育工作的新理论、新体系；又面向学生发展新需求，研究思想政治教育、心理健康教育、创新创业教育、队伍建设等，探索德育工作的新方法、新路径。在丛书的编写过程中，我们坚持马克思主义理论的指导地位，积极吸收和借鉴现代各种德育思想和理论，从学生全面发展的角度出发，试图在高等教育的内涵发展中审视德育体系的独特功效，摆脱长期以来德育与智育分裂、思政教育与专业教育割裂、道德养成与知识习得断裂的高等教育沉疴，为新时代高校德育工作的改革创新提供理论支撑、解决方案和本土样本，让教育真正回归初心、回到本位，让青年过上快乐、充实和有意义的生活。

是为序。

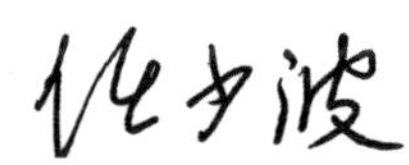

2018 年 9 月 10 日

于浙江大学德育与学生发展研究中心

目　录

绪　论

一、当代国际关系格局的新形态

当今世界正经历重大而深刻的历史性变革，经济复苏乏力、局部冲突和动荡频发等问题加剧，全球处于深度调整期。在调整后的间歇期，保护主义、民族主义、宗教冲突、地缘政治危机的扩大等情况出现。在世界各国人民开始高度关注近代以来的全球化方向，担忧人类未来发展前景的国际形势下，习近平总书记提出构建"人类命运共同体"的思想，为未来世界的发展指明了新方向，为我国加快国际化进程提供了强大动力，使我们比历史上任何时期都更接近世界舞台的中央。然而，进入世界舞台意味着各种思潮将渗入经济、政治、文化的方方面面，新时代意识形态工作面临更加艰巨的挑战。如何在复杂的意识形态领域斗争中牢牢把握主动权，排除外部干扰，使全党、全国人民紧密团结在以习近平同志为核心的党中央周围，砥砺前行，共同实现中华民族伟大复兴的中国梦，是对高校德育工作者提出的重大课题。

欧洲难民危机使西方长期宣扬的所谓"普世价值"受到严峻挑战。2015年初，一场自第二次世界大战以来最为严重的难民危机开始席卷欧洲大陆。

据不完整统计，2015 年和 2016 年共有超过 200 万名难民抵达欧洲。然而一直奉行人权至上的欧洲各国，却将大量难民拒之门外，造成严重的人道主义危机。随着欧洲经济的持续低迷，民族主义势力的抬头和恐怖主义的威胁，难民危机在短时间内很难得到平息。英国脱欧公投使欧洲一体化前景堪忧，英国退出欧盟短期内使英国国内许多中小企业不受欧盟规章制度的限制，就业机会可能因此增加。但从长远发展看，失去了欧盟成员国的身份，英国难以依托欧盟在欧洲和世界事务中发挥重要作用，其国际地位和影响力将大打折扣。这一现象的产生与民粹主义的盛行密切相关。盲目迎合民意、不加限制的自由主义必将导致进一步的政治动荡，加剧政治对立，使欧洲一体化进程放缓。美国大选背后反映的逆全球化思潮也引发世界各国关注，各类黑天鹅事件频繁出现，给全世界带来更多的不确定性。自冷战结束以来，一直引领世界经济、政治、文化发展的西方国家陷入前所未有的伦理困境。西方社会的种种危机反映了其所坚持的所谓“普世价值”存在着内生矛盾，西方民主悖论所衍生出的民族主义和民粹主义，正反噬其社会的道德基础。因此，我国高校德育工作要坚决抵制西方所谓“普世价值”的渗透，建立符合自身国情和未来发展的德育体系，为我国进一步进入世界大舞台提供坚实的思想基础。

二、改革开放进程深化的新考验

党的十九大报告指出，中国特色社会主义进入新时代，我国社会主要矛盾由人民群众日益增长的物质文化需求同落后的社会生产之间的矛盾，转化为人民日益增长的美好生活需要和不平衡不充分的发展之间的矛盾。这就意味着人民除了追求富裕的物质生活以外，开始转向更多、更广泛的社会生活需要，这其中也包含了对优质高等教育的期盼和需求。社会主要矛盾的变化是全局性的、历史性的，在高等教育领域也不例外。特别是随着改革开放的不断深入，高校德育工作面临更多新问题新考验。能否在实现“立德树人”

根本任务的过程中，着力发现和解决高校德育工作领域发展不平衡不充分问题；能否吸收中国优秀传统文化和西方先进的德育理念，充分发挥中国特色社会主义德育的优越性；能否坚持“以人民为中心”的理念，针对大学生的时代特征，有效提高德育工作的质量，更好实现大学生的全面健康发展，是新时代高校德育工作必须面对的考验。

价值取向多元化。随着改革进入深水区、开放步入新征程，中国社会价值取向经历一元化到多元化的发展过程，而且价值取向的多元化倾向日益明显。价值取向多元化说明社会个体的意愿得到合理释放，社会主义市场经济更具活力。同时，如何防止价值取向多元化造成的理想信念和道德归属感缺失，也显得十分必要。这就需要我们进一步加强高校德育工作，帮助大学生树立正确的世界观、人生观、价值观，践行社会主义核心价值观。正如党的十九大报告提出的：“人民有信仰，国家有力量，民族有希望。要提高人民思想觉悟、道德水准、文明素养，提高全社会文明程度。广泛开展理想信念教育，深化中国特色社会主义和中国梦宣传教育，弘扬民族精神和时代精神，加强爱国主义、集体主义、社会主义教育，引导人们树立正确的历史观、民族观、国家观、文化观。”①

信息传播多样化。近年来，我国互联网技术飞速发展，特别是与移动通信技术的紧密结合，使得互联网应用日益走进现实生活，并逐步走出国门、走向国际社会。高铁、支付宝、共享单车和网购，被誉为中国的“新四大发明”，其中后三者就是在互联网和手机技术相结合的背景下形成的。互联网已经从过去的虚拟世界进入现实世界，影响和改变了人们的生活和思维习惯。党的十九大报告指出“推动互联网、大数据、人工智能和实体经济深度融合”②，可见未来互联网技术将日益融入我们的生活。同时，以互联网为代表的信息

① 习近平. 决胜全面建成小康社会 夺取新时代中国特色社会主义伟大胜利——在中国共产党第十九次全国代表大会上的报告[R]. 北京：人民出版社，2017：42-43.

② 习近平. 决胜全面建成小康社会 夺取新时代中国特色社会主义伟大胜利——在中国共产党第十九次全国代表大会上的报告[R]. 北京：人民出版社，2017：30.

技术迅猛发展，尤其是在中国——新时代共享精神的首创者和领导实践者，互联网群体主体活动的依存条件、表现方式和实现形态都发生了革命性、创新性的变化，个人主体性地位得到前所未有的提高。可以看到，新时代的中国高校大学生群体，其主体活动具有新时代的显著特点，活动能力具有技术性特征，活动领域完全实现网络化延伸，思维模式具有超现实性，需要教师创造性地全面介入，开展积极有效的引导。

三、高校德育工作面临的新挑战

高度发达的物质生活和高速运转的现代社会满足了人们的多元需要，给人们带来了极大的便利，同时也造成了人们情感、道德和价值观的日趋多元化。强大的国家需要强大的教育支撑，强大的教育需要强大的德育支持，时代发展对高等教育和高校德育工作提出了新的要求。如何加强和改进高校德育工作，扎根中国大地办世界一流大学，培养世界一流人才，提高国家核心竞争力，为中华民族的伟大复兴和人类的文明进步做出贡献，是当前高校德育工作所面临的最现实的时代背景。

社会思潮多元化，时代挑战“难适应”。随着高校“象牙塔”的大门被打开，各种社会思潮和意识形态蜂拥而至，在校园逐渐影响更多学生。大学生比以往有更多机会获取外界各种信息，更广泛地接受各类社会思想和价值影响，也有更多的独立判断和选择的意识，直接导致以一元为中心的价值取向被泛娱乐化、网络化和去中心化，传统高校德育工作的针对性、有效性明显削弱。面对这些变化，需要高校教育工作者以更广阔的理论视野和更多样的实践方式来开展德育工作，以适应新时代不断变化的发展要求。

育人场域多样化，渠道网络“需畅通”。高校是师生共同组建的关系共同体，教师、管理人员、学生等共同组成高校的人员主体，共同推进立德树人根本任务的落实。德育作为特殊的交往实践活动，是不同主体相互交往、集体实践的过程，其目的是为了引导人们在生活世界中过有意义的道德生活。生活世界的丰富性和开放性使德育不再局限在传统的课堂上，而是延伸到实践、网络和社会生活的方方面面。同时，德育是一个庞大的信息流通和循环系统，德育的路径也不再是单一的课堂主渠道，还有团队德育、角色德育、实践德育等构成的微循环，主渠道和微循环共同发挥作用，推动德育的发展。

忽视学生主体性，道德认同“需唤醒”。随着社会的不断发展和改革开放的进一步深化，大学生的主体意识日益增强。德育工作却继续沿袭被动的、单向的、强调外部管理的方式，造成教师与学生缺少互动，学生内在需求和自我教育能力降低，从而难以真正唤起学生的道德认同感，不能有效激发大学生德育理念的内生动力。苏联心理学家、教育家维果茨基提出，人能总结经验、发现事物的内部规律、主动地控制自己的行为，因而具有积极地改造客观现实、创造世界的本领。因此，要尊重学生的主体性，发现学生的差异性，建立师生交互协同的模式。

重理论但轻实践，德育需要“再认识”。在一定程度上，德育工作“两张皮”的现象是影响德育效果的重要原因，使德育走向抽象化、概念化和失范化。德育内容逐渐成为一种存在于思维中的知识，与现实生活脱节。新时代视域下，如何解决这一问题，要有更为宽广的理论视野。皮亚杰在《心理发生和科学史》中提到：“在我们看来，在任何历史时期和任何社会，都有某个占主导地位的认识框架，这个认识框架产生了社会范型，并且是一种新的社会范型的起源。”①从中可以看出，导致意识形态差异的是认识框架。因而，德育工作的内容既不是输入的知识，也不是输出的意识形态，而是让知识在个体头脑中产生意识形态结果——“认识框架”（认知结构）。这种认识框架包含了知识但不仅限于知识，包含了价值观但也不仅限于价值观。德育的目的不是让学生学习具体的道德知识，而是让学生学习构建意义的方法。

网络渗透，虚拟现实“双重叠”。以计算机、微电子和通信为主的信息技术在人们的生产生活中广泛运用，对我国经济和社会发展产生了深刻的影

① 皮亚杰. 心理发生和科学史[M]. 姜志辉，译. 上海：华东师范大学出版社，2005：144.

响，极大地改变了人们的生活方式、行为习惯和价值观念。课堂不再是学生获取知识的唯一途径，依托于互联网的即时性、个性化、不确定性的信息传播大行其道，高校德育的客观环境由现实课堂不可逆转地渗透至网络虚拟空间。要适应技术发展带来的时代变迁和时空转换，就需要推进高校德育工作与互联网技术的高度融合，形成线上线下互补、网上网下合力的网络思想政治教育新格局。要积极拓展网络育人阵地，推动校园各类网络平台的深度融合，加强互联互通，形成正能量集群效应，将构建互联网环境下的高校德育工作体系作为新时代德育工作的重点内容。

四、共同体理念认识下的新思维

由于不同历史条件和资源禀赋的影响，我国高等教育发展不平衡，高校的德育也具有差异性。同时，中国特色社会主义高等教育的德育实践发展起步较晚，吸收、借鉴了西方现代德育理念中很多有价值的理论和方法。但是意识形态的显著差别和工具理性的价值背景，决定了其发展的局限性和不适用性。面向新时代，中国特色社会主义大学的德育工作必须要有更先进的理论和方法。面对国际格局深刻变化和复杂形势，习近平总书记提出“人类命运共同体”的全球治理新理念新思维，得到了全球有识之士的高度认同和主流国家的积极响应。人类命运共同体“立足于马克思恩格斯关于人类文明发展、交往的相关理论，继承并创新了中国特色社会主义理论体系当中已有的文明交往思想，并且将中华民族的传统文化融入其中，形成了对人类文明发展道路的新倡导”[①]，体现了敏锐的时代眼光和深厚的理论涵养，是中国道路、中国文化对全球发展的深度回应。

在共同体演变的历史上，18 世纪法国启蒙思想家、哲学家、教育家、文学家，法国大革命的思想先驱卢梭提出了“共同体”的理念，他认为：“社会共同体本身是人的一种理性的创制，其根本要义就在于每个人将其生命、财产置

① 杨梓妤. 习近平“人类命运共同体理念”的研究综述[J]. 改革与开放，2017(1)：67-68.

于社会公约(公意、法律)的监护之下,从而作为公共利益而受到保护。"[①]而将"共同体"作为社会学的基本概念,是由德国著名社会学家、哲学家斐迪南·滕尼斯于1887年在《共同体与社会》一书中提出的。其后,康德、马克思等都有过经典的表述,共同体的内涵随时代发展不断得到丰富。共同体的形成,是在恰当的社会背景和环境中,在共同条件下结成的集体。其中的个体既可以是客体也可以是主体。个体应该具有相容的背景、集中而一致的目标,在一定条件下能形成良性互动。共同体可以维系个体间的充分交流,促进个体的主动建构。任何共同体在本质上都是利益的共同体,这个利益可以是经济、政治、文化的利益,也可以是教育、创新的利益,更可以是个体全面发展的利益。德育的目的是塑造人,促进个体人格的完善,使个体获得自我的提升。通过改造个体的主观世界,促进健全人格的形成,推动个体从自然人转变为社会人和道德人,在社会群体中与他人形成良性互动的关系。

共同体理念为新时代德育提供了全新的思路和方法。中国特色社会主义大学以"立德树人"为根本任务,以德育为主导,天然地形成目标一致、主体交互、集体实践的"德育共同体"。"德育共同体"将坚持马克思主义的指导地位,批判地吸收西方先进的教育成果,将共产主义远大理想和中国特色社会主义共同理想结合起来,通过多元教育方式转化为情感认同和行为习惯,逐步营造课内、课外,线下、线上,学校、社会全覆盖的德育生态,进而内化为价值认同和政治认同,培养德智体美劳全面发展的社会主义建设者和接班人,实现"立德树人"的根本任务。

五、迎接高校德育共同体新时代

构建"德育共同体"必须坚持马克思主义基本原理和社会主义办学方向。马克思主义科学地揭示了人类社会发展的普遍规律,具有强大的生命力,以

① 张盾,田冠浩. 卢梭与现代共同体[N]. 中国社会科学报,2012-11-23(B2).

马克思主义为指导是立党立国之本。马克思主义不仅是高校德育的指导思想,也是高校德育的理论基石,为高校德育工作提供了正确的世界观、人生观、价值观指导,为大学生提供了判断是非善恶的标准。习近平新时代中国特色社会主义思想重申了德育工作的重要性,对高校德育工作提出了新要求:“意识形态决定文化前进方向和发展道路。必须推进马克思主义中国化、时代化、大众化,建设具有强大凝聚力和引领力的社会主义意识形态,使全体人民在理想信念、价值理念、道德观念上紧紧团结在一起。要加强理论武装,推动新时代中国特色社会主义思想深入人心。”①面向新时代,要推动中国特色社会主义思想深入人心,就必须坚持马克思主义的基本观点、基本方法,结合世情、国情、社情、校情,构建德育工作的大视野、大格局和大体系。

“培养什么人,如何培养人以及为谁培养人”的问题,一直萦绕在高校德育工作者心中。“德育共同体”理念的提出源于当下我国新时代高等教育改革发展,积极践行社会主义德育观和追求美好生活的理性审思,也是进一步贯彻落实“立德树人”根本任务和全国高校思想政治工作会议、全国教育大会精神的现实要求。新世纪以来,高等教育发展迎来前所未有的机遇,高校思想政治教育工作也进入新的阶段。在2016年全国高校思想政治工作会议上,习近平总书记强调,“高校思想政治工作关系高校‘培养什么人,如何培养人以及为谁培养人’这个根本问题。要坚持把立德树人作为中心环节,把思想政治工作贯穿教育教学全过程,实现全程育人、全方位育人,努力开创我国高等教育事业发展新局面。”②党的十九大报告指出:“实践没有止境,理论创新没有止境……落实立德树人根本任务,发展素质教育,努力让每个孩子都能享有公平而有质量的教育。”③这一系列战略部署和安排无不体现了党和国家

① 习近平. 决胜全面建成小康社会 夺取新时代中国特色社会主义伟大胜利——在中国共产党第十九次全国代表大会上的报告[R]. 北京:人民出版社,2017:41.

② 习近平. 把思想政治工作贯穿教育教学全过程 开创我国高等教育事业发展新局面[N]. 人民日报,2016-12-09(1).

③ 习近平. 决胜全面建成小康社会 夺取新时代中国特色社会主义伟大胜利——在中国共产党第十九次全国代表大会上的报告[R]. 北京:人民出版社,2017:26,45-46.

对高等教育事业的高度重视，从全局和战略高度谋划高等教育改革发展，深刻回答了事关高等教育事业发展的一系列重大问题，为高校思想政治工作指明了方向。高校不仅是知识传播和技能习得的场所，更肩负着立德树人的时代责任，这是党和国家对中国特色社会主义高校的本质要求。

面对国际国内环境的不断变化、意识形态领域斗争的错综复杂，高校德育必须紧跟新时代的步伐，满足新时代德育的需求，不断推动德育理论和实践创新，培养能够担当民族复兴大任的时代新人。基于此，浙江大学德育与学生发展研究中心组织力量，在教育部人文社科研究专项任务项目（中国特色社会主义理论体系研究）（18JD710094）“新时代高校‘德育共同体’的建构和探索研究”课题的研究基础上，提出构建高校“德育共同体”的新时代中国特色社会主义高校德育理念，并结合浙江大学德育工作实际，经过初步探索和实践，形成了本书的体会和成果。

第一章　高校德育的理论和发展趋势

第一节　高校德育的内涵及历史演进

随着全球化的加速和互联网时代的到来，德育面临新的机遇和挑战。一方面，全球范围的文化交流与融合，对地域主体文化产生了不可避免的冲击；另一方面，互联网的去中心化进一步消解了传统话语体系的权威性。在德育理论研究和德育工作实践上，我们既要积极吸纳各类文明中的有益成分，不断与时俱进，与现代社会相协调，解决当今时代共性问题，更要立足我国独特的历史、文化和国情，坚持自己的发展道路。

在人类文明的发展历程中，道德规范在维系国家稳定、促进社会进步等方面始终起着至关重要的作用，衍生出的道德教育也备受历代思想家和教育家的关注。春秋时期的政治家子产便已朴素地认识到："德，国家之基也。有基无坏，无亦是务乎？有德则乐，乐则能久。"[①]孔子则对道德与社会的关系做了进一步的探讨，他认为："道之以政，齐之以刑，民免而无耻。道之以德，齐之以礼，有耻且格。"[②]但他并不只局限于道德的功用，而是构建了一个涵盖

① 佚名. 左传[M]. 刘利，纪凌云，译注. 北京：中华书局，2007：209.

② 佚名. 四书[M]. 广州：花城出版社，2002：51.

仁、义、礼，从国家层面到个体层面的宏大道德世界。其中关于德育部分，《大学》做了高度的总结，具体阐释了从格物致知到治国平天下的逻辑链，而道德修炼则是个体与社会所建立的积极联系。在同时期的西方，苏格拉底开启了探讨美德和知识关系的先河，他指出："如果知识包括了一切的善，那么我们认为美德即知识将是对的。"[①]这是西方关于德育思想的早期萌芽，奠定了德育的科学性基础。其后柏拉图在《理想国》中建立了完整的德育理论体系，认为国家需要采取一定的方法引导和教化公民获取知识、体现正义、具有德性。[②]

东西方文明对德育的定位虽然在具体内涵和表现形式上有所不同，体现了不同的文化观和价值观，但都是国家政治意识形态的衍生，追求各自国家话语体系下真善美的内在统一，是对公民有意识的道德规范和行为引导，本质上都是解决"培养什么样的人、如何培养人以及为谁培养人"这一根本问题。德育既包括道德教育，也包括政治教育和思想教育，政治性是其固有的本质属性之一。[③] 因此，德育的发展与地缘政治的发展息息相关，地缘政治直接影响德育的大环境，进而影响德育目标、德育内容、德育载体、德育方法和德育评价等，也间接地对德育的发展产生积极或消极的影响。

一、相关理论研究

（一）德育的本质内涵

在西方理论背景下，德育专指道德教育（moral education）。但在我国，在传统思维方式、在苏联教育学和中国革命特殊历史等因素的影响下[④]，学者普遍认为教育学中的德育与伦理学体系中的德育概念不同，是相对于智育和美

---

① 北京大学哲学系外国哲学史教研室. 古希腊罗马哲学[M]. 北京：商务印书馆，1961：164.

② 孙经国. 柏拉图的德行教化论思想探究——基于《理想国》的文本解读[J]. 道德与文明，2011(1)：76－80.

③ 田心铭. 简论思想政治教育的目的、培养目标和教育内容——兼评"德育非政治化"的观点[J]. 思想政治教育研究，2011(6)：88－97.

④ 檀传宝. 学校道德教育原理[M]. 北京：教育科学出版社，1999：2.

育的划分，涵盖范围更广，包括培养学生的思想品质、政治品质和道德品质。①

随着教育思想的不断发展，关于德育的本质内涵在学术界和教育界都引发了许多讨论。大致可以分为广义和狭义两个层面的综合认识观，前者是从德育的功能性角度出发，后者则是从德育的词源学以及可研究性的角度出发。② 在此分类框架下，对几种具有代表性的德育概念进行整理(见表1-1)。

表1-1　德育的概念

层面	内容	来源
广义	德育包括对学生的共产主义思想教育、政治教育和道德品质教育。③	《教育学》(1984)
	德育即对学生进行政治、思想、道德和心理品质教育。	《中小学德育工作规程》(1998)
	德育旨在形成受教育者一定思想品德的教育，在社会主义中国包括思想教育、政治教育和道德教育。	《教育大辞典》(1998)
	德育主要是对学生进行政治、思想、道德、法制、心理健康教育。	《教育部关于整体规划大中小学德育体系的意见》(教社政〔2005〕11号)
狭义	德育即培养学生品德的教育。④	《教育原理》(1993)
	在理论上把德育界定为道德教育，使它与政治教育、思想教育区分开来。⑤	《德育原理》(2000)
	德育是教育工作者组织适合德育对象品德成长的价值环境，促进他们在道德认知、情感和实践能力等方面不断建构和提升的教育活动。⑥	《德育原理》(2006)

德育的直接目的是塑造人，促进个体人格的完善，使个体获得自我的提升。教育者通过德育改造受教育者的主观世界，促进其健全人格的形成，推

① 王道俊，王汉澜. 教育学[M]. 北京：人民教育出版社，1989：330.

② 易连云. 德育原理[M]. 武汉：武汉大学出版社，2010：37.

③ 南京师范大学教育系. 教育学[M]. 北京：人民教育出版社，1984：7.

④ 陈桂生. 教育原理[M]. 上海：华东师范大学出版社，1993：1.

⑤ 黄向阳. 德育原理[M]. 上海：华东师范大学出版社，2000. 转引自邓达. 德育与公民教育关系之辨[J]. 教育学术月刊，2010(2)：53-56.

⑥ 檀传宝. 德育原理[M]. 北京：北京师范大学出版社，2006：6.

动个体从自然人转变为社会人和道德人，在社会群体中与他人形成良性互动的关系。因此，德育不仅仅是单纯的教育行为，而是在政治、经济、文化、传统等因素影响下的国家公民整体素质提升工程，因而在各国的战略发展中也一直被摆在突出位置。

不同国家和地区的德育具有显著差异性。无论是广义还是狭义，德育的发展必然扎根于其所属地域的文化基础之上。文化是一个国家、一个民族的灵魂，没有高度的文化自信，没有文化的繁荣兴盛，就没有中华民族伟大复兴。我国文化的核心是中国特色社会主义文化，源自中华民族五千年文明历史所孕育的中华优秀传统文化，熔铸于党领导人民在革命、建设、改革中创造的革命文化和社会主义先进文化，植根于中国特色社会主义伟大实践。我们可以看到中华优秀传统文化、革命文化和社会主义先进文化是德育在中国背景下实践的三大底色。

党的十八届三中全会《关于全面深化改革若干重大问题的决定》中指出，要深化教育领域综合改革，全面贯彻党的教育方针，坚持立德树人，加强社会主义核心价值体系教育，完善中华优秀传统文化教育。随着全面深化改革不断取得重大突破，党对意识形态工作的领导持续加强，党的理论创新全面推进，马克思主义在意识形态领域的指导地位更加突出，中国特色社会主义和中国梦深入人心，社会主义核心价值观和中华优秀传统文化广泛弘扬，群众性精神文明创建活动扎实开展，德育进入了全新的历史发展阶段。而学校作为实现德育系统化和专业化的核心场所，将在青年人生观、世界观、价值观的培育和发展中起着越来越重要的作用。

党的十九大报告指出："青年一代有理想、有本领、有担当，国家就有前途，民族就有希望。中国梦是历史的、现实的，也是未来的；是我们这一代的，更是青年一代的。中华民族伟大复兴的中国梦终将在一代代青年的接力奋斗中变为现实。"大学阶段作为青年学生进入社会的最后过渡时期，是德育体系中的重要环节，是教育者遵循大学生身心成长的客观规律，教育引导大学生将外在社会道德准则与规范内化为自身的道德品质，促进大学生道德品质的理性成长，并将其外化为良好的道德行为习惯的过程。[①] 与其他阶段的德育相比，高校德育承担着保障实现中华民族伟大复兴的中国梦代际相传的历史责任。

党的十九大报告强调，建设教育强国是中华民族伟大复兴的基础工程。必须把教育事业放在优先位置，加快教育现代化，办好人民满意的教育。要全面贯彻党的教育方针，落实立德树人根本任务，发展素质教育，推进教育公平，培养德智体美劳全面发展的社会主义建设者和接班人。发展中国特色社会主义高校德育，就是要以马克思主义为指导，坚守中华文化立场，立足当代中国现实，结合新时代的条件构建并完善立德树人、以德为先的“德育共同体”。

党牢牢掌握意识形态工作领导权是前提保障。意识形态直接决定了工作的前进方向和发展道路。高校德育本身就是推进马克思主义中国化、时代化、大众化，推动新时代中国特色社会主义思想深入人心，凝聚和引领全体人民在理想信念、价值理念、道德观念上紧密团结的实践方式之一。一是深化马克思主义理论研究和建设，为德育开展提供理论武装。二是高度重视教育手段建设和创新，提高德育的影响力和引导力。三是落实意识形态工作责任制，加强德育阵地建设和管理。

培育和践行社会主义核心价值观是内涵基础。社会主义核心价值观是当代中国精神的集中体现，凝结着全体人民共同的价值追求。高校德育要以培养担当民族复兴大任的时代新人为着眼点，强化教育引导、实践养成、制度保障，发挥社会主义核心价值观的引领作用，将其融入个体发展的方方面面，转化为人们的情感认同和行为习惯。一方面要深入挖掘中华优秀传统文化蕴含的思想观念、人文精神、道德规范，另一方面要结合时代要求继承创新，面向现代化、面向世界、面向未来。

---

① 沈壮海. 论高校德育的人本追求[J]. 思想政治教育研究，2009(11)：85－90.

加强思想道德建设是成果体现。高校德育最终的目标是提高人民思想觉悟、道德水准、文明素养，提高全社会文明程度，主要包括四大核心内容。一是理想信念教育，深化中国特色社会主义和“中国梦”宣传教育，弘扬民族精神和时代精神，加强爱国主义、集体主义、社会主义教育，引导受教育者树立正确的历史观、民族观、国家观、文化观。二是公民道德建设，推进社会公德、职业道德、家庭美德、个人品德建设，激励受教育者向上向善、孝老爱亲、忠于祖国、忠于人民。三是思想政治工作，弘扬科学精神，普及科学知识，开展移风易俗、弘扬时代新风行动，抵制腐朽落后文化侵蚀。四是诚信建设和志愿服务，强化受教育者的社会责任意识、规则意识和奉献意识。

（二）德育的研究视角

关于德育的研究主要有两种视角：一种聚焦于德育的道德属性，认为德育即道德教育，是把一定思想规范、政治立场转化为个体思想品德的教育活动。① 另一种则认为道德教育并不是孤立的，而是与各种场合、各种内容、各种形式的教育息息相关。②

前者是还原论思想在教育学领域的应用，逻辑核心在于将复杂的系统分解为各个要素的组合以进行理解和描述。首先是道德的分解。约翰·洛克将德性提炼为个体各种品德中第一位、最不可或缺的特性。在此基础上，德育即有了其独特的内容。赫伯特·斯宾塞在1860年出版的《教育论》中将德育与智育和体育相并列，详细地阐述了道德教育的原则、方式与方法。③ 其次是教育体系的分解。裴斯泰洛齐认为，德育是整个教育体系的关键问题，是培养和谐发展的完善的人的重要方面。④ 最后是教育过程的分解。苏霍姆林斯基将德育定位为个体全面和谐发展中的核心地位，是一个道德概念到道德

---

① 檀传宝. 德育原理[M]. 北京：北京师范大学出版社，2007：182.

② 江霞. 大德育观：德育价值取向的必然抉择[J]. 文史博览（理论），2013(4)：21.

③ 斯宾塞. 教育论[M]. 北京：人民教育出版社，1962：9.

④ 张红生. 外国教育家对德育的认识与见解[J]. 思想教育研究，2002(8)：46－48.

信念的辩证发展过程。[①] 我国近代德育的概念源于西方，因此早期的德育概念也与道德教育等同。1928年唐钺等人在《教育大辞书》中指出，德育为教育之一方面，以儿童之道德心之陶冶为目的，是德性之熏陶。[②] 同年，王克仁、余家菊等编写的《中国教育辞书》同样认为："道德教育，训练道德品格之教育也，一称德育。"[③]

随着现代教育理念的不断进步，人们逐渐发现教育是一个复杂的系统工程，各个部分密切相关，均有至关重要的影响。整体论思想开始回归，强调全员、全过程、全方位育人，把教育作为一个有机的整体进行分析和研究。1995年，我国《中国普通高等学校德育大纲》指出，德育即思想、政治和品德教育，它体现教育的社会性与阶级性，是学校教育的重要组成部分。德育与智育、体育相互联系，彼此渗透，密切协调。[④] 鲁洁和王逢贤认为，德育是教育者根据一定的社会和受教育者的需要，遵循人与社会、品德形成的一定规律，使用言教身教等手段，通过内化和外化，促进受教育者的思想、政治、法制和道德几方面素质提升的系统活动过程。[⑤] "德育体系"的概念开始形成，学者们逐渐认识到德育是集德育目标、德育内容、德育载体、德育环境、德育方法、德育评价为一体的综合体系。

然而，关于德育复杂系统观的讨论也出现了一些问题，即容易导致对德育定义和内涵讨论的泛化，其中最突出的表现是德育和思想政治教育两个概念的定义混淆替代，内涵随意拓展，更有甚者将两者有意对立，主张所谓的"德育非政治化"。事实上，两者的内涵与外延具有交叉契合的部分，从根本目的上来看，都是为阶级和社会发展培育人才，都是特定社会思想、政治意识

---

① 杨汉麟. 外国教育名家思想[M]. 武汉：华中师范出版社，2012：214.

② 唐钺，朱经农，高觉敷. 教育大辞书[M]. 北京：商务印书馆，1928：1462. 转引自班华. 现代德育论[M]. 合肥：安徽人民出版社，1996：7.

③ 王克仁，余家菊，等. 中国教育辞书[M]. 上海：中华书局，1928：837.

④ 国家教委. 中国普通高等学校德育大纲[J]. 中国高等教育，1996(2)：4－6.

⑤ 鲁洁，王逢贤. 德育新论[M]. 南京：江苏教育出版社，2002：128.

对社会成员的渗透，具有显著的时代特征和阶级属性。[1]

在当代中国的语境中，德育具有政治化的历史惯性，个人价值与社会价值导向一直以来高度重合。同时，德育与思想政治教育在教学实践过程中互为补充、相得益彰，两者相辅相成，功能和载体相似相同。进入新时期以来，我国教育的发展始终坚持正确的政治方向，目标是培养德智体美劳全面发展的社会主义事业建设者和接班人，为人民服务，为中国共产党治国理政服务，为巩固和发展中国特色社会主义制度服务，为改革开放和社会主义现代化建设服务。德育和思想政治教育都是围绕"立德树人"这一根本任务，以马克思主义及其中国化成果为理论基础。其中，德育是社会主义价值体系下的道德教育实践，思想政治教育则是社会主义理论体系下的意识形态教育实践，解决的是世界观、人生观、价值观的理想信念"总开关"问题。

（三）德育的体系框架

德育体系的构建，不仅仅是在现代教育理论基础上整体地理解和把握"德育"这一概念，更是一种教育实践中制度化、规范化的社会系统工程。[2] 这需要以德性论、德育论、系统论为载体，以贯通今古、融会中西、继承借鉴、发展创新为指导原则，以德育目标、德育内容、德育途径、德育方法、德育管理、德育评价为要素系统，以小学、中学、中职、大学为层次系统。[3]

事实上，除了从教育科学性的角度将德育看作是一个专业体系进行分析外，还可以从教育主体性的角度研究德育的行为体系，即特定的教育者、受教育者以及相关者之间的关系。教育者以一定的道德教育内容去要求受教育者，并与受教育者原有的品德基础发生矛盾，通过不断解决这个矛盾，使教育者传授的外化德育内容经过受教育者发挥主观能动性而内化为受教育者自身的品德。[4] 从行为主体关系的角度出发，讨论德育的内涵主要有两种观点：

---

① 祖嘉合. 略论德育和思想政治教育的适度区分[J]. 思想教育研究，2011(2)：5－9.

② 舒也. 对"大德育体系"的思考[J]. 高等教育研究，1999(3)：52－55.

③ 詹万生. 整体构建德育体系总论[M]. 北京：教育科学出版社，2000：4.

④ 王星. 当代大学生道德教育的失调与对策研究[J]. 亚太教育，2015：170－172.

一种是施加论观点，认为德育是教育者按一定的社会要求，有目的有计划地对受教育者心理施加影响，进而培养教育者所期望的思想品德[①]；另一种是内化论观点，即认为德育是教育者通过教育活动，把社会意识和社会道德规范内化于主体，变为主体的内在的意识、内在的心理境界，成为个人某些稳定的性格特征，而后在人的社会活动中表现出来。[②]

同时，学校德育从来不是一个封闭的系统，无论从理论上还是实践上始终与当时社会的需求相一致，几乎从未超越过这些需要。[③] 一方面，社会环境对学校德育主要有决定、参与和补充三个层面的影响[④]，决定作用指的是对德育范式和规模的决定，参与作用集中表现为政府的领导行为，补充作用则是德育在社会范围内的延伸。另一方面，社会不断转型和变革增加了学校德育与社会环境之间匹配的难度，两者的异向性矛盾开始出现，从而激发了受教育者的自我道德解约机制，消解了德育的效果。[⑤] 因此，学校德育的发展既要保持一定的独立性，抵御外来不良因素的侵蚀，又要正视社会、了解社会、融入社会和服务社会，最终达到两者的有机结合和平衡。[⑥]

由于地理因素在历史演进的过程中起着至关重要的作用[⑦]，因此要讨论中西方高校德育历史的异同，必然就要采用地缘文明的研究视角对两者德育体系进行重新比较。在文明早期的发展阶段，地理环境的多样性和复杂性导致了不同地域的人群选择不同的发展路径、社会形态、文化类型以及道德谱系。古希腊人和中国人在文明的初创期分别诞生于海洋之滨和内陆盆地，进而形成了“海洋”和“农耕”两大文明体系，这必然又要求有与之相匹配的道德

---

① 郑永廷，张耀灿．现代思想政治教育学[M]．北京：人民出版社，2001：115－116.

② 孙喜亭．教育原理[M]．北京：北京师范大学出版社，1999：314.

③ 布鲁柏克．教育问题史[M]．合肥：安徽教育出版社，1991：597.

④ 檀传宝．论社会环境的德育价值[J]．教育研究与实验，1994(4)：31－34.

⑤ 万美容，杨昕．学校德育与社会环境矛盾关系之论析[J]．中国教育学刊，2007(2)：40－41.

⑥ 王桂龙．正视社会环境：高校德育的必然选择[J]．黑龙江高教研究，2004，126：40－42.

⑦ 斯皮瓦格尔．西方文明简史[M]．北京：北京大学出版社，2010：56.

形态和标准。[①] 前者孕育了以公民政治为表现的城邦文化，强调创新、多元竞争和外向开放，后者则孕育了以家族礼教为核心的宗法文化，强调传承、对土地的依赖以及内向温和。[②] 故两者对德育的发展带有各自鲜明的文化基因。为了更聚焦地进行探讨，我们在地域空间维度上选取英美两国作为具体的比较对象，在演进时间维度上选取19世纪中叶至今这段中西方德育现代化时期。

综上所述，我们将对中西方高校德育的发展历史进行比较：一是以社会背景变迁作为德育发展阶段划分的参考依据；二是重点关注中西方在各阶段德育的要素和相关主体特征变化；三是识别变化的规律，从而得到相关的启示，以更好地指导未来高校德育工作的开展。

二、西方现代德育发展

(一) 现代德育萌芽阶段

随着近代人类对自然客观规律的不断探索，一种区别于传统神学的科学主义权威开始树立，这不仅仅是科学本身的进步，更重要的是其他不同的学科、不同的思想和行为方式开始自我调整对科学做出回应。[③] 对于西方德育而言，现代化最显著的标志就是从宗教型向世俗型变迁[④]：一方面精神内涵向资本主义嬗变，宗教的冲动和贪婪的攫取所引起的经济冲击力，共同筑成了资本主义上升期的两大精神支柱；另一方面以神性为核心的传统道德规范体系被解构，人性得到进一步的解放。

在此背景下，个体在道德实践和教育中的主体性开始日益凸显，德育的目标也开始转向促使个人获得最大的幸福。斯宾塞认为，道德是人类社会完

① 于洪波，向海英. 古希腊与古中国道德谱系溯源及比较——“地缘文明”的视角[J]. 教育研究，2010(2)：134－139.

② 胡曦嘉. 浅析农耕文明和海洋文明的差异[J]. 科技创新导报，2010(34)：224.

③ 沃森. 20世纪思想史[M]. 上海：上海译文出版社，2005：3.

④ 郭凤志，张澍军. 现代文化精神关照下的西方德育模式探析[J]. 社会科学战线，2008(9)：214－216.

美的法则。因此,存在德育最高理想和最终目标的"理想社会的完人"状态①,这是边沁功利理性主义②思想在道德领域的延伸。它的意义在于破除对传统宗教偶像的崇拜,而将理想目标迁移至社会实践之中。德育的本质在于促进人的自身发展,并非向宗教偶像趋同。正是英国哲学家和教育学家的不断努力,1870 年英国政府出台了具有划时代意义的《初等教育法》。③ 其中,"考泊·坦普尔条款"和"课时表信仰条款"为德育去宗教化奠定了关键的基础。前者规定寄宿学校不能教授任何带有鲜明宗教特征的宗教教义或仪式,学校只能选择非教派性质的宗教教学或者完全放弃宗教教学;后者规定家长有权让子女拒绝宗教礼拜仪式和教学,宗教授课只能安排在课时的开头或末尾。

与此同一时期,美国兴起了公共学校运动,通过征税办学体制、州教育监管体制的确立,加强了世俗政府对教育的控制能力,明确公共教育事务不再直接受教会干预,同时推动教学内容和方式的生活化,由此加速了美国教育公共化、世俗化和普及化的进程。④ 在这次运动中,德育伴随着整体教育的改革也树立了两大基本原则:一是尊重个体的选择权。选择权是自由主义的核心诉求,公共学校中的德育应提供不同价值体系的课程内容供家长学生选择,但这种选择权的实质仍是新教徒和天主教徒,传统人文主义者和发展主义者之间的意识形态斗争。⑤ 二是保证教育的中立性。美国"公共学校之父"霍拉斯·曼认为,公共学校中的德育应该保持中立性,即超越所谓教派和党派的纷争,传授公众普遍接受的非宗教道德,而不涉及具体的宗教或政治争论。⑥

(二)现代德育发展阶段

19 世纪末以来,资本主义的进一步发展为英美带来了海外殖民地的持续

① 斯宾塞. 社会静力学[M]. 北京:商务印书馆,1996:21.

② 边沁. 道德与立法原理导论[M]. 北京:商务印书馆,2005:57-61.

③ National Education Union. *Elementary Education Act 1870*, p. 14. 转引自檀传宝. 当代东西方德育发展要览[M]. 北京:人民教育出版社,2013:51.

④ 赫钦格 F,赫钦格 G. 美国教育的演进[M]. 香港:美国驻华大使馆文化处,1984:24-43.

⑤ 陈露茜. 美国公共学校的"意识形态冲突"[J]. 教育学报,2011,7(2):113-122.

⑥ 檀传宝. 当代东西方德育发展要览[M]. 北京:人民教育出版社,2013:81.

扩张，综合实力大幅提升，也为两国德育改革持续深化提供了经济和思想基础，由此形成了范围广且影响大的教育革新运动。在英国主要是“新教育运动”，而在美国则被称为“进步教育运动”。两者都聚焦于教育方式和思想的科学化、体系化：一方面将德育与社会生活相联系，主张从整体考虑教育环境；另一方面提倡以个性化的教学方式替代传统知识传授模式，注重发挥学生的主体性。

1889年，英国教育家雷迪在德比郡阿博茨霍尔姆创办了第一所新式学校，将德育与智育、体育、美育、劳动相结合，旨在实现全面教育，促进学生自由成长，身心健全发展。[①] 罗素将这种德育实践提炼为品格教育的目的观和方法论。他认为，学生优良品质的形成主要赖以身体、情感、智力上受到关怀和锻炼，而德育的目的，一方面是以培养学生理想品格为核心，而不是将学生当作手段和工具，另一方面也是个体追求美好生活，提升幸福感的需要。[②]

与英国相比，美国的进步主义教育显得更为全面和激进。杜威从实用主义哲学和民主社会观出发，对西方社会的传统道德观进行了批判，构建了关注具体情境问题解决、经验改善的实用主义道德观，强调社会智慧、社会行动能力和社会情感与精神是个体道德密不可分的三要素。[③] 在这种新道德体系基础上，教育本身就是一种经验改造，它与生活息息相关，而“学校即社会”应当对德育目标、方法、内容进行全方位的道德化改造。[④] 在具体实践中，进步主义教育者们试图打破教育与生活的割裂，把学校建成一个小型的社会形态，对传统教材、授课方式进行彻底的改革。

在这段时期，美国公共学校德育领域同时也存在着保守主义者。他们认为，传统的道德价值观仍具有强大的生命力，个人良好品格的塑造是社会秩序稳定的重要保障。在社会转型期，出现问题的并非是品格内涵本身，而是

---

① 单中惠. 二十世纪前半期欧美教育革新运动述评[J]. 教育评论，1986(5)：56－64.

② 罗素. 教育与美好生活[M]. 石家庄：河北人民出版社，1999：27－52.

③ 刘长海. 杜威的实用主义道德观及其德育思路[J]. 高等教育研究，2010，31(2)：19－25.

④ 杜威. 杜威教育论著选[M]. 上海：华东师范大学出版社，1981：9－38.

具体德育的手段。他们制订了各种道德规范和美德培养计划，对学生进行道德灌输和训练，形成了同样具有较大影响力的品格教育运动。

（三）现代德育摇摆阶段

资本主义发展到一定阶段，内生性结构问题开始显现。经过20世纪30年代的经济危机和40年代的第二次世界大战，西方国家的秩序遭到严重的破坏，学校德育开始进入“荒凉时代”。一是学校教育重心开始转向实用性技能培训，服务国家军事战略发展[①]；二是多元文化对传统核心道德价值体系造成了强有力的冲击，道德从普遍主义转向相对主义，呈现出标准虚无、认知混乱、否定终极原则的极端趋势[②]；三是达尔文主义的异化形成社会达尔文主义，在社会竞争中鼓吹适者生存，不适者淘汰，放任自由资本主义发展，造成社会道德感的麻木和缺失；四是消极的自由泛滥，公民只关注私人领域，漠视公共事务和公共利益，学校德育难以做出积极主动的作为，对价值观的引导容易招致不同利益群体以“干扰自由”为名义的批评。

这一时期美国青年在巨大的现实和精神压力下，纷纷选择通过麻醉自己逃避社会，出现了所谓“垮掉的一代”现象。他们追求爆发式的情绪发泄和无意义的生活方式，这种精神空洞源自资本主义对人格的异化。对此，以马克思主义为理论基础的法兰克福学派兴起，对资本主义背景下的道德教育批判日益深入。马尔库塞认为，在资本主义世界，人类无法通过劳动满足自身需求，只是为了劳动而劳动，为了接受教育而接受教育。[③] 这种建立在经济利益基础上的技术和资本理性是“神话”在现代社会中的变种，同样会使普通民众失去存在价值，最终导致本性完全堕落。[④] 因此，学校德育的根本目的应该是促进青年学生自身的解放，关注他们的精神发展而不是个人利益的获取，关注他人构成的文化环境而不是设备堆砌的物质环境。

---

① 谭再文. 当代美国德育模式探析[J]. 外国教育资料，1994(4)：74－80.

② 程红艳. 道德相对主义时代的公民道德教育[J]. 高等教育研究，2015，36(8)：20－27.

③ 唐爱民. 20世纪西方社会思潮与道德教育[J]. 济南：山东人民出版社，2010：267.

④ 凯尔纳，贝斯特. 后现代理论——批判性的质疑[J]. 北京：中央编译出版社，2006：250.

(四)现代德育复兴阶段

20世纪60年代是西方语境中的特定时代,是激情和叛逆的标志。[①] 这一时期开启了五彩纷呈但内在逻辑相通的各类运动,包括新左派运动、黑人民权运动、女权主义运动、性革命、反主流文化运动、后现代主义思潮等[②],许多运动的影响一直延续至今。与此同时,高等教育的发展也迎来了前所未有的黄金时代,教育规模不断扩大,1958—1968年美国高等院校学生由322万人增加至692万人,平均年增长率达7.9%。[③] 思想的解放和教育地位的上升,使得学校德育获得了长足的发展,在英美两国形成了种类繁多的理论流派和形态各异的教育实践。

在英国,德育的发展建立在理性主义对道德不断深入剖析的基础之上,呈现出学科化、专业化的态势。威尔逊认为,道德并不是情感的表达,而是属于理性思维的范畴,是受相应原则指导的普遍思想和行为,在此基础上发展出了一套关于道德表述的象征性符号。[④] 这些"道德构件"共同组成了德育独特的语言体系,并形成独立的学科。随后,赫斯特进一步将知识本质作为切入点,将知识分为"直接的客观知识""知道是这样""知道是怎样"三类,而道德知识所应关注的问题应该是遇到实际问题该怎么做的问题。[⑤] 赫斯特认为,道德教育应该建立在日常生活中人们对道德实践的总的基本判断架构之上,实现逻辑的自洽,必须是完全世俗和理性的。[⑥] 彼得斯则从与社会环境的互动视角出发,探讨了品格塑造与对社会规则服从的密不可

---

① 孙益.校园反叛——美国20世纪60年代的学生运动与高等教育[J].清华大学教育研究,2006(4):77-83.

② 余维武.冲突与和谐——价值多元背景下的西方德育改革[M].南京:江苏教育出版社,2009:2.

③ 黄福涛.外国高等教育史[M].上海:上海教育出版社,2003:331.

④ 袁锐锷.威尔逊道德教育思想述评[J].比较教育研究,2000(增刊):25-29.

⑤ 张文军.赫斯特知识课程论述评[J].外国教育资料,1999(1):40-43.

⑥ Hirst P H. *Moral Education in a Secular Society*[M]. London: University of London Press Ltd., 1974: 2-54.

分的联系。[①] 道德实践是一种社会理性的体现，一个人为了坚持某一准则，就必须服从一些更高层次的原则，而这种原则体系是与社会环境相匹配并且处于不断修正的过程中。德育的核心就在于促使受教育者社会化，顺利融入社会生活。[②]

在美国则开展了价值与道德教育的复兴运动。针对"荒凉时代"核心道德体系认知的混乱，拉思斯、哈明和西蒙三人于1966年合著了《价值与教学：课堂价值教学工作》一书。该书对价值观进行了澄清，创立了价值澄清理论。这三位作者认为，社会对核心价值的漠视是青少年成长出现问题的根源。虽然在实践中对于每个行为个体的每个时期而言，没有绝对正确的价值观，但道德教育必须教会他们正确选择和调整的方式。[③] 科尔伯格则对价值澄清理论做了激烈的批判，认为这仍然是一种价值相对主义的体现，道德教育不应该只是帮助个体澄清自我价值观，而是真正引导个体道德认知的发展，判断道德的真正内涵。[④] 他在具体的德育实践中创建了"道德讨论法"和"公正团体法"，旨在帮助受教育者自我明晰真正"正义的价值观念"。[⑤] 随后，教育者们开始重新审视传统美德，不断提炼和总结核心的道德品质，于1992年春天正式发布《阿斯彭品格教育宣言》，认为品格教育的核心要素主要有：尊重、责任、可靠、关心、公正、正义、公民美德、公民素质，再一次拉开了品格教育的发展序幕。

三、我国现代德育发展

(一) 中华人民共和国成立前的德育

两次鸦片战争导致中国沦为半殖民地半封建社会，一方面与帝国主义、

---

① 彼得斯. 道德发展与道德教育[M]. 杭州：浙江教育出版社，2000：27－39.

② 朱洪洋. 发现当代教育学的理论"硬核"：彼得斯和弗莱雷教育过程观的比较分析[J]. 外国教育研究，2015，42(11)：32－40.

③ Raths L E，Harmin M，Simon S B. *Values and Teaching：Working with Values in the Classroom*[M]. Columbus：Charles E. Merrill Publishing Company，1978：33.

④ 罗俊丽. 科尔伯格道德教育理论及其对中国道德教育的启示[J]. 道德与文明，2008(2)：75－78.

⑤ 科尔伯格. 道德教育的哲学[M]. 杭州：浙江教育出版社，2000：280－282.

殖民主义的斗争以及国内阶级、民族矛盾日益激化，另一方面国门被迫打开，西方资产阶级思想传入中国，对传统儒家伦理道德体系造成了极大的冲击。而1895年中日甲午战争中国战败，进一步刺激了中国人的觉醒，从洋务运动"中学为体，西学为用"的技术引进跃升至对封建思想和制度改革的思考。康有为在他所构筑的理想蓝图"大同"社会中，对封建专制主义展开了批判。他认为，源于宋明时期的理学传统"存天理、灭人欲"有违人性健康发展，而要"去家界，为天民"，打破封建家庭束缚，实现男女平等、婚姻自由，最终解放个性。[①] 严复则主张教育救国、西学救国，要"鼓民力，开民智，新民德"。国民素质的高低直接决定了国家能否走向强盛，德育、智育、体育又根据国家形势的不同各自偏重不同，在民族存亡时刻"智育重于体育，而德育犹重于智育"。[②] 这些启蒙思想家、教育家对封建制度的深刻批判，极大地推动了近代社会的思想解放，形成了超越传统的新德育思想体系。

1898年，清政府推行维新变法，成立京师大学堂，于1902年颁布《钦定京师大学堂章程》，规定"外国学堂于知育体育之外，尤重德育"，并开设伦理学和教育学课程，这标志着现代德育教学制度的萌芽。1904年，王国维在《叔本华之哲学及其教育学说》一文中提到了"知育""美育""德育"三词。1905年开始的资产阶级革命派与改良派之间的三次大论战确立了革命派的领导地位，使资产阶级革命派的德育思想成为中国主流的德育思想。1912年，中国国民政府将"注重道德教育，以实利主义教育、国民教育辅之，更以美感教育完成其道德"确立为当时的教育宗旨，表明"德育"一词从此时开始成为我国教育界通用的概念。十年后，留美归来的陶行知深受西方先进教育思想洗礼，痛感中国教育落后，将自己的数篇教育札记编纂成《中国教育改造》一书。书中对于学生自主学习有一段经典的论述："近世所倡的自动主义有三部分，智育注重自学，体育注重自强，德育注重自治。"在此之后，"德育"之说逐渐流传。

---

① 康有为. 大同书[M]. 北京：华夏出版社，2009：1－12.

② 严复. 严复集[M]. 北京：中华书局，1986：166－167.

1949年以前的德育内容，主要围绕反帝反封建斗争展开。1915年陈独秀主编《青年杂志》（《新青年》的前身），拉开了新文化运动的大幕。这场运动有三个鲜明的追求：一是提倡民主与科学，反对专制和愚昧；二是提倡新道德，反对旧道德；三是提倡新文学，反对旧文学。陈独秀对共和制下的青年提出了"自主的而非奴隶的""进步的而非保守的""进取的而非退隐的""科学的而非想象的"等具体要求，荡涤青年的灵魂与认知，给他们的思想注入新鲜血液。1919年五四运动爆发，为德育注入一股新的洪流，让思想革命之火燃烧得更彻底，用革命的新文化对封建的旧文化、旧礼教、旧道德进行了毫不妥协的批判。

近代史上最明确进行高校德育改革的一次实践，是1917年蔡元培就任北京大学校长时，以"民主"和"科学"的精神对北京大学进行的改革。在德育方面，他提出"公民道德教育"的主张，强调教育要"以道德为本"。进德合作为此次改革的产物，提倡新道德并积极革除旧北大的不良风气。大学的重要宗旨是培养健全人格，培养良好的道德意识。"大学应是纯粹学问的机构，学者当有研究学问之兴趣，尤当养成学问家之人格。"同时，蔡元培还将美育培养也纳入改革内容，培养学生高尚的情操和审美力与创造力。蔡元培的主张与改革措施，不只是反映了西学东渐之背景下高等教育观念上的更新，也为中国高校现代德育的探索做出了贡献。

（二）现代德育探索阶段

德育是特定时代的产物，其内涵会随着社会历史的更迭、社会形态的变化而改变。中华人民共和国成立后，中国社会由半殖民地半封建社会经新民主主义社会进入社会主义社会，社会形态发生质的改变，社会文明发生了重大的替代更新，其中德育的更新有着举足轻重的作用，高校德育自然因时而变，焕发出新的生机。

1949年9月颁布的《中国人民政治协商会议共同纲领》第41条明确规定："中华人民共和国的文化教育为新民主主义的，即民族的、科学的、大众的文化教育。人民政府的文化教育工作,应以提高人民文化水平,培养国家建设人才,肃清封建的、买办的、法西斯主义的思想,发展为人民服务的思想为主要任务。"培养为人民服务的人才是国家的诉求,德育的主线便是提高人民的思想认识,努力培养出对国家有用的人才。同时期,"一五计划"开展,学校德育也要为"一五计划"服务。"把青春献给党""一切为了社会主义"的口号正嘹亮,学生们有着高度的爱国主义精神、高度的政治热情和政治觉悟,怀着一颗赤忱之心昂首向前。

1957—1966 年是我国开展社会主义建设、生产力较快发展的十年。但是在这期间局部形成的浮躁氛围,在较大程度上对学校教育产生了不利影响。于是党和政府及时研究教育规律、反思教育失误,提出并修正了高校德育的有关原则和方法。1957 年 2 月,毛泽东提出,"我们的教育方针,应该使受教育者在德育、智育、体育几方面都得到发展,成为有社会主义觉悟的有文化的劳动者",这就奠定了德育的首要位置。1958 年 9 月颁布的《关于教育工作的指示》指出:"在一切学校中,必须进行马克思列宁主义的政治教育和思想教育,培养教师和学生的工人阶级的阶级观点(同资产阶级进行斗争),群众观点和集体观点(同个人主义观点进行斗争)。"1961 年 9 月,教育部对高校的培养目标做出"具有爱国主义和国际主义精神,具有共产主义道德品质"的具体要求,党和国家对高校德育寄予厚望。1966 年,"文化大革命"开始,受这一时期特定社会、政治等历史因素的影响,学校德育表现出工作政策化、纲领斗争化、形式运动化等倾向。频繁的外部冲击不断改变着学校德育的内涵,使得学校德育缺乏科学性、系统性、稳定性,在学生的培养上也出现了片面强调共性而忽视个性的问题。

(三) 现代德育发展阶段

动荡时期结束,中国进入了新的发展阶段,各种各样的全国大讨论让人们的思想重新活跃起来。随着思想文化和教育领域的拨乱反正,德育开始成为高校的"中心任务"。邓小平同志多次强调,学校应该永远把坚定正确的政治方向放在第一位，必须坚持四项基本原则。面对新的时代要求，高校德育工作产生了新的变化，我国长期存在的重智育轻德育的现实状况成为改革突破口，《德育原理》《学校思想政治教育》等书刊相继问世，各种思想政治教育研究会相继成立，为推动高校德育理论研究提供了指南和交流平台。

在改革开放的大旗下，高校德育坚持“三个面向”的精神引领，努力培养“四有”新人。1980 年《关于加强高等学校学生思想政治工作的意见》明确指出：“学校的思想政治工作必须紧密结合为‘四化’培养人才这个中心来进行，四个现代化的核心内容就是实现国家经济建设的振兴。”由此，高校德育确立了为经济建设服务的导向。1985 年 8 月《中共中央关于改革学校思想品德和政治理论课程教学的通知》，要求各级学校以“面向现代化、面向世界、面向未来”为指导思想，认真改革思想品德课和政治理论课的课程设置、教学内容、教学方法。同年的《中共中央关于教育体制改革的决定》明确提出要培养“四有”新人。

1982 年教育部下发通知，要求在我国高校逐步开设思想品德课程。1985 年又对高校思想品德和政治理论课的课程设置、内容改革做出具体的要求和部署，要求将“中共党史”更改为“中国革命史”，并与“马克思主义原理”“中国社会主义建设”一起作为新设置的三门政治理论课。

20 世纪 80 年代中期至 90 年代初期，萨特的“存在主义”、马斯洛的“需求层次论”、弗洛伊德的“泛性主义”等西方思潮大量涌入，大学生面对的思想文化更加多元。[①] 个性肆意张扬，一些大学生进而寻求自我价值的实现。但高校德育主流是健康的，只是在一定程度上存在德育改革和社会形势的发展变化相脱离的问题。

以邓小平 1992 年南方谈话和党的十四次代表大会为标志，我国改革开放和社会主义现代化建设事业进入新的发展阶段。原本的社会价值观念随着社会生产关系的发展和调整呈现出多样化的趋势。在文化建设系统中，高校

---

① 李凤莲. 建国 60 年高校德育工作历史回顾及其现代转型[J]. 现代教育管理，2010(1)：93－95.

德育反思与巩固紧锣密鼓地进行，其主要表现在多元文化背景之下高校德育的转型和重构。

1993年2月，国家颁布的《中国教育改革和发展纲要》指出了学校的思想道德目标："用马列主义毛泽东思想和建设有中国特色的社会主义理论教育学生，把坚定正确的政治方向摆在首位，培养有理想、有道德、有文化、有纪律的社会主义新人，是学校德育即思想政治和品德教育的根本任务。"教育部关于高校德育目标的定位，标志着高校德育目标发展进入崭新的阶段。

此时，德育对个体价值的关注度增加，德育生活化的理念开始深入人心。1994年8月，《中共中央关于加强和改进学校德育工作的若干意见》特别指出："德育要与关心指导学生的学习、生活相结合，与加强管理相结合。德育工作者要深入学生中去，通过谈心、咨询等活动，指导他们处理好在学习、成才、择业、交友、健康、生活等方面遇到的矛盾和问题。"这种对个体的关注直接带动了两年后"素质教育"理念的提出。1995年国家教委发布《关于开展大学生文化素质教育试点工作的通知》，1998年教育部确定21个大学文化素质教育基地，1999年6月《关于深化教育改革全面推进素质教育的决定》出台。

中国特色社会主义理论体系随着时代的变迁而不断完善和发展。特别在课程设置上，也体现着马克思主义中国化理论成果的与时俱进。1998年的"两课"课程调整，提出马克思主义理论课和思想品德课课程设置的新方案。

（四）新时代的德育发展

随着国家对精神文明建设日益重视，高校德育工作的内涵也不断丰富，逐渐形成了以理想信念教育、爱国主义教育、公民道德教育和素质教育为主的四大内容体系，教育重心向受教育者转移，以提高人才培养能力为核心点，形成教育者、教育内容、受教育者三者的良性互动，加强思想政治统一性与个性发展多样性的有机结合。

《国家中长期教育改革和发展规划纲要（2010—2020年）》提出，坚持以人为本、全面实施素质教育是教育改革发展的战略主题，坚持德育为先，加强理想信念教育和道德教育，加强民族精神和时代精神教育，加强公民意识教育，把德育渗透于教育教学的各个环节，贯穿于学校教育、家庭教育和社会教育的各个方面。2012 年，党的十八大对社会主义价值观做出了高度概括，确立了社会主义核心价值观，这标志着国家重新建构和表述立国价值，我国高校德育工作发展进入了新时期。① 一方面，教育理念将以人为本和全面发展提升到战略高度，现代德育在本质、课程与评价方面均发生转变：由教到学，学生成为德育主体；课程内容上，道德绝对性转向道德相对性；行为评价上，更关注对行为动机的评价。② 另一方面，技术的进步推动了教育手段的革新，为德育工作能贯穿教育教学全过程，实现全程育人、全方位育人奠定了技术基础。当今世界国与国之间的知识竞争日益激烈，高等教育的发展水平已成为衡量一个国家发展水平和发展潜力的重要标志。2016 年召开全国高校思想政治工作会议，研究部署高校思想政治工作和党的建设，进一步指明了我国高校所处的历史方位和承担的职责使命，指明了时代发展对高校思想政治工作的新要求。③

党的十九大报告提出“加快一流大学和一流学科建设，实现高等教育内涵式发展”，大学的全面发展最终要体现在大学生的全面发展上。新时期，高校思想政治工作关键是明确发展方向。方向决定道路，道路决定命运，道路问题是关系事业兴衰成败，能否薪火相传的根本问题。我国独特的历史、独特的文化、独特的国情，决定了我国必须走自己的高等教育发展道路，扎实办好中国特色社会主义高校。在互联网信息爆炸，全球化思潮冲击，经济发展进入新常态，改革进一步深化的社会转型期，高校思想政治工作更要旗帜鲜明地坚持这一原则底线，自觉服务于国家发展的现实目标和未来方向。

---

① 张亚月. 德育的历史性变革：从政治认同走向社会认同[J]. 中国青年研究，2016(8)：35－40.

② 刘次林. 现代德育的三大转变[J]. 湖南科技大学学报(社会科学版)，2015，18(4)：169－174.

③ 董洪亮，赵婀娜，张烁，等. 努力办好中国特色社会主义高校——习近平总书记在全国高校思想政治工作会议上的重要讲话引起热烈反响[N]. 人民日报，2016－12－09(4).

新时期，高校思想政治工作的核心是“全面提高人才培养能力”，落实立德树人的根本任务。随着改革开放的深入，国内外环境都发生了广泛而又深刻的变化，高校思想政治工作发展面临一系列复杂的矛盾和挑战。这就要有强烈的问题意识，以重大问题为导向。立德树人是高校发展的立身之本，国无德不兴，人无德不立，道德之于个人、之于社会，都具有基础性意义。理想信念是个人成长的总开关，是政党组织精神上的“钙”，更是国家民族的灵魂支柱。牢牢抓住“立德树人”这一中心环节，就能不断推动高校思想政治工作创新发展，不断巩固马克思主义在高校的指导地位。

新时期，高校思想政治工作基础是创新工作方法。思想政治工作本质上是做人的工作，这就需要因事而化、因时而进、因势而新。一方面遵循工作规律，推进思想政治工作理念现代化、手段科学化；另一方面精益求精，与时俱进，不断改革创新，更好地服务学生成长，实现人才培养。要用好课堂教学这个主渠道，要加快构建中国特色哲学社会科学学科体系和教材体系，要更加注重以文化人、以文育人，要运用新媒体新技术使工作活起来。

新时期，高校思想政治工作保障是强化队伍建设。历史实践证明，社会主义事业的发展关键在党，关键在人。关键在党，就要确保党在各项事业建设历史进程中始终是坚强的领导核心。关键在人，就是要建设一支宏大的高素质人才队伍。一方面，要坚持党对高校的领导，保证高校正确办学方向，掌握高校思想政治工作主导权，保证高校始终成为培养社会主义事业建设者和接班人的坚强阵地。另一方，要加强教师队伍的师风师德建设，高校教师要努力成为先进思想文化的传播者、党执政的坚定支持者，最终形成一支兢兢业业、甘于奉献、奋发有为的高校思想政治工作队伍。

新时期，高校思想政治工作正在推动高等学校形成事实上的德育共同体。德育共同体适应新时代德育发展要求，成为中国特色社会主义大学的本质要求。一方面，要坚持将“三全育人”理念贯穿高校教育教学的方方面面、角角落落，高校育人的不同主体围绕立德树人的共同目标而集体协同实践；

另一方面，要充分发挥共同体中不同育人主体的主体性，使“立德树人”成为所有主体的自觉意识和自觉行动。

四、对德育的几点认识

无论是东方还是西方，在目标定位方面，德育始终是国家政治的体现，是社会意识形态的衍生，服务于民族的传承与发展；在内容基础方面，德育的生命力始终源于传统文化与时代使命的内在统一；在面向对象方面，德育的主体始终需要以人为本，立德是自然人向社会人过渡的核心环节，树人则是道德建设的实际载体；在教育实践方面，德育始终与其他社会活动息息相关，是人类不断追求道德星空的深刻探索。对东西方德育的差异性进行提炼和分析，可以为我国高校德育工作提供更多的启示。

(一) 强化政治主导的功能性

道德的本质是普遍性，即所有社会成员个体的特殊意志形成了普遍意志，而“公意”恰恰也是现代政治实现的基础。① 康德对此展开了进一步的讨论，他认为存在一种幸福和道德统一的至善状态，只有理性道德才能确保追求幸福者配享幸福。② 这从理论层面回答了现代政治的普遍性原则问题：一方面赋予现代政治以神圣的道德尊严感，将其放在了先验道德哲学的高度之上；另一方面又对传统的道德注入了最直接的政治意义，使之成为现代政治的自我辩护。③ 这在根本上奠定了德育政治主导的功能性，对现代自由主义所谓的政治非道德化形成了有力的批判。事实上，通过对西方德育发展历史的梳理，我们也可以看到在自由主义泛滥，道德从普遍意义转向相对主义的20世纪四五十年代，恰恰也是道德的荒凉时代。

在我国，德育的政治导向有着源远流长的历史传统，政治和道德在目

---

① 卢梭. 社会契约论[M]. 北京：商务印书馆，2003：39.

② 康德. 实践理性批判[M]. 北京：商务印书馆，1960：133.

③ 张盾. “道德政治”谱系中的卢梭、康德、马克思[J]. 中国社会科学，2011(3)：52－68.

标、手段、效果上始终一致。[①]《论语》中“颜渊问仁。子曰：‘克己复礼为仁。’”《礼记》对“礼”的内涵做了更深入的阐述：“为政先以礼，礼，其政之本欤。”朱熹主张明理见性：“去其气质之偏，物欲之蔽，以复其性，以尽其伦。”[②]这种天理观为封建政权既提供了统治的合法性，也确立了行为的规范。[③] 随着马克思主义传入我国，德育的政治导向则逐渐转向为促进人们普遍意义上的解放。

纵观东西方德育发展的历史，每个时期德育形态都是由其当时特殊的政治经济环境所决定的。在当下，西方德育在现代性的框架下仍旧强调资本主义意识形态的主体性。进入新时代，我国高校德育工作要将政治导向放在首位。正如习总书记在全国高校思想政治工作会议上指出的：“我们的高校是党领导下的高校，是中国特色社会主义高校。办好我们的高校，必须坚持以马克思主义为指导，全面贯彻党的教育方针。要坚持不懈传播马克思主义科学理论，抓好马克思主义理论教育，为学生一生成长奠定科学的思想基础。要坚持不懈培育和弘扬社会主义核心价值观，引导广大师生做社会主义核心价值观的坚定信仰者、积极传播者、模范践行者。”[④]我们要坚持不懈地宣传、弘扬、贯彻中国特色社会主义理论体系，坚持践行社会主义核心价值观，不断促进高校和谐稳定，培育优良教风和学风，确保高校育人成果服务于科学发展，社会和谐以及实现伟大复兴的中国梦。

(二) 审视教育方式的科学性

和其他社会影响的无序、难以捉摸不同，学校德育作为人最具备教育自觉的活动，往往是有目的、有计划、有组织的。[⑤] 传统的道德教育过程理论认为德育主要包括三阶段过程：首先是“管束”，抑制天生的野性；其次是“教

---

① 启良. 真善之间——中西文化比较答客问[M]. 广州：花城出版社，2003：171.

② 朱熹. 晦庵先生朱文公文集：卷十五[M]. 北京：国家图书馆出版社，2006：692.

③ 王吉平. 从天理观到政治——朱熹政治哲学略论[J]. 黑龙江史志，2009(5)：98-99.

④ 习近平. 习近平在全国高校思想政治工作会议上的讲话[N]. 光明日报，2016-12-09(1).

⑤ 檀传宝. 德育原理[M]. 北京：北京师范大学出版社，2006：217.

化”，学习和掌握相应的礼貌和智慧；最终是“陶冶”，明辨是非，实现道德的自律。[①]

随着对德育科学性的不断挖掘，现代德育的发展呈现越来越注重效果渗透性的趋势。一是渗透方式越来越多元，不仅有新媒体、情境教学、课程评价等现代技术方法的应用使得教育有效性不断增强，而且学生在大学校园里所扮演的角色、参与的活动、加入的团队、体验的生活都在对学生德育的塑造起着重要的作用，新技术与新理念也推动高校德育不断向润物无声、尊重个性的方向发展。二是师生关系越来越紧密，师生之间渐渐由单一的沟通方式转向自由平等的交流方式，从课堂单一灌输到学习生活全面互动，从单纯知识教授到成长发展引导，德育的覆盖面得到了极大的延伸。三是与其他学科交融越来越深入，在教学目标、教学内容、教学过程、教学方法、教学评价等五方面进行了统一[②]，并能够有效地提升学生的学习积极性和创新创造能力，增强德育的效果，同时其他学科的最新成果又助推德育的科学化进程。

虽然德育是一项复杂、立体、开放的系统工程，一方面需要在不同情境中建构自身意义内涵，形成单独体系下的逻辑自洽，另一方面不同的环境因素又限制了某一具体模式的可复制性。但是，无论在东方还是西方，作为教育科学的一门分支，德育必然要遵循教育教学中一般存在的客观规律。对其渗透过程科学性的探究，有助于我们能更有针对性、更高效率地开展德育工作。

（三）尊重接受方式的个体性

西方以个人主义为价值信条，强调公民权利的至上性，在个人与社会、国家的关系中，个人的需要和利益被放在首位。国家和社会则被认为是为个人的需要和发展提供保障性条件，但德育的本质是人与人之间互动，这种主体

---

① 袁桂林. 当代西方道德教育理论[M]. 福州：福建教育出版社，1994：7.

② 曹明，吴恒仲. 高校学科德育渗透应注重五个“融入”[J]. 教育探索，2012(11)：128-129.

间性要求人不但要追求自我的价值，也要关注其他人的价值。[①] 当然，注重受教育者主体地位的德育观念，有利于培养独立人格和对探索的浓厚兴趣，也提倡快乐幸福的人生观以及合理的物质享受，使受教育者拥有较大的独立性、自由性和主观能动性。

在我国，自现代德育进入发展阶段以来，对主客体关系的探讨一直是一个热点话题，主要有三类观点：教师主体说、学生主体说和师生双主体说。[②] 后两者是对“教师中心论”的怀疑和反思，这对尊重个体差异、因材施教、注重个性培养有着积极的意义，但盲目地将学生视为单一主体，忽视了德育的引导性同样也不符合教育的基本规律。事实上，随着德育理念的不断进步，师生双主体说得到了越来越多的肯定。一方面，在和谐互动的师生关系中，学生主体和教师主体的价值目标是高度统一的，他们都是高校落实“立德树人”根本任务的实践主体。学生通过学习实现自我成长，教师在教书育人过程中获得学生的反馈与认可，实现教师职业的价值诉求。另一方面，德育的最终成效仍然体现在对教育者和受教育者个体层面产生的实际影响，包括生存、发展和享用。生存意味着个体习得基本道德规范，能适应社会生活；发展是指个体成熟人格的养成，表现为独立人格和精神；享用则是个体通过德育满足自身精神上的需求，获得被他人尊重和认可的满足感。因此，德育的发展必须尊重不同主体接受方式的差异性，重视个体主体能动性的发挥。

（四）强化传统文化的延续性

文化是分享某种共同特征的人长时间积累的知识、信仰、价值观、宗教、时间概念、空间关系、宇宙观等一系列沉淀物的总和。[③] 信仰、价值观构成了

---

① 刘忠孝，孙相娜. 主体间性德育的基本内涵及价值取向[J]. 思想政治教育研究，2009，25(6)：22-24.

② 韩美兰，吴俊清. 高校德育主体教育模式基本特征探析[J]. 中国高教研究，2004(5)：61-62.

③ Samovar L A, et al. *Communication Between Cultures*[M]. Beijing: Peking University Press, 2000: 36.

文化的重要组成部分，德育是培养人的信仰、塑造人的价值观、激励人的道德养成的实践活动，不可避免地受到社会文化的影响，同时也对促进社会文化的变迁和转型发挥重要作用。因此，德育目标要体现民族精神，德育内容要反映传统文化的核心价值并根据时代特点进行创造性转化和创新性发展。一方面，这种文化属性赋予了德育工作认同、整合、提升、引领文化的使命。[①]另一方面，德育的代际相传也强化了文化的延续性。

每个民族都有自己独特的历史和独特的文化，每个国家都有自己独特的国情和独特的意识形态要求。这些独特性通过一系列历史事件演化，最终形成一个个文化共同体、命运共同体。特殊的历史记忆和文化基因塑造了群体独特的精神特征，进而与他者进行区分。在经济全球化和文化多元的背景下，地域之间不同的价值取向必然会出现紧张或冲突状态[②]，具体表现为传统文化的主体性地位受到其他文化的冲击。德育的发展比以往任何时候都要更注重文化自信的树立。习近平总书记在党的十九大报告中提出："文化是一个国家、一个民族的灵魂。文化兴国运兴，文化强民族强。""发展中国特色社会主义文化，就是以马克思主义为指导，坚守中华文化立场，立足当代中国现实，结合当今时代条件，发展面向现代化、面向世界、面向未来的，民族的科学的大众的社会主义文化，推动社会主义精神文明和物质文明协调发展。"[③]对高校而言，在面向文化多元性的同时，要坚持创造性转化和创新性发展，坚定不移地守护和发展传统文化这一根基。要汲取传统文化养分，发挥第一课堂主渠道作用，拓展中华传统文化类课程建设。要积极向第二课堂延伸，发展传统文化类社团，组织开展各类弘扬传统文化活动，加强传统文化载体建设，打造富有民族文化内涵、品位、精神的德育模式。要在尊重学科发展规律

① 孙晓峰，孙曼娇. 全球化背景下高校的文化德育与德育文化探析[J]. 思想政治教育研究，2010，26(5)：103-107.

② 万俊人. 经济全球化与文化多元论[J]. 中国社会科学，2001(2)：38-48.

③ 习近平. 决胜全面建成小康社会夺取新时代中国特色社会主义伟大胜利[N]. 人民日报，2017-10-28(1).

的同时，加强创新传统文化学术建设，实施文化遗产抢救工程，增强高校发挥传承中华文明的功能，进一步增强师生文化自信。

（五）注重社会实践的有效性

道德的真谛和意义不在于抽象的概念和空洞的说教，而在于实践和行动[①]，这也是检验德育成效的最终标准。《尚书·说命中》认为“非知之艰，行之惟艰”，道德认知唯有贯穿于道德实践之中，才算是“真知”。王阳明提出的“知者行之始，行者知之成”正是对知行辩证统一关系的高度概括。德育本身就是一项极其重要的实践活动。德育的本质是实践，人通过德育实践促成道德养成和人格塑造，德育实践又反过来检验人的道德品行和伦理价值。

让受教育者在社会实践中增强社会责任感和养成伦理道德观是西方教育界的主流观点，并经过长期的发展已形成了稳定、科学、有效的工作模式。德育教学不仅仅在课本和课堂上展开，而且伴随着丰富的社会实践形式，使德育内容在全方位的互动中潜移默化地深入受教育者内心。为此，高校鼓励学生组织多种多样的社团，支持并指导学生承担各类社会服务项目，引导学生在社会实践中增长才干。

我国德育现代化进程起步较晚，德育不可避免地存在内容滞后性、过程简单化、形式运动化、方式单一化等问题，存在重理论教学轻实践转化的现象。新时代对高校德育提出了新目标、新要求和新任务，高校要进一步推动理论和实践的有效融合，深入教育理论探索，以德育理论指导德育实践，构筑不同育人主体协同互动、“全员育人、全过程育人、全方位育人”的德育共同体实践体系，在实践中丰富育人主体的道德知识、健全育人主体的人格精神。

---

① 张之沧. 论马克思的道德实践[J]. 道德与文明，2007(3)：8-10.

第二节　高校德育的趋势和存在的问题

中华人民共和国成立70年来，我国高校德育逐渐走出了一条中国特色高校德育的新路子①，为保证高等教育改革发展、服务党和国家工作大局做出了重要贡献。各地区各有关部门各高校采取有力有效措施，积极主动开展工作，积累了丰富的宝贵经验。大学生思想政治教育成效显著，教师思想政治素质明显提高，各类思想文化阵地建设和管理不断加强，中国特色社会主义理论体系进教材、进课堂、进头脑工作扎实有效，社会主义核心价值观建设持续推进，高校意识形态领域主流积极健康向上，广大师生对以习近平同志为核心的党中央拥护信任，对党中央治国理政新理念新思想新战略高度认同，对中国特色社会主义和中华民族伟大复兴中国梦充满信心。② 高校德育呈现出以政治为引领、以服务国家发展为导向、以课堂为主渠道等特点。

当前，世情、国情、党情正在发生深刻变化，高校德育面临着新形势下的巨大机遇和挑战。面对复杂多变的教育环境和社会背景，高校德育始终坚持党的领导，结合新时期大学生的思想特点和德育工作遇到的新情况、新问题，在教育理念、内容、方法、载体、环境、评价等方面都取得了突破性的进展。"以人为本"的教育理念已经达成共识，德育内容和体系逐渐完善，德育方法不断创新，德育载体不断丰富，德育评价更趋科学合理，德育机制不断健全，大德育的框架已渐形成。

① 骆郁廷. 新中国成立以来高校德育的基本经验[J]. 高校理论战线，2009(11)：18.

② 中共中央国务院. 关于加强和改进新形势下高校思想政治工作的意见[N]. 人民日报，2017-02-28(1).

一、高校德育的基本走向

(一) 内容与时俱进

党的十一届三中全会以来,从确保中国特色社会主义事业兴旺发达、社会主义中国长治久安和实现中华民族伟大复兴的战略高度,明确了“学校教育育人为本、德育为先”,强调高校德育的目标在于培养中国特色社会主义事业的合格建设者和可靠接班人。围绕这一根本目标,历届中央领导集体提出了具体的目标,从邓小平同志提出的“四有新人”(有理想、有道德、有文化、有纪律)的培养目标,到江泽民同志对大学生提出的“五点希望”,到胡锦涛同志鼓励青年做四个“新一代”(理想远大、信念坚定的新一代,品德高尚、意志顽强的新一代,视野开阔、知识不断丰富的新一代,开拓进取、艰苦创业的新一代),再到习近平同志对当代大学生提出的做“德才兼备、全面发展”的人的具体要求。党中央对德育目标的重视一脉相承,并不断具体、创造性地回答了学校“培养什么样的人”的问题。而对于“如何培养人”,邓小平同志提出教育要实现“三个面向”,江泽民同志强调当代大学生要坚持“四个统一”,胡锦涛同志对广大青年学生提出“三个结合”的成长希望。① 党的十八大以来,习近平同志提出教育要以立德树人为中心,把思想政治工作贯穿教育教学全过程,寄语青年学生要“勤学、修德、明辨、笃实”。党的十九大报告又明确提出要培育青年一代成为“有理想、有本领、有担当”的时代新人。

高校德育内容不断丰富完善,逐渐形成了具有中国特色、中国气派的德育内容体系。这一德育内容体系要求:把理想信念教育放在首位,切实抓好马克思列宁主义、毛泽东思想学习教育,广泛开展中国特色社会主义理论体系学习教育,深入学习习近平总书记系列重要讲话精神,引导师生深刻领会党中央治国理政新理念新思想新战略,坚定中国特色社会主义道路自信、理

① 吴潜涛,徐艳国. 建党 90 年来高校德育发展的历史轨迹[M]. 北京:高等教育出版社,2012:6-7.

论自信、制度自信、文化自信。重在培育和践行社会主义核心价值观，把社会主义核心价值观体现到教书育人全过程，引导师生树立正确的世界观、人生观、价值观，加强国家意识、法治意识、社会责任意识教育，加强民族团结进步教育、国家安全教育、科学精神教育，以诚信建设为重点，加强社会公德、职业道德、家庭美德、个人品德教育，提升师生道德素养。强调弘扬中华优秀传统文化和革命文化、社会主义先进文化，实施中华文化传承工程，推动中华优秀传统文化融入教育教学，加强革命文化和社会主义先进文化教育，深化中国共产党史、中华人民共和国史、改革开放史和社会主义发展史学习教育，利用我国改革发展的伟大成就、重大历史事件纪念活动、爱国主义教育基地、国家公祭仪式等组织开展主题教育，弘扬以爱国主义为核心的民族精神和以改革创新为核心的时代精神。[①] 这一体系以社会主义核心价值观为统领，贯穿教育教学全过程。

（二）方法日趋多样

20 世纪 80 年代初期，基本确定了高校思想政治理论课等为高校德育主渠道和基本方法，结合学科进行德育教育，让学生更好地了解社会建设和改革开放的实际，组织学生参加社会实践活动，充分发挥校园文化育人等。随着改革开放的不断深化，全球化和现代化的世界进程引发了社会结构的深刻变革，网络与大众传媒的高速发展正在深深地塑造今天的中国和中国青年。为了适应学生思想观念、心理方式、行为变化的新特点，学校德育方法有了新的发展。

首先，针对当代青年学生自我意识较强的特点，注意引导和发挥学生在德育过程中的主体作用，通过讨论交流、对话等生动活泼的教育方法，有效实现了教育与自我教育的结合。其次，针对学生兴趣广泛、知识面广但缺乏实际社会经验，强化社会实践育人。组织师生参加暑期社会实践三下乡、研究生支教团等实践活动，完善科教融合、校企联合等协同育人模式，加强实践教学基地建

① 中共中央国务院. 关于加强和改进新形势下高校思想政治工作的意见[N]. 人民日报，2017-02-28(1).

设，建立健全国家机关、企事业单位、社会团体接收大学生实习实训制度，开设创新创业教育专门课程，增强军事训练实效，建立健全学雷锋志愿服务制度。加强学生学业就业指导，帮助大学生顺利完成学业，加强人文关怀和心理疏导，促进大学生身心和人格健康发展，加强对家庭经济困难学生的资助工作，积极帮助解决教师的合理诉求。积极发挥共青团、学生会组织和学生社团作用。再次，针对我国学校德育曾经一度忽视学生思想品德形成发展规律，过分偏重政治学习和单向灌输等倾向，创造了全方位、全天候的渗透式德育方法，变说教式的直接教育为隐性课程教育。① 隐性课程是“指这样一些教育实践及成果，它们在学校政策、课程计划上没有明确规定，然而又是学校实距中常规的、有效的一部分……是一种既非学校教育又非教授传授的东西，这些东西无须在课堂中教授，也无须在集会中灌输，它蕴藏在优秀的任课教师、进步的课程设置、高层次的办学方向和良好的教育环境之中。学生在这种良好的参与中，在潜移默化的熏陶中领悟出生活的价值和真谛，端正学习态度，谨慎审视人生。”②我国高校的德育工作方法在近几年的实践基础上，汲取国际国内经验，也开始重视将灌输教育与渗透教育相结合。

“环境是由人来改变的，而教育者本人一定是受教育的。”③高校德育工作环境包括自然等物质环境，也包括社会等精神环境。环境对人亦有潜移默化的作用。如古人云：“入芝兰之室，久而不闻其香；入鲍鱼之肆，久而不闻其臭。”好的环境能够感染人、鼓舞人，净化提升人的身心，反之亦然。当前各高校逐渐认识到校园文化环境育人的重要性，在强化校园物质环境建设的同时，积极构建良好的精神环境。在网络德育工作阵地建设上，各高校可谓各出奇兵，从被动应急到积极出击。在大是大非问题面前，敢于亮剑、敢于站出来说话、敢于表明态度，同时也加强了对课堂、讲座、论坛、网络等校园思想文化阵地的规范管理，防范各种错误思潮和观点在高校里的传播，逐渐赢得了

① 沈壮海，佘双好. 学校德育问题研究[M]. 郑州：大象出版社，2010：161.
② 龚海泉. 当代公民道德教育[M]. 北京：中央文献出版社，2000：168.
③ 马克思，恩格斯. 马克思恩格斯文集：第1卷[M]. 北京：人民出版社，2009：11.

阵地和青年的信任，校园环境总体上干净明朗、风清气正。

（三）载体日渐丰富

当前高校德育工作载体类型丰富，既有传统的语言文字、活动、文化等载体，也有现代传媒网络载体。马克思曾深刻指出："理论一经掌握群众，也会变成物质力量。理论只要说服人，就能掌握群众；而理论只要彻底，就能说服人。所谓彻底，就是抓住事物的根本……青年大学生理性思维比较成熟，知识背景较好，图表和文字的综合表达容易接受。如今，综合运用文字、图表和图画等载体是一个发展趋势。"①随着互联网时代的到来，各高校积极加强互联网思想政治工作载体建设，运用大学生喜闻乐见的形式开展思想政治教育，学生互动社区、主题教育网站、专业学术网站和"两微一端"已经创建。2016 年全国高校思想政治工作会议上，习近平同志指出，做好高校思想政治工作要因事而化、因时而进、因势而新。要遵循思想政治工作规律，遵循教书育人规律，遵循学生成长规律，不断提高工作能力和水平。要运用新媒体新技术使工作活起来，推动思想政治工作传统优势同信息技术高度融合，增强时代感和吸引力。② 根据德育工作对象和内容选择不同的德育工作载体，因人因事而异，避免千篇一律。在坚持运用中国特色的载体，以保证德育工作的政治主导性和综合运用多种载体，确保德育工作载体丰富性的基础上，积极运用现代网络载体，深化德育工作的感召力和吸引力。

二、高校德育的若干共识

经济基础决定上层建筑，社会存在决定社会意识。道德作为思想上层建筑、社会意识形态的一部分，与经济基础、社会存在的性质密不可分。高校德育作为一个整体的系统，德育环境的变化对德育目标、内容、载体、方法和评价具有非常重要的影响。高校德育的演进与当地社会的发展密切相关，带有

① 郑永廷. 思想政治教育学原理[M]. 北京：高等教育出版社，2016：265.

② 中共中央国务院. 关于加强和改进新形势下高校思想政治工作的意见[N]. 人民日报，2017-02-28(1).

强烈的时代色彩。各个地区的历史、经济、政治、文化不同，高校德育演进的路径所呈现出的形态也不同，但归根结底始终面向解决的是“培养什么样的人、如何培养人以及为谁培养人”这一根本命题。

新时期的高校大学生面对纷繁复杂的外在世界，在大是大非面前更趋理智，能够做出正确判断，敢于同敌对势力做斗争，积极维护国家利益和形象，民族自信心和自豪感日渐增强。随着社会主义核心价值观建设工程等道德教育的持续推进，社会整体风气好转，高校师生积极把个人的成长成才梦和国家民族的梦想结合起来，这足可以说明当前高校德育工作总体而言是成功的。总结这段时期的高校德育，主要有以下几项共识。

（一）政治导向是核心

综观古今中外，主流核心价值观传递始终是其教育主题，德育更是如此。西方一贯奉行自由主义、个人主义的价值观，推崇资产阶级的民主人权和自由、平等观念，在德育过程中仍偏向鼓励、培养学生的个性张扬。而我国高校的德育也要同我国发展的现实目标和未来方向紧密联系在一起，为人民服务，为中国共产党治国理政服务，为巩固和发展中国特色社会主义制度服务，为改革开放和社会主义现代化建设服务。《中国普通高等学校德育大纲》要求，把坚持坚定正确的政治方向放在学校德育工作的首位。能否自觉引导大学生始终坚持坚定正确的政治方向，直接关系到中国特色社会主义事业发展的前途和命运，关系到我国高等学校发展的性质和方向，关系到高校德育的成败。历史经验告诉我们，高校德育什么时候引导大学生坚持正确的政治方向，就能取得巨大的成效；什么时候偏离正确的政治方向，就会遭受巨大的挫折，给党的事业带来重大损失。[①]

我们党始终把坚定正确的政治方向作为高校德育的首要目标。毛泽东同志早在《论联合政府》里就指出，知识分子和青年学生没有正确的政治观点，就没有灵魂。20 世纪 50 年代，毛泽东同志指出：学问再多，方向不对，等

---

① 骆郁廷. 新中国成立以来高校德育的基本经验[J]. 高校理论战线，2009(11)：18.

于没用。强调政治和业务要统一，人才培养方面，要又红又专、德才兼备。改革开放前夕，邓小平同志指出："毫无疑问，学校要永远把坚定正确的政治方向放在第一位。"改革开放后，历届中央领导都高度重视高校德育的政治方向正确。江泽民同志指出："党的思想政治工作是经济工作和其他一切工作的生命线，是团结全党和全国各族人民实现党和国家各项任务的中心环节，是我们党和社会主义国家的重要政治优势。"①针对改革开放出现的道德问题，提出要以德治国。胡锦涛同志指出培养什么人、如何培养人，是中国社会主义教育事业发展中必须解决好的根本问题。大学生是国家宝贵的人才资源，是民族的希望、祖国的未来。要使大学生成长为中国特色社会主义事业的合格建设者和可靠接班人，不仅要大力提高他们的科学文化素质，更要大力提高他们的思想政治素质。2015年，中共中央办公厅、国务院办公厅印发了《关于进一步加强和改进新形势下高校宣传思想工作的意见》(以下简称《意见》)。《意见》强调，意识形态工作是党和国家一项极端重要的工作，高校作为意识形态工作前沿阵地，肩负着学习研究宣传马克思主义，培育和弘扬社会主义核心价值观，为实现中华民族伟大复兴的中国梦提供人才保障和智力支持的重要任务。做好高校宣传思想工作，加强高校意识形态阵地建设，是一项战略工程、固本工程、铸魂工程，事关党对高校的领导，事关全面贯彻党的教育方针，事关中国特色社会主义事业后继有人，对于巩固马克思主义在意识形态领域的指导地位，巩固全党全国人民团结奋斗的共同思想基础，具有十分重要而深远的意义。在全国高校党建工作会议上，习近平同志再次强调，办好中国特色社会主义大学，要坚持立德树人，把培育和践行社会主义核心价值观融入教书育人全过程；强化思想引领，牢牢把握高校意识形态工作领导权。

当前，高校德育的政治性主要通过课堂教育的主渠道形式表现出来，思想政治理论课是其主要呈现形式。尽管有一些人质疑课程德育的实效性，但多年的实践和现实表明，课程德育是有其存在的重大意义和价值的。从现实

① 江泽民. 江泽民文选：第3卷[M]. 北京：人民出版社，2006：74.

条件看，不是要不要办思想政治理论课，而是如何办好、如何加强。要切实推动中国特色社会主义理论体系进教材进课堂进头脑，要建设学生真心喜爱、终身受益的高校思想政治理论课，实施高校思想政治理论课建设体系创新计划，全面深化课程建设综合改革，编好教材，建好队伍，抓好教学，切实办好思想政治理论课。要着力增强大学生思想政治教育的政治性，启动大学生思想政治教育质量提升工程，深入开展中国特色社会主义和中国梦教育，加强党史国史和形势政策教育，把社会主义核心价值观融入高等教育全过程，高校要着力构建核心价值观教育长效机制，积极推进其融入课堂主渠道、融入社会实践、融入文化育人、融入师生日常行为，让核心价值观内化为广大师生的价值追求，外化为自觉行为。[①] 2016 年全国高校思想政治工作会议再次强调，要坚持把"立德树人"作为中心环节，把思想政治工作贯穿教育教学全过程，实现全程育人、全方位育人，要办好高校思想政治理论课。由此可见，高校德育工作始终以政治性为主，坚持以思想政治教育的导向性作用育人。

（二）以人为本是趋势

高校德育始终是做人的工作，坚持促进人的全面发展、遵循人的发展规律、尊重人的主体地位是高校德育的基本原则。法国著名启蒙思想家、教育家卢梭认为人生来具有善性和良心，道德教育就是在承认人性善和自爱基础上进行的。因而，在其道德教育思想中，贯穿的两条主线是"以人为本"的自然主义道德教育观和旨在培养具有国家整体向心力的"爱国公民"思想。换言之，"自然人"和"文明人"的培养，是道德教育的重要任务，也是题中应有之义。

不管是国内还是国外，有生命力的教育、有生命力的高校德育，其最重要的价值都在于关注和促进人的全面发展，这一价值的实现离不开对个体需要及时、深刻的关注。人本思想是马克思"人的全面发展"理论在高校德育实践中具有创造性应用价值的产物，也是中国共产党"全心全意为人民服务"的核心价值在高校德育领域的具体表现。高校德育坚持人本思想，以学生为中心

① 习近平. 坚持立德树人思想引领，加强改进高校党建工作[N]. 人民日报，2014－12－30(1).

开展德育实践，对高校德育的发展和学生自身的成长都具有重要意义。

“为人民服务的发展定向、促进人的全面发展的目标定位、努力遵循人的发展规律、尊重人的主体地位的活动展开，构成了60年来高校德育发展的主脉，形成了高校德育可贵的人本追求。高校德育中也曾存在忽视人的发展的现象，存在不能科学准确地理解人的全面发展的具体内涵与实际要求等现象。但是，应当看到的是，这既不是60年来高校德育历史发展的全部，也不是主流，更够不上称之为‘传统’，也不能以之为所谓‘传统德育’的特征。同样应当承认的是，60年来，尽管在主导性的理论主张、思想认识与政策引导上，高校德育始终强调坚持为人民服务、促进人的全面发展、遵循人的发展规律、尊重人的主体地位等。”①为了人的发展既是高校德育目标的追求，更是高校德育目标的题中应有之义。中华人民共和国成立70年来，我国高校德育始终围绕人的全面发展和国家对人才的需要。习近平在全国高校思想政治工作会议上强调，高校思想政治工作就是做人的工作，必须围绕学生、关照学生、服务学生，不断提高学生思想水平、政治觉悟、道德品质、文化素养，让学生成为德才兼备、全面发展的人才。② 思想政治工作宏观上是回答培养什么样的人、如何培养人、为谁培养人的问题，微观上是为学生解答人生应该在哪儿用力、对谁用情、如何用心、做什么样的人的问题，促进学生德才兼备、全面发展。③

（三）主体实践是共识

随着人本思想与人的全面发展理论的兴起，主体性德育得到了现代社会广泛的接受与认同。“主体性德育就是要确立受教育者在整个教育目标和教育过程中的主体地位和主体人格，发挥其能动性和创造性，以达到培养有道德的人的目标。”④同时，德育实践教学的关系性和主体性特征要求在实践过

① 沈壮海.论高校德育教育的人本追求[J].思想理论教育导刊，2009(11)：88.

② 习近平.在全国高校思想政治工作会议上强调把思想政治工作贯穿教育教学全过程[N].人民日报，2016-12-09(1).

③ 陈宝生.深入学习贯彻习近平总书记教育工作重要讲话精神，切实推动高校思想政治工作创新发展[N].光明日报，2017-08-04(1).

④ 刘志坚.论主体性德育对传统德育的超越[J].华南理工大学学报(社会科学版)，2006(1)：14.

程中促进教师和学生双向主体性的发挥。“双向主体性德育方式”要求教师主体根据社会要求和学生身心发展规律，有目的有计划地组织各种德育实践活动，引导、激发学生主体的能动性、自主性、选择性和创造性，通过教师引导，师生双方平等交往、交流、对话，学生自我体验等形式，促进学生现有思想道德品质和社会能力的自我完善、自我发展，从而实现具有社会主体意识的人——“自由自觉的人”的德育实践活动。①

德育共同体是多元主体集体实践的产物，实践性也是高校德育题中应有之义，只有在实践中才能检验德育的效果。德育实践既是德育的目的，又是德育的手段。作为目的，是指实践社会主义道德生活或使学生形成一种道德的生活方式应当成为高校德育追求的最高境界；作为手段，指教育者应当把实践作为个体道德发生、发展以及道德之个体意义实现的源泉来理解并作为促进道德发展的手段加以运用。② 中华人民共和国成立 70 年以来，高校德育实践工作从内容和形式、理念和机制、方法和标准等方面进行了三次大的改革，初步形成了体现时代趋势和反映中国特点的高校德育实践的新局面，德育实践的主体性愈加突出。当前，高校德育不断拓展活动内容和范围，从班级、学校到家庭、社会，班团活动、实习调研、社会实践、志愿者活动等多种形式助力学生成长。高校思想政治课虽然以课堂主渠道为主，但也越来越注意到实践的重要性，在教学环节中提高实践比重，让学生在动手实践和亲身体验中收获道德和政治启迪、感悟德育魅力、践行德育认知。

(四) 德育工作循规律

任何事物都有其形成和发展规律，高校德育亦然。在中华人民共和国成立 70 年来的高校德育工作实践中，把握德育规律日渐成为主流。习近平总书记在全国高校思想政治工作会议上指出，高校德育工作要遵循思想政治工作规律，遵循教书育人规律，遵循学生成长规律，不断提高工作能力和水平。高

① 袁雅莎. 双向主体性：高校德育实践教学的关系视角及其运用[J]. 南阳师范学院学报(社会科学版)，2010(1)：114.

② 王颖，俞树彪. 关于高校德育实践的几点思考[J]. 思想理论教育导刊，2004(9)：56.

校德育工作者要从三大规律出发，聚焦德育为党育人、为国育才的根本目标，推动德育体系创新。

首先，遵循思想政治工作规律。思想是人的大脑的产物，但人的大脑不会无缘无故产生某种思想。马克思主义认为，社会存在决定社会意识，思想是客观事物在人的大脑的能动反映，思想产生的基础是各种客观存在和人们的社会实践，做好德育工作，不能仅拘泥于思想表现层面，还要挖掘思想现象背后所产生的深层次原因。其次，遵循教书育人规律。"教"是为了"育"，"育"依托"教"而实现，"立德树人"作为高校教育的根本目的，"育"不仅仅是传授书本知识，还要不断提高大学生思想水平、政治觉悟、道德品质、文化素养，让大学生成为德才兼备、全面发展的人才。最后，遵循学生成长规律。高校德育工作是做"人"的工作，大学生既是德育工作的客体，也是主体，大学阶段是他们世界观、人生观、价值观形成和确立的重要时期，走好人生第一步至关重要，高校德育工作要提高针对性，满足学生成长发展需求和规律。

三、高校德育的现实矛盾

(一) 德育行为有部分失范的现象

当前，高校不再是与世隔绝的象牙塔，但人们对高校的期待仍然是有理想、有坚守的伊甸园。改革开放以来，我国高校德育的总体发展状态呈现出坚持以马克思主义为指导和以社会主义意识形态为主导的一元主导与继承民族优秀文化传统和借鉴国外有益文化成果等多样发展相结合的格局，同时也存在着各种失衡现象①，德育的概念化、教条化、书本化、功利化积习仍然存在，生活化、实践性内容缺乏，德育行为在一些方面存在失范现象。有些德育工作者"常常打着反对僵化、追求创新、冲破传统、崇尚现代的旗号"，有些人用自己的"主观想象来设计历史发展"，有些人习惯用"适用西方的理论来推

① 郑永廷，张艳新. 高校德育主导性与多样性发展的失衡与成因[J]. 思想政治教育研究，2008(1)：1.

断中国的实际”，这些行为比较容易获得一些“缺乏社会生活经验学生的共鸣”。还有一些情况容易导致学生对西方文化产生盲目崇拜，如“以无分析、鉴别的态度，向学生推荐、肯定、赞赏体现西方政治观、价值观、人生观的著作、流派、理论，冲击德育主导思想”，又如“以发达国家现实强大为依据反证其文化的合理性”，或“不顾我国与发达国家的具体国情、发展历史而盲目赞赏西方的繁荣”[①]。所有这些现象，都会导致德育对学生培养产生消极作用。

高速发展的网络技术和多元人生观、道德观、价值观的并存出现了一些新的大学生伦理问题和伦理危机。如大学生伦理道德价值取向的错位，伦理道德情感的沦丧以及伦理道德自律的弱化和行为的失范等。[②] 尤其是在互联网领域，德育工作者亟须建立网络思想阵地意识，借助新媒体丰富德育渠道，营造积极良好的网络舆论氛围，引导学生的网络道德，使网络成为高校德育的新型阵地。然而现实情况却还不容乐观，不少德育工作者的思维理念仍未转变，或者是新媒体运用技术还跟进不上，新媒体这一网络载体还未能得到充分运用，德育工作的时代感召力和吸引力仍待加强。网络德育作为一种新形态德育出现之后，还正在研究和探索之中，难以提供有效的理论指导与方法运用，如内容上信息化、形象化程度不够，形式上没有突破单向灌输模式，只是将“人灌”改成了“网灌”，缺乏多向互动机制。[③] 因此，利用新媒体手段，建设积极向上、便利、有效的网络平台，营造新型的育人环境氛围显得十分迫切。

（二）德育过程有流于形式的情况

当前，高校德育工作中存在重形式轻实质、重形式轻实效等形式主义现象。有的高校“德育说起来重要，干起来次要，忙起来不要”，有的高校片面注重和追求德育工作的表面形式，不按德育的客观规律办事，不顾及德育过程中受教育者接受教育的可能性，存在运动式、突击式、消防式、包办式等为德

---

① 郑永廷，张艳新. 高校德育主导性与多样性发展的失衡与成因[J]. 思想政治教育研究，2008(1)：2.

② 唐小霞. 网络空间视阈下大学生伦理道德的危机与重构[J]. 牡丹江大学学报，2017(2)：154.

③ 郑永廷，张艳新. 高校德育主导性与多样性发展的失衡与成因[J]. 思想政治教育研究，2008(1)：4.

育而德育现象，德育工作的实际效果大打折扣。

在日常教学环节中，还存在将思想品德仅当成知识来学习的现象，刻板地预先限定知识内容，试图让学生接受这种静态的、抽象的方式。从某种程度上讲，虽然完成了技能和知识的教学任务，却存在一定的问题：笼统的品德教育不能让学生产生共鸣，改变不了学生的态度情感，不能完成意义构建。在德育方法上，重德育理论灌输，轻视德育实践并存，导致知行脱节；而有些德育工作者则走向了另一端，运用现代网络手段试图创新，但过分依赖课件和多媒体，因而学生看完、听完之后，认识上深化不多，思想上留存甚少。信息技术、文化方式需要而且可以在德育上运用，但过多依赖这种方式，忽视理论论证、说服、思考，缺少师生情感交流，就会使德育陷于知识性与肤浅性而流于形式。① 同时，没有按照规定的德育目标、德育大纲、德育内容进行教育的现象也在一定范围内存在，教师或为迎合有些学生猎奇、好玩、时髦的需要，或按照自己的兴趣观点，讲授与德育无关或关系不大的故事、趣闻、传说，甚至在课堂上发牢骚、讲怪话。这种以专门时间、课程进行的德育，成为表面化的、形式化的德育，没有实现德育的目标，是德育资源的浪费，是不负责任的德育行为。②

（三）德育体系有因循守旧的惯性

当前，高校德育工作中存在的最大问题就是因循守旧的惯性。虽然新的时代已然来临，德育工作对象、环境已经非旧德育体系时代的情况所能涵盖，但新的德育体系却仍待建立。信息传播专家尼葛洛庞帝指出："信息社会，最大的鸿沟横亘在两代人之间，当孩子们霸占了全球的信息资源时，需要努力学习、迎头赶上的是成年人。对教育者来说，更是如此。"③信息技术的发展，对教育者的媒体应用能力提出新要求：掌握新媒体特点和基本操控手段，把握网络语言特点与网络交流技巧等，同时借助网络等新媒体创建多样化的思想政治教育形式。④

---

① 郑永廷，张艳新. 高校德育主导性与多样性发展的失衡与成因[J]. 思想政治教育研究，2008(1)：3.

② 郑永廷，张艳新. 高校德育主导性与多样性发展的失衡与成因[J]. 思想政治教育研究，2008(1)：3.

③ 尼葛洛庞帝. 数字化生存[M]. 胡泳，等译. 海口：海南出版社，1997：2.

④ 赵宏. 自媒体时代大学生思想政治教育面临的挑战与对策[J]. 学术论坛，2013(5)：216.

在新媒体时代，随着新媒体介入程度的深化，这种建立在教育双方理论与知识信息不对称基础上的相对优势格局被打破，教育对象获取信息由定格式被动接受转变为动态式主动搜索，由单一传递方式变为多向获取。对于教育者来说，其网络素养的培育是塑造其新形象的首要选择。在当下思想政治教育实践中，部分教师能运用新媒体和网络信息手段获得学生的认可，在某种意义上在于教师的网络媒介素养，紧紧握住青年学生易迷恋网络、陶醉于虚拟网络世界的心理倾向这个命脉，熟练运用学生所认可的网络语言与他们沟通才能拉近师生间的距离、促进师生情感交融，以无声的网络语言赢得学生的信赖。① 但遗憾的是，不少德育工作者仍未很好掌握并运用新媒体，有的仍是“新瓶装老酒”，由“人灌”变成“网灌”罢了。面对新生事物、面对新的对象，他们缺乏新的拥抱学习的姿态，而依然习惯于过去的德育工作经验或方式方法。

新时代对高校德育提出了新要求，我们必须改革以适应时代的需要。作为一个有着五千年历史的大国，过往的历史实践证明，中国德育工作的改革和创新，并非只能进行激进的或者是突发式的变革，也可以在旧的德育工作体系上进行渐进式的革新。因为旧体系巨大的因循守旧惯性，这种革新必然会遇到重重阻力和困难，但是“历史车轮滚滚向前，时代潮流浩浩荡荡。历史只会眷顾坚定者、奋进者、搏击者，而不会等待犹豫者、懈怠者、畏难者”②。“生活从不眷顾因循守旧、满足现状者，而将更多机遇留给勇于、敢于、善于改革创新的人们。”③为此，德育体系中的每个组织和个体需要保持清醒与自觉，敢于打破旧的体系，进行自我革新，共同打造一个全面育人、育全面人的高校德育新体系。

---

① 赵宏. 自媒体时代大学生思想政治教育面临的挑战与对策[J]. 学术论坛，2013(5)：215.

② 习近平. 决胜全面建成小康社会夺取新时代中国特色社会主义伟大胜利[N]. 人民日报，2017-10-28(1).

③ 习近平. 谋求持久发展共筑亚太梦想——在亚太经合组织工商领导人峰会开幕式上的演讲[N]. 人民日报，2014-11-10(2).

第三节　高校德育的构成及框架结构

改革开放以来，在党和政府的高度重视下，经过广大德育工作者的共同努力，高校德育无论在理论上还是在实践中都取得了长足发展。高校德育是一项系统工程，涉及德育的目标、内容、方法、载体、评价等环节。作为上层建筑的一部分，高校德育也随着社会经济基础和社会环境的变化而不断变化，同时，系统内各环节是相互联系、相互制约的，作为其中的主体——人，尤其是德育对象的思想和行为也受到主客观因素的影响。因此，分析高校德育的发展趋势，必须结合高校系统内部、国内外社会变化及大学生自身特点等条件综合进行。

一、高校德育目标的价值定位

德育是根据一定社会的需要来培养人的品德，德育目标就是指“一定社会对教育所要造就的社会个体在品德方面的质量和规格的总的设想或规定”[①]。德育目标具有“主观性、客观性、实践性及社会历史性、阶级性、民族性”等特点[②]，德育目标的确立必然受一定社会的政治、经济、社会、文化条件制约，以教育对象的需要和可能为基础，符合教育目的和教育规律。

（一）目标的要素

一是功能与价值要素。高校德育目标是德育的出发点和归宿，对德育过程和环节有指导性作用。德育目标是德育功能从应然状态向实然状态转变的中介，因此德育目标的确定首先要基于德育本来的功能。德育目标的设置既不能高于也不能低于德育功能的界限，否则，要么目标过高而成为虚设，要

---

① 王志健. 社会分层背景下大学德育目标的自我实现[J]. 教育探索，2010(12)：28－30.

② 胡厚福. 德育原理[M]. 沈阳：辽宁大学出版社，2000：97－98.

么目标过低失去其指导实践的意义。高校德育的功能，从社会层面来看，是“德育在何种态度上对社会发挥何种程度的作用”，主要体现为高校德育对大学生现实生活的适应性以及对社会发展的价值的作用，体现为德育对社会政治、经济、文化或生态环境等方面所产生的影响①；从个体层面来看，是德育对个人内在和外在发展的影响与价值；从教育性层面来看，是德育对学生价值追求的引导作用，即推动学生品德发展、塑造学生健全人格的功能。② 总之，高校德育的功能是育人，是“培养信念执着、品德优良、知识丰富、本领过硬的高素质专门人才和拔尖创新人才”③，使之成为思想素质、政治素质、道德素质、法律素质和心理素质等过硬的人。因此，高校德育首先应以育人、树人、培养人为目标。

二是社会时代环境要素。当前，国际战略形势变化的首要特征之一就是全球化进入了一个相对的“间歇期”。在全球化的进程中，各国利益主体的相对收益是不一样的。对此，保护主义、孤立主义、民粹主义、保守主义等纷纷抬头，全球化的核心价值观念自由、开放遭受前所未有的质疑。④ 以美国为代表的西方资本主义国家不断以意识形态、资本主义文化等进行渗透，力图通过对别国政治制度、经济发展秩序的“干涉”和“阻碍”来维护本国利益。复杂的国际环境，没有“硝烟”的价值观念渗透，对高校德育目标的长远性、国际性提出了更高的要求。国内改革开放政策实施40年来，人们的价值观念、道德观念、文化观念、生活态度乃至思维方式无不打上市场经济的烙印，这对高校德育目标中人的价值观念的引导提出了新思考。而伴随着高校教育改革的不断深化、建设一流高校目标的提出，高校德育目标中如何体现教育本质需要进一步探讨。

---

① 檀传宝. 学校道德教育原理[M]. 北京：教育科学出版社，2000. 27.

② 刘恩允. 德育功能观的反思与高校德育目标建构[J]. 江苏高教，2002(6)：32.

③ 国家中长期教育改革和发展规划纲要(2010—2020年)[EB/OL]. (2010-07-29)[2010-07-29]. http://old.moe.gov.cn//publicfiles/business/htmlfiles/moe/moe_838/201008/93704.html.

④ 冯玉军. 国际形势新变化与中国的战略选择[J]. 现代国际关系，2017(3)：10.

三是对象自身特点要素。马克思主义认为，人是社会的存在物，“人的本质并不是单个人所固有的抽象物，在其现实性上，它是一切社会关系的总和”[①]。具体来讲，人是处于现实社会关系中的，只有通过社会关系才能表现出人的本质，人的发展也是随着社会关系的不断变化而得以发展的。高校德育的功能是培养人，人的认识和行为特点变化了，德育的目标也应随之调整。只有将大学生置于各种社会实际中才能使其真正“成人”，只有随着各种社会关系的变化，大学生才能得到“成长”。当前，大学生作为特殊群体，部分学生追求个人主义价值观，鄙视中国优良的传统道德，造成思想混乱、行为失范，甚至违法乱纪等。[②] 因此，高校德育目标必然需要重视对大学生精神世界的引领。

（二）目标的指归

一是注重人的全面发展。关于什么是“以人为本”，不同学者有不同层面的阐述。夏甄陶教授强调，以人为本中的“人”是教育的目的，提出既要尊重他人，也要自尊。[③] 黄楠森教授认为：“不能把以人为本理解成以个人为本，尤其不能理解成以我为本。一个社会，人人都是中心，每一个人不但不关照他人和社会，而且按照自己的需要要求于社会，那就只能天下大乱了。”[④]林德宏教授从价值论的角度强调：“人是目的，人是关键，强调一切为了人，一切依靠人。”[⑤]韩庆祥教授从三个方面阐述了以人为本的内涵。其一，以人为本肯定了人在社会历史发展中的主体作用与目的地位。其二，以人为本是一种思维方式，在分析思考、解决问题时，要用人（或人性化）的尺度来衡量和把握。其三，以人为本是为了人并实现人的现代化的价值取向。他指出：“在人与社会的关系上，强调促进人的全面发展；在人与人的关系上，强调公正，关注弱势

---

① 加林. 意大利人文主义[M]. 李玉成，译. 北京：三联书店，1998：6.

② 曹群等. 加强思想政治教育重要现实问题的理论研究[J]. 学校党建与思想教育，2016(13)：217.

③ 夏甄陶. 论以人为本[J]. 杭州师范学院学报(社会科学版)，2003(3)：63－68.

④ 黄楠森. 马克思主义与“以人为本”：回答以人为本研究中的几点疑问[J]. 中华魂，2004(4)：51.

⑤ 林德宏. 以人为本刍议[J]. 南京师范大学学报(社会科学版)，2003(5)：5－8.

群体;在人与自身的关系上,强调人的合法权利,尊重人的能力差异,尊重人的个性、尊重人的独立人格。"[①]

马克思认为,人的全面发展要求"人以一种全面的方式,也就是说,作为一个完整的人,占有自己的全面的本质"[②]。而为了实现所有人的全面发展,首先必须实现单个人的全面发展,因为马克思指出"每个人的自由发展是一切人的自由发展的条件"。因此,人的"全面发展"并非是同质化的均衡发展,而是异质化的个性发展。而"全面"也并非是一个完整的过程,而是一个逐渐生成的状态。"人的全面发展"就是要求高校德育要回归"关注人,培养人、发展人",也就是大学生的成人、成长和成才,并最终取得成就。高校德育目标不论是德行的养育,还是角色的塑造,最终都应该是服务于"人的全面发展"。总之,所谓"人的全面发展",即是"指每个人都能得到的平等发展、完整发展、和谐发展和自由发展"。人的全面发展的过程是一个不断接近和达到理想目标的历史过程。而高校德育目标正是要回归"人的全面发展",从马克思主义以人为本的基本立场出发,切实将大学生的自由全面发展定位为自己的根本宗旨与目标。

二是培养具有民族精神的人。在当代世界中,只要一个人生活在某个国家、社会,必然要受该国家、社会的法律及道德约束,作为该社会、国家的成员,享有一定的权利,承担一定的义务。民族精神是一个国家、民族文化传承、历史发展的"基因"。马克思在《英国状况十八世纪》《论犹太人问题》等论著中指出,民族精神是不同民族、国家间进行区分的根本,是促进民族发展的重要力量。他对于民族精神的论述,具有鲜明的意识形态特点,将民族精神与民族解放、民族的生存发展相联系,认为民族精神是实现民族发展的条件,对社会物质生产具有促进作用。德国萨维尔在《论立法与法学的当代革命》中从法学的视角来研究民族精神。他认为,民族精神是一个民族区别于其他民族的根本属性,有独特性,作为民族共同的思想理念,是对民族存在的必然

① 韩庆祥."以人为本"的科学内涵及其理性实践[J].河北学刊,2004(3):67.

② 马克思,恩格斯.马克思恩格斯全集:第42卷[M].北京:人民出版社,1979:123.

性的认知。库纳将民族精神与自我意识相统一推到了绝对高度,认为民族精神作为自我意识的主体,是世界历史的客观存在的最高表现形态。自我意识经过反复的认识,最终构成历史状态。

三是培养具有国际视野的人。德育目标的确立,需要立足国内外社会发展的环境和现实。国外许多德育学家都极力阐述学校德育的核心目标。著名德育学家科尔伯格认为,德育就是培养超习俗的第六阶段的人,即自觉遵守人类普遍价值原则的人。面向新世纪,各国都十分重视人才培养,这是国家综合实力提升的重要保障。我们不但要培养"德才兼备"型人才,更要培养创新型人才,才能在科技发展中占有先机。国家"双一流"建设方案的提出,为提升我国教育发展水平、增强国家核心竞争力奠定了长远发展的基础。高校必须坚持以中国特色、世界一流为核心,以立德树人为根本,以支撑创新驱动发展战略、服务经济社会发展为导向,加快建成一批世界一流大学和一流学科,提升我国高等教育综合实力和国际竞争力,使之成为知识发现和科技创新的重要力量、先进思想和优秀文化的重要源泉、培养各类高素质优秀人才的重要基地,在支撑国家创新驱动发展战略、服务经济社会发展、弘扬中华优秀传统文化、培育和践行社会主义核心价值观、促进高等教育内涵发展等方面发挥重大作用。

当前,我国很多高校的人才培养已经着眼于全球与未来,在社会公德、职业道德、纪律意识和团队精神等方面对大学生进行引导,倡导大学生遵守社会公共道德,严守职业道德,有团队精神,注重实践,在学习、生活、工作中发挥能动性,激发创造性;培养与全球化以及市场经济相适应的具有独立人格的高素质人才。各高校纷纷与国内外有较强实力的学校加强联系,建立合作关系,通过联合培养、共享资源、互认学分、短期访问、合作办学等方式,建立了越来越多各方共同认可的教学制度、教育模式,并在职业道德素养、基本素质养成、行为规范等方面达成越来越多的共识。高校人才的培养从"被动"的国际化向"自发的""内驱的"国际化转变,人才标准不仅在技术上、学科上达成共识，也在基本道德行为规范上有了更多共识。这就提醒我们，高校人才的培养，必须立足本国，着眼全世界。

因此，各国都非常重视民族精神的培育。美国的民族精神培育以“隐形”为主要方式，通过通识课程体系、公民教育、社团活动、校园主题活动、主流传媒等方式，将民族精神的内核渗透给学生，强化民族精神教育，成效显著。德国民族精神的培养从家庭教育开始，在学校中从伦理、历史、社会三个维度强化民族精神的内核。德育的首要目标是培养符合社会发展和国家要求的、具有一定道德素质的人。随着世界形势的风云际会，各国对适应国际化形势的人才的素质要求也在不断地提高。但是，有一点是共同的：“科学没有国界，但科学家有自己的祖国。”马克思曾说：“如果从观念上来考察，那么一定的意识形态的解体足以使整个时代毁灭。”①国际化视野下的人才培养，不仅要解决怎样服务的问题，而且要解决为谁服务的问题。个体的民族精神越强，他就越能为民族的事业而奋斗。民族精神是人类群体间一种强大而具普遍意义的凝聚力和向心力。从现代社会来说，没有民族精神就没有民族、国家。因此，民族精神应成为德育的灵魂，德育必须致力于培养民族精神。② 而当代大学生思想观念、道德素养、行为规范等都发生了很大变化，由于大学生本身心理上不够成熟，思想和行为易受社会环境尤其受全球化、网络化等的影响，高校德育必须强化思想引领，牢牢把握高校意识形态工作领导权，这是高校德育面临的重要使命。

二、高校德育的多主体交互

高校德育目标由师生多元主体通过具体的德育内容加以推进实施，这个过程也是多主体交互、交往、集体实践、共同成长的过程。高校德育实践中的多主体，在各德育场域中交互、成长，形成德育生态。

---

① 马克思，恩格斯. 马克思恩格斯全集：第 4 卷[M]. 北京：人民出版社，1995：470.

② 赵野田. 国外高校德育的特点、发展趋势及启示[J]. 东北师范大学学报（哲学社会科学版），1998(2)：91.

(一) 生活化的交互

所谓高校德育的生活化，是指以贴近大学生实际的生活化的方式，将对真善美的追求灌注于大学生德育服务的点滴之中，使大学生在生活服务中体验、感受、理解与认同德育内容的过程。“德育引导的根本宗旨就是把人培养成自觉的生活建构者，生活论德育倡导道德学习要使人学会的是关注生活、反思生活、改变生活。”①生活德育的具体范围很广，包含了“爱的教育、理想和信念的教育、法纪的教育、人格的教育、政治的教育、民主的教育”②。德育起源于现实生活，生活中的德育无处不在，它可以克服知性德育的单一和局限性，只有扎根于生活实践的德育理论才能被广泛认可。

首先要注重生活情境的课堂德育内容。课堂作为德育的重要渠道，在未来高校德育工作中应发挥更加重要的作用。目前学界关于大学课堂德育的研究众说纷纭，主要集中于思想政治课的课堂德育研究。借鉴情境认知理论及社会学习理论，在未来的高校课堂中，在注重传授知识的同时，发挥学生的主体性，发挥教师的主导性，通过创建“德育课堂情境”，给予学生课堂话语权，增强学生思想道德的情感体验，构建师生课堂德育情境关系，将是提升课堂德育成效最重要的方式。

课堂德育情境是指课堂中对德育效果产生直接或间接影响的，由特定要素构成的有一定道德教育意义的氛围和环境。心理学研究表明，在道德认知、道德情感、道德意志和道德行为中，道德情感居于核心地位。道德情感的形成，不仅需要受教育者对道德知识的接受，更重要的在于情感上的感受与共鸣。因此，在课堂道德教育中，能够引起教育对象道德情感的教育才能起到教育的效果，因为人对情感的接受以情绪变化为基础，以情感体验为中介。而在德育课程中教育情境的建立，能引导学生们产生最直观的情感变化，同时也能让学生充分体验过程，从而激发其对道德意识的思考，进而指导个人

---

① 鲁洁. 德教育的根本作为：引导生活的建构[J]. 教育研究，2010(6)：3－7.

② 刘长贵. 陶行知的生活德育理论及其当代价值[D]. 南京：南京师范大学，2006.

道德行为。

其次要注重生活层次性的角色德育内容。马克思认为，人是一切社会关系的总和，这是人的本质。人的社会性本质就意味着人从自然人到社会人的进化就在于承担多种社会角色的结果。[①] 很多国家已经根据教育对象的年龄、专业、兴趣及个性特点不同来决定教育目标、选择教育内容。例如，美国哈佛商学院要求新生入学的前三周必修“决策及伦理价值”。在他们看来，伦理价值和企业责任是管理学院最重要的使命，而法学院的毕业生则必须通过职业道德课程考试，才能进入律师行业工作。[②] 以人为本的德育理念要求我们尊重和了解大学生的现实需求，注重大学生的个体性发展。而大学生在校内外扮演着不同的角色，不同的角色要求有不同的德育侧重点，根据其不同角色开展有针对性的德育工作，是提升高校德育工作有效性的有利尝试。

从社会发展的现实来看，角色德育是对高校德育多层次、针对性、精细化发展的时代要求。高校要培养多层次、多样化的人才，德育的内容和方式必然需要多样化；从学生发展层面，多层次的角色德育是其内在的发展诉求，因为当今的大学生思想活跃，更有个性，价值取向多元化，行为方式多样化，他们对于德育的诉求也是多样的；就高校教育改革而言，实现学生全面发展的目标，要求高校德育工作关注课堂内外的德育内容变化，注重德育的实践性，充分利用多渠道、多途径、多样化的德育方式，把握学生不同场域的情境，开展多层次的德育，才能取得实效。构建高校角色德育模式，可以通过设定角色德育目标、强化角色意识、组织角色学习和树立角色认同来实现；在实践中，可以在课堂中引导学生熟悉自身的角色；以个性化的组织及平台为保障，强化学生对角色的辨析；以行为为导向，增强角色的感受，以实践为根本，促进学生对角色的认同。

最后要注重生活空间性的团体德育内容。马克思主义认为，人是社会

---

① 路海东. 社会心理学[M]. 长春：东北师范大学出版社，2002：283.

② 赵野田. 国外高校德育的特点、发展趋势及启示[J]. 东北师范大学学报(哲学社会科学版)，1998(2)：86.

性的动物，人必须生活在一定的社会环境和社会群体中，才能社会化为真正的“人”。因此，高校德育必须充分认识到团体对学生成长的重要作用。而德育作为学生社会化的一个重要方面，更需要从人的社会性本质中寻找团体德育的重要意义。斯宾芬·罗宾首次提出了“团队”的概念：“团队是为了实现某一目标而由相互协作的个体所组成的正式群体。”①团体具有个人所不具有的特点和功能，比如，可以通过团体的协作，整合团体的资源，达到完善个人的目的；团体间共同形成的情感、归属、自我实现等心理需要，能够激发团体在知识传授、人格塑造、能力培养方面的功用。目前，高校学生组织团体众多，高校学生主体的团体、团队建设及其功能越来越受到重视。几乎每个学生都是某个团体的一员甚至是多个团体的一员，他们的生活空间是立体的、多维的。比如寝室、社团、讨论组、学习组、实践小分队等，这些团体在成员间具有年级及年龄上的同辈性、兴趣爱好的相似性、活动目标的一致性、生活方式的协调性等特点。将德育内容深入大学生的不同生活空间中，是高校开展德育工作的有效抓手。高校德育工作者可以通过主体培育、情境营造、活动设计等手段，引导学生积极参与团体讨论和团体活动，从而实现德育目标。

当前，很多高校都在对不同团体开展侧重点不同的德育内容和德育活动，但还没有形成有层次、有系统的德育内容体系。将来，在团体德育内容方面，如何在不同性质的学生团体中开展侧重内容不同的德育活动；在团体德育途径方面，如何利用校内外资源增强团体德育内容学习的有效性；在团体德育主体方面，如何让学生自治组织发挥主体性，让学生自觉通过团体内化作用形成德育学习的内在养成机制，以及教师在团体中如何定位；在团体德育方法方面，如何在不同团体德育中利用不同的方法开展活动等，将成为德育工作关注的重点。

---

① Belbin R M. *Management Teams: Why They Succeed or Fail* [M]. Oxford: Butterworth-Heinemann, 2010: 130.

（二）社会化的交互

德育内容的社会化是指学校德育内容已逐步从追求理论知识的传达转向社会生产实践，关注内容以社会发展为基础，关注重点与社会发展需要相一致，将德育工作内容回归社会的需要和人们的生活实践。德育内容随着社会发展不断变化。在古代，我国的德育内容以“三纲五常”为核心，为了维持国家统治和社会稳定，教导人们按照“人伦”秩序行事。而在当代社会，经济社会和人类文化不断进步、要求继续解放人性的必然性使人们的自由、民主意识增强，使社会发展更加注重持续性、有序性，高校德育工作内容出现社会化的趋势。

网络德育成为德育工作的重点内容。网络创造了人类新的生存空间——虚拟生存空间。2017 年中国互联网信息中心的调查显示，我国网民的数量为 7.51 亿人，学生群体是其中的重要组成部分。高校大学生是网络信息化受益的重要群体，网络已经成为高校德育工作开展的主要阵地。高校德育工作的开展已经离不开网络环境。网络作为新兴的媒介发展迅速，但对其进行有效利用的规范却还没有完善，网络德育内容将成为高校德育工作开展的重点内容。首先，网络的特性是空间的开放性、言论的自由性。在这样的环境下，大学生因为心理上处于青年期，易受社会环境和社会价值意识的影响，从而在道德意识、道德情感、道德行为等方面要受到网络舆情的影响。这给高校德育工作者带来了德育工作在空间和时间上的挑战，使他们面临如何有效利用网络开展德育工作以及如何避免网络有可能带来的负面影响的境况。其次，网络让全世界都可以进行连接，各种信息和言论充斥在网络世界，网络使学生产生了各种思想道德心理矛盾。我们比以往任何时候都更加需要培养大学生的道德判断和道德选择能力，这正是我国大学生在网络社会中面临的一大问题。再次，从本质上来说，高校德育是一门运用话语实现教育目的的社会实践活动，具有特定的话语体系。网络“微时代”背景下高校德育话语权发生了新的变化。一方面，高校德育的主体（教育者和受教育者）的话语权得到了空前的释放和提升，为提高话语权的影响力提供了新的机遇。另一方面，道德话语在传播中的“流失”或“稀释”、话语平台建设的不完善及有效行使话语权的外部机制欠缺，削弱了高校德育教育者的话语权，在受教育者缺乏正确引导的情况下，会导致话语权滥用、话语权失范现象的产生。

因此，在德育工作内容的新方向上，要认真分析网络的特性，深入研究网络对高校德育内容、德育方式、德育途径、德育对象等影响，利用网络环境实施网络德育，引导大学生以正确的态度开发、研究、利用网络，激励其自觉履行网络规范；要提高大学生对网络陷阱的识别能力，增强对网络毒素的抵抗能力，综合提高网络自律意识，帮助大学生树立正确的信息技术道德观，形成网络德育合力等。

生态德育成为德育工作的重要内容。马克思主义自然观、实践观以及人的解放学说蕴含着丰富的生态伦理思想。国外发达国家的发展历程给我们深刻的启示便是必须重视生态文明建设。党的十八大报告把“生态文明建设”纳入中国特色社会主义建设。十九大报告中进一步强调，加快生态文明体制改革，建设美丽中国。生态道德教育本质是人的思想观念的深刻转变和生态道德意识的形成，生态德育的目标是要使“生态文明观念在全社会牢固树立”。换言之，生态德育的目的就是要通过生态德育的实施，塑造受教育者良好的生态德性以及由此形成的行为习惯。因此，生态德性的形成，离不开受教育者即道德主体的心理活动过程，这个过程包括：生态道德认知、生态道德情感、生态道德意识以及生态道德行为等几个部分。这需要教育者主动出击，不断改变学生的生态道德认知，激发学生的生态道德情感，培养学生的生态道德意识，引导学生的生态道德行为，让大学生成为生态环境保护的先行者，引领生态环境保护的社会风尚。

道德属于实践智慧，常常需要借助直觉、体验、感悟等方式来提升道德境界。在道德领域，能够明确表达的规范往往只是对德性的字面表述，远远没有达到超越性、精神性的道德境界。道德教育的内容除了应涵盖诸规范之外，还必须涵盖德育对象对这些德目所蕴含的道德意蕴及精神境界的体悟，这两部分的有机结合才能体现道德教育内容的完整性。因此,高校德育的内容不只是道德知识的传达,更应该面向生活化和社会化。从整个人类文化历史发展的必然性角度看,追求完整鲜活的人性,追求德育范式的崇高人文精神境界以及开放的人生意义,这是我国德育内容转型的必然趋势。

三、高校德育的作用途径

高校德育通过德育方法和德育载体,以多种媒介或在不同场域,培养人的德性。高校德育方法是指“教育者和受教育者为了完成一定的德育目标,采取的各种方式的综合,是连接德育主客体的媒介”①,是“教育者对大学生实施德育时可以利用和选择的路径,是实现学校德育目标、落实德育内容的组织形式,是做好德育工作不可缺少的重要条件”②。德育方法和载体与德育目的、德育内容、德育环境、德育对象、德育活动等相联系。高校德育载体是高校在实施德育的过程中,能够承载和传递德育内容或者信息,能为教育主体所用,使德育主体间相互作用的活动形式和物质实体。③ 它具有承载性、可控性、中介性等特点。传统的德育载体有谈话、开会、课程教育,现代德育载体主要分为文化载体、活动载体、传媒载体、管理载体等。④ 高校德育载体作为德育内容传递、德育方法实施的形式和实体,必须紧紧围绕德育内容进行选择,也必须与德育方法及教育主体的实践活动相适应。面对教育内容、教育方法、教育主体的变化,教育载体需不断创新。

当前高校德育的主要方法和载体包括开设思想政治理论课程、教学过程中的教书育人、开展社会实践活动、党团组织和班集体活动、建设校园文化等。由于德育内容向生活社会化转变,大学生自身自我意识增强,社会经济、文化等环境发生了很大变化,高校德育方法、载体也在实践中

① 高雪. 高校思想政治教育对传统德育方法的选择[D]. 长春:东北师范大学,2016:5.

② 陈友放. 整体构建大学德育途径体系刍议[J]. 黑龙江高教研究,2011(8):113-115.

③ 张耀灿,等. 现代思想政治教育学[M]. 北京:人民出版社,2007:392.

④ 张耀灿,等. 现代思想政治教育学[M]. 北京:人民出版社,2007:400-410.

发生着新的变化，更加重视教育主体间的互动及教育方法、载体的渗透性效果。

（一）实践渗透法

鲁洁认为，道德、道德教育的根本作用是在引导我们以人的存在方式去生活。要改变和完善人之德性，既不能只从外部施加影响，同样也不能只是封闭式地提升自我修养，它只有在人现实地改变自身的生活方式——生活活动、生活关系的过程中才得以实现。[①] 当前高校德育工作中存在着教师忽视学生的实践活动和忽视生活体验的现象。这种情况下，教师虽然向学生传授了许多德育理念，但由于不够重视学生的自我体验和实践活动，学生只能在某种假定的德育情境中做出判断。德育的本质是实践，道德准则、行为规范直接来源于实践、应用于实践，同时也接受着实践的检验。“德育实施方法的活动性或实践性，强调知行合一，强调通过学校生活或学校的全部教育性活动来培养学生的道德能力和道德品性。”[②]受杜威实用主义教育理论的影响，美国高校重视和强调德育的实效性，普遍重视大学生的社会实际服务意识培养，通过勤工助学、社区服务等载体和途径，培养学生的社会责任感和公民道德意识。

当前，我国高校的校园文化活动、班团主题活动、党支部活动、校外社会实践活动、国际交流活动等实践载体丰富多样，越来越多的大学生积极投身其中，既丰富了校园文化生活，又锻炼了自身的各种能力和素质。比起单一德育内容的传递，这些实践活动更加贴近大学生的实际，也能引起他们的共鸣，起到很好的教育效果。与此同时，在德育共同体理念下，教育者还需要在以下方面做出深入探索：如何让实践教育方法覆盖各个学生群体；如何在实践德育中提升教育对象的主动性、积极性；如何将实践方法细化并与大学生的身心发展、能力提高相结合；如何评估不同实践教育方法的有效性并加以改善等。

---

① 鲁洁．道德教育的根本作为：引导生活的建构[J]．教育探索，2010(6)：3－5.

② 王玄武．比较德育学[M]．武汉：武汉大学出版社，2006：136.

（二）隐性渗透法

教育方法作为一种手段，其变化取决于教育者、教育对象及教育环境的变化。当代大学生群体在意识上更加自主，在思想上受多元文化影响，在生活中易受同辈群体影响。社会心理学的研究表明，人的行为有一定的从众性，行为对人的影响比单纯的思想交流更大。传统的显性教育方法虽然取得了一定的成效，但也存在教育方式简单直接，不易于被教育对象接受等不足。而“隐性”德育的优势在于它的隐蔽性，即是通过耳濡目染、润物无声的方式进行的，以寓教于乐、寓教于文的手段，让大学生在潜移默化中接受教育内容，因而更容易被学生接受。

高校一方面通过注重校园的整体建设布局，包括建筑、设施及园内设计等硬性环境对大学生的熏陶，另一方面致力于高校教学、管理、服务等软环境对大学生的感化。这种软环境在给全校师生提供服务的同时，不知不觉将相关的道德意识、道德理念及道德责任传递给他们。同时，还要通过校风、班风、学风、师风等创造一种积极向上的高校精神氛围和气质，引导大学生形成一种积极向上的人生观和价值。另外，高校应该将隐性德育方法的范围扩大，寻找有利于德育开展的新途径。例如，因大学生思想行为特点相似而更易于接受的朋辈德育方法；因大学生思想上、精神追求上趋于一致而激发集体智慧和能力的团体德育；因大学生在校内外扮演角色不同而采用的角色德育等。

（三）网络渗透法

网络媒介尤其是以手机为重要载体的移动客户端，已成为大学生群体了解国际国内社会发展的主要平台，是连接个人与学校、社会的主要媒介手段，也是获取更多资讯及学习资料的主要渠道。网络平台已经不折不扣地成为大学生学习、生活、交往的重要工具。随着微信以及各类专业 APP 客户端等的普及，让传统的以说教、座谈等形式单一且理论内容灌输为主的高校德育手段和方式受到极大冲击，影响了德育工作的成效。在网络环境下，可以通过大学生喜闻乐见的教育方式，利用榜样、热点事件等的讨论，帮助大学生正确分辨道德相关问题。要增强网络文化话语传播的感染力、吸引力和影响力，增强网络互动了解，给予学生发表看法和见解的平台和途径，解决大学生网络条件下思想行为出现的新问题。要不断推进大学生思想政治教育网络文化话语创新、设置、传播、交锋实践，提升大学生思想政治教育网络文化话语的整体能力。① 真正使“互联网成为传播社会主义先进文化的重要阵地、提供公共文化服务的有效平台、促进人民精神文化生活健康发展的广阔空间”②。

高校德育方法是德育科学化的重要表现形式，也是现代德育创新的重要抓手。面对信息化时代的浪潮，高校德育方法必将更多地运用现代化的科学技术、载体进行教育，必要时进行德育跨空间组合、以德育目标为中心纵向组合或动态组合的德育方法。利用网络对大学生的吸引，以及网络自身的特性，加强教育者与教育对象的互动，增强德育工作的实效。

（四）文化渗透法

文化的育人功能越来越凸显。广义的文化是指人类创造的物质财富和精神财富的总和，而狭义的文化一般是指人类创造的精神财富。大学是人类知识和文化传播的重要场域，青年学生是精神文化传承的主要力量。校园文化具有教育和导向功能。每个学校的校园文化都是社会主义核心价值观的具体实践，体现着该校师生的价值追求，表现着该校的核心精神。校园文化活动丰富多样，以学生为活动主体，具有教育和引导学生符合社会主流价值观念的导向作用。校园文化具有管理和规范功能。校园文化包括制度文化，高校相关的制度安排帮助学生不断社会化，制约和影响着师生的行为和选择，制度文化反映了校园的文化准则，它在发挥规范作用的同时，对学生进行导向、调控和纪律训导。③ 校园文化具有完善和调节功能。校园文化活动可以丰富学生们的课外生活，学生可以陶冶情操，放松身心，发挥个人特长，促进情感交流和人际关系和谐，满足多层次的精神需求，是完善自我、调节情绪

---

① 骆郁廷. 论大学生思想政治教育的网络文化话语权[J]. 教育与研究，2012(10)：81.

② 中共中央文献研究室. 十七大以来重要文献选编：上[C]. 北京：中央文献出版社，2009.

③ 徐振鲁. 大学校园文化德育功能的内涵探析[J]. 北京大学教育评论，2007(3)：183.

的重要途径。当前，各高校基本形成各自的校园文化特色品牌，并在校园文化辐射和传播、校园文化资源拓展等方面进行深入挖掘，成为高校学生工作美誉度以及育人成效的重要指标。

各国尤其是发达国家的发展经验表明，文化是一个国家经济社会发展的核心竞争力量。中华优秀传统文化是我国人民的智慧结晶，是中华民族的精神瑰宝。随着中国经济实力不断增强，中国文化和中国精神受到越来越多的关注。中国传统文化博大精深，其中流传下来的优秀文化本身就具有育人功能。比如学习茶文化有利于传播爱国、乐友、孝亲的良好思想，同时也能提升个人的耐性，培养礼仪观念，是个人品德修养的有效途径。书法、经典作品诵读等一方面提高了大学生审美情趣、审美素质、审美想象；另一方面，增强了大学生的科学创造力和文化领悟力，提升他们的思想素养。古代的典礼活动及有特色的着装也成为当代大学生的学习热点，比如汉服文化、成人礼、集体背诵弟子规等。这些文化中包含着中国传统道德观念，通过传承传统文化，弘扬了中华民族的基本生活模式和伦理道德规范，有利于学生良好道德观念的养成。

红色文化是我国革命前辈和人民群众共同创造的中国特色的文化财富，蕴涵着革命精神和历史文化内涵。红色文化是中国特色社会主义文化中的重要组成部分，是党和国家精神的旗帜，是彰显民族精神的重要力量。红色文化作为一种先进的文化形态，是培育文化自觉和文化自信的精神沃土，是维护国家文化安全的天然屏障，也是文化强国和民族复兴的重要引擎。大学精神的弘扬、大学生的健康成长迫切需要传承和创新红色文化。① 高校通过唱红歌、读红书、参观红色革命基地、看红色电影、写红色励志格言、办红色专题讲座等形式，能够更加深刻地领悟中国精神的历史脉络、中国精神的形成轨迹，更好地传承中国特色社会主义文化，更加明确个人的价值目标、理想信念，更能抵挡思想诱惑，辨明思想意识，提升精神生命的高度，增强社会责任感和使命感。

① 马静. 浅议大学红色文化育人及实现[J]. 思想教育研究，2012(10)：97－99.

第四节　高校德育共同体的内涵和特点

一、“共同体”的多元诠释

要厘清“德育共同体”的内涵，首先要正确理解“共同体”的内涵。“共同体”是一个舶来的词汇，在古汉语中并不存在。在《现代汉语词典》中，共同体有两层含义：一是人们在共同条件下结成的集体；二是由若干国家在某一方面组成的集体组织。在英语中，“共同体”常被翻译为“community”，其含义包括了“特定区域内的人民、相似的生活习俗和种族习惯以及共同的利益和价值诉求的社会群体，在共同区域的生活群落，具有归属感或共同的精神等”。由此，我们可以看出“共同体”与社区、团体、共有、群体等词语有关，这些词语都代表着人类的一种生存和生活样态，本源上都具有“正向的、好的、关乎善”等含义。

(一) 从社会学的视角来看

德国著名哲学家、社会学家费迪南・滕尼斯最早在《共同体与社会》一书中对“共同体”(德文 gemeinschaft)进行了界定。他指出，共同体是“通过某种积极的关系而形成的群体，统一地对内对外发挥作用的一种结合关系，是现实的和有机的生命组合”①，重点强调了人与人之间的积极关系、共同的精神意识及对共同体的归属感以及认同感。滕尼斯将共同体分为血缘共同体、地缘共同体和精神共同体。三者之间关系紧密，血缘共同体基于对族群的认同，聚居于临近的区域，进而发展和分离为地缘共同体；地缘共同体则基于群体风俗和集体记忆在相同的方向和意识上相互作用和支配，发展为精神共同体；精神共同体是最高形式的共同体，它代表着最本真和美好的群体意念和团体“善”的寻觅。总之，社会学视角下共同体特指“一个拥有某种共同的价

---

① 滕尼斯. 共同体与社会[M]. 林荣远，译. 北京：商务印书馆，1999：48.

值诉求、目标和规范的实体，所指涉的是人们自由、平等、和睦、友爱的和谐生活的样态”。“德性化”就是共同体生活的实现活动。[①]

（二）从政治学的视角来看

亚里士多德在其名著《政治学》中提到了“城邦”的概念。他提到：“一切社会团体都以善业为目的，那么我们也可以说，社会团体中最高而最广泛的一种，它所求的善业也一定是最高而最广泛的，这种最高而广泛的社会团体就是所谓的‘城邦’，即政治社团（城市社团）。”[②]这里所提及的“城邦”是一个政治性社团，也就是一个共同体，其目的就是追求“善”的实现。他在书中还提到“城邦”的基本单元是个人和家庭，从家长、族长到国王的统治理念是共通的。因血缘而产生了家庭和家族，所以“同乳所哺”，当村落在满足生活需要时，为了生活得更加美好，他们会希冀建立更大的族群联合体，“城邦”就这样产生了。因此，政治学视角下的共同体是由公民构成的社会单位和组织，其价值追求一方面是要组建共同体内部的组织架构并安排政治行为，另一方面则是追求“善业”，即提升成员的道德水准与知识素养，以适应社会生活的需要。

（三）从教育学的视角来看

美国教育家约翰·杜威在《民主主义与教育》中将共同体的概念引入教育中。他提出“学校即社会”“教育即生活”，学校作为教育共同体的一种形式，是在学习进程中，让学习者通过共同学习和榜样激励，提高学习的能力和水平，理解知识的发展过程并树立关于“美”和“善”的追求。杜威关注的是个体思想与情感的互动和意识的觉醒，“共同体的形成不是因为人们同处一地，而是因为大家具有彼此互通的信仰、目的、意识和感情”[③]。也有学者指出：“教育共同体是基于一致的教育信仰，为了共同的教育目标，在培养人的社会实践活动中形成的有责任感的个体联合，或称之为教育者共同主体形态。”[④]

---

① 池忠军. 社会生活共同体建构的德性之维[J]. 道德与文明，2008(6)：63－67.

② 亚里士多德. 政治学：第1卷[M]. 吴寿彭，译. 北京：商务印书馆，1997：3.

③ 杜威. 民主主义与教育[M]. 王承旭，译. 北京：人民教育出版社，1990：17.

④ 林上洪. “教育共同体”刍议[J]. 教育学术月刊，2009(10)：20－21.

此外，许多中外学者也从教育学的视角提出了如学习者与思考者共同体、探究共同体、知识建构共同体、学习共同体，等等。尽管各自关注的角度不一样，但是教育学视角下的共同体强调教育者和受教育者主体性的发挥，就是教育者与学习者为了实现教育目标，相互学习、相互合作，共同完成教育活动的一种精神共同体。

（四）从马克思主义的视角看

马克思主义的共同体思想散见于马克思和恩格斯的相关著作中，这种共同体绝非一般意义上的共同体，而是有意识地去建构的一种共同体理论。马克思眼中的社会也并非孤立的，而是多种要素相互作用的结果。1842 年，马克思提出并论述了社会有机体理论，他认为国家生活的有机体的不同部分是相互联系、共同作用的统一整体。1847 年，马克思又指出，人类社会是"社会体系的各个环节"共同存在且相互依存的社会有机体。1867 年，马克思对社会有机体理论进行了进一步的阐述，他认为社会是有机存在的整体，在向前发展的过程中不断地建构和充盈自己缺乏的"组织器官"，在总体的发展进程中，这个有机体变成了总体过程的一个要素。因此，马克思主义视角下的共同体是一种运动的且交互的"社会生命"存在体。此外，马克思主义视角下共同体有多种类别的，如：古典古代的共同体、虚假与真正的共同体、封建的共同体、阶级共同体等等，"通过多样的划分指出共同体这一概念指涉了人们生存、生活的组织样态的形构，用不同形构的共同体标明了人类历史性生存的实践形态。真正的共同体，即自由人的联合体与共产主义社会是等同的，它是人类理想的生活形态"①。

二、德育共同体的内涵

德育是有目的、有计划地在政治、思想与道德等方面对受教育者施加影响的活动。其目标主要包括培养某种德性素养和造就某种社会角色，本质上

① 池忠军. 马克思的共同体理论及其当代性[J]. 学海，2009(5)：41－47.

是一种个体完成道德上的社会化的过程。无论是社会学视角下的共同体，还是政治学视角下的共同体，抑或是教育学视角下的共同体，都具有如下的共同点：共同的精神信仰、共同的历史文化传统、共同的目标导向、群体的参与和联合。所关注的重点都是个体德性的提升和对“善”的追求，这与德育的目标无疑是一致的。因此，对于德育共同体的讨论也离不开社会学、政治学、教育学和马克思主义学说的支撑。此外，德育是教育的有机组成部分，也是教育的一个重要环节。自人类社会产生以来，德育一直伴随着教育的发展而发展，在历史的某些阶段，德育甚至被等同于教育。正如赫尔巴特说：“教育的唯一工作与全部工作可以总结在这一概念之中——道德……道德普遍地被认为是人类的最高目的，因此也是教育的最高目的。”[①]在我国实际的教育活动中，“德”始终居于“五育”之首，为社会培养道德合格的人始终是教育的应有之义。因此，德育共同体可以放在教育共同体的框架下进行讨论。

根据德育的本质属性和基本目标及德育与共同体的统一性，我们可以得出如下结论：德育共同体是基于一致的道德信仰和价值认同，为了完成共同的德育目标，由群体成员共同参与，通过课堂德育、角色德育、实践德育、生活德育、团体德育、网络德育等多路径多场域相互作用，以主体互动合作、资源共享为基本准则，在培养有德性的人的社会实践活动中形成的有着强烈的责任感和归属感的生命有机体。

德育共同体的构成不仅包括了个体和群体，还包括了德育的各种路径、场域等。具体来讲，个体层面包括学生、德育教师、专业课教师、行政管理人员，以及学校的其他成员；群体层面包括了学校、企业、德育机构等。路径和场域方面包括课堂、角色、实践、网络、日常生活等。德育共同体的生成需要两个基本的条件：一是共同体中的各要素具有共同的道德信仰、价值认同以及基于“意义建构”的德育目标。从阶级社会到现代社会，德育的功能和形态

① 赫尔巴特. 论世界的美的启示为教育的主要工作[M]//张焕庭. 西方资产阶级教育论著选. 北京：人民教育出版社，1964：249－250.

都发生了重要变化，尤其在现代社会，工具理性和劳动异化问题制约了人的自由全面的发展，德育共同体就是要实现以上两种教育目的的统一，基于“意义建构”来促进人的全面发展。二是共同体中的各个要素之间具有良好的沟通、融洽的感情和深度的理解。德育是社会的产物，并不是基于血缘的自然共同体，教育者与受教育者之间的关系是需要建构和营造的。在德育共同体中，德育主体为主导，角色、团体、实践等实现路径通过课堂、生活、网络等场域进行良性、和谐的互动。因此，高校德育也不再是机械的系统，而是一个充满活力的生命共同体。

三、德育共同体的特点

（一）共同的道德信仰和价值认同

德育共同体的存在和发展主要依赖于共同体内部所有成员的道德信仰和价值认同的一致性。“共同体成员所持的价值观、情操和信念，它能够为使人们凝聚于一项共同事业提供所需要的‘黏合剂’。共同体中心统管对共同体有价值的东西，提供指引行为的规范，并赋予共同体的生活意义。”①共同的道德信仰和价值认同是德育共同体的前提和基础。共同的道德信仰能给予人生最广大的意义，从本质上讲，就是对于“善”的追求；共同的价值认同从根本上讲就是对马克思主义基本思想的认同，具体来讲就是对社会主义核心价值观的认同。道德信仰和价值认同是维系德育共同体成员的强大精神纽带和奋斗动力。道德信仰和价值认同使得共同体成员超越了狭隘的群体意识，使德育共同体成为一个内部成员良性互动的具有内生动力的价值共同体。

（二）共同的历史文化传统

共同的历史文化传统是德育共同体存在和发展的重要条件。德育共同体不同于血缘共同体和地缘共同体，它是一种基于共同的历史文化传统的精

---

① 萨乔万尼.道德领导[M].上海：上海教育出版社，2002：58.

神共同体。正是基于共同的历史文化传统思想的契合，共同体内核才有了更高的“黏合性”。这些共同的文化特质主要包括共同的文化意识形态、共同的文化价值观念、共同的文化道德规范以及追求真理的精神和坚持正义的品性等。这些特征是德育共同体成员间彼此了解、产生精神归属感的源泉所在。中华民族文化作为绵延数千年、从未中断的文明样态，已经融入中华儿女的血脉肌体，影响着中国人的思维方式、价值选择和行为模式。德育共同体就是要扎根于中华文化的深厚土壤，立足传统，从中获得源源不断的精神滋养。因而，在某种意义上可以说德育共同体就是文化共同体。

（三）明确的目标和指向

明确的目标和指向是德育共同体存在和发展的根本动力。德育共同体的目标就是为了培养有德性的人，实现人的全面发展。人的全面发展并不是脱离社会和国家发展的单纯的自然需求，而是以个人的全面发展为目标、以社会和国家发展为前提的综合发展需求。具体来讲，德育共同体就是将个体的全面发展融入实现中华民族伟大复兴的中国梦当中。这个目标的实现，就必须走向并融入社会实践，在实践中检验德育共同体存在的价值与生命力，在实践中发展和完善德育共同体的内涵和外延，在实践中进一步明确德育共同体的任务和使命，就是要构建具有强烈责任感和归属感的实践共同体。

第二章　基于德育共同体理念的高校德育体系

针对当前高校德育存在的问题和面临的挑战，学界开展了相关研究，形成了一定共识，提出了不同角度和形式的方案，并且进行了大量的实践探索。然而，面对党和国家对高校德育提出的新要求，结合新时代的背景特点，抓好落实与创新，还需要不断地深入探索。在坚持以马克思主义理论为指导的基础上，如何继承和发扬高校德育工作的优良传统，借鉴西方发达国家已有的有益经验，建构面向新时代新形势的高校德育工作体系，成为新的迫切课题。特别是随着高等教育大众化和全球化、信息化步伐的加快，针对德育工作存在的问题，专家学者借鉴教育学、心理学、管理学、社会学等相关学科理论，在德育理念、课堂教学、生活德育、网络思政、德育实践等方面开展了具体探索。我们试图在前人丰富的研究成果和实践经验的基础上，基于德育共同体理念，将高校德育工作的认知、理论和方法纳入相对统一的框架下进行再思考和探索。

第一节　高校德育体系的总体思路

一、从马克思主义德育观出发

（一）以马克思主义为指导

建构高校德育体系必须坚持以马克思主义理论为指导，坚持社会主义办学方向。马克思主义科学地揭示了人类社会发展的普遍规律，具有强大的生命力，是立党立国之本。马克思主义不仅是高校德育工作的指导思想，也是高校德育工作的理论基石，它为高校德育工作提供了正确的世界观、人生观、价值观，为大学生提供了判断是非善恶的标准，它能对人们的思想、行为进行引导和规范。中共中央国务院《关于加强和改进新形势下高校思想政治工作的意见》（以下简称中央31号文件）明确提出，开展大学生思想政治工作要以“马克思列宁主义、毛泽东思想、邓小平理论、‘三个代表’重要思想、科学发展观”为指导思想，提出了“培养又红又专、德才兼备、全面发展的中国特色社会主义合格建设者和可靠接班人”的工作目标，还把“坚持党对高校的领导”和“坚持社会主义办学方向”作为工作的基本原则。马克思主义不仅为我们建构和创新高校德育体系指明了方向，也为我们应对日趋多元的德育环境和复杂的国内外形势提供了有力武器。此外，马克思主义人的全面发展理论、交往实践理论、灌输原理等也为我们做好新时期德育工作提供了直接的理念和方法指引。

（二）紧扣新时代新主题

做好高校德育工作必须紧跟时代潮流，把握时代脉搏，紧扣时代主题。改革开放以来，随着我国经济社会的迅猛发展，高校德育相继面临经济全球化、个人需求多样化、社会思潮多元化、高校管理社会化和信息化等变化和挑战。在此过程中,《中共中央关于加强和改进学校德育工作的若干意见》《中共中央国务院关于进一步加强和改进大学生思想政治教育的意见》(中央16号文件)以及教育部令24号等纲领性文件相继出台,对大学生德育的目标、理念、方法、队伍等都做出了具体的规定。高校德育工作者不断更新工作理念、开拓新的工作领域、创新工作方法,取得了丰富的德育成果。近年来,中央先后组织召开了全国高校思想政治工作会议、全国教育大会、学校思想政治理论课教师座谈会等一系列重要会议,对做好新时代高校德育工作提出了新要求,明确了新任务。思想政治工作从根本上说是做人的工作,要教育引导学生正确认识世界和中国发展大势,正确认识中国特色和国际比较,正确认识时代责任和历史使命,正确认识远大抱负和脚踏实地。做好思想政治工作关键在于教师,在于发挥教师的积极性、主动性和创造性。思想政治工作者政治要强,情怀要深,思维要新,视野要广,自律要严,人格要正。新时期高校思想政治工作要坚持政治性和学理性相统一、价值性和知识性相统一、建设性和批判性相统一、理论性和实践性相统一、统一性和多样性相统一、主导性和主体性相统一、灌输性和启发性相统一、显性教育和隐性教育相统一。建构高校德育体系必须紧扣这些新时代的新主题,分析新形势、运用新元素、应对新挑战,不断"创新德育形式,丰富德育内容,不断提高德育的吸引力和感染力,增强德育的针对性和实效性"。

(三)弘扬德育优良传统

一段时间以来,高校德育受到了一些批评。这些批判主要集中在德育工作强制化、智育化、功利化,表现为内容空洞、形式单一、效果不佳等。传统的德育内容和方法被认为是导致这些问题的原因,受到了不同程度的质疑和否定。应该说,这些现象在当前高校德育实践中在一定程度上是存在的。但是,传统的德育工作内容和方法是在长期实践过程中总结、提炼出来的,曾经起到过很好的效果,其中许多理念和方法在今天仍然具有强大的生命力。比如中国传统文化中"修身、齐家、治国、平天下"的理想信念教育内容,以及"循序渐进、有教无类、因材施教、知行合一、寓教于乐、教学相长”等教育工作理念，在当代仍然具有很强的生命力。中央31号文件要求“实施中华文化传承工程，推动中华优秀传统文化融入教育教学，加强革命文化和社会主义先进文化教育，深化中国共产党史、中华人民共和国史、改革开放史和社会主义发展史学习教育”，也充分肯定了传统德育的时代价值，这需要我们结合时代元素不断继承和发扬。德育工作者长期以来探索形成的德育主渠道、主阵地，也需要我们持之以恒地坚守和弘扬。

二、辩证审视和科学汲取西方理论

传统西方德育的主要形式为宗教课程和权威教育，主要表现为通过教学、规劝、纪律、强迫、训诫、奖惩等，对道德观念、宗教教条进行强制灌输。进入20世纪，伴随着科技突飞猛进和价值日趋多元，西方开始寻求“无灌输的道德教育”，形成了诸多影响广泛的理论流派和鲜明的理论特色。这些理论主要集中在人本心理学、道德认知发展等领域，有行为主义、人本主义、认知主义、建构主义等相关理论和思潮，它们对德育工作产生了较大的影响。这些相关理论对教育尤其是对高校德育工作有一定的启示，值得我们批判地学习和借鉴。

（一）行为主义：关注刺激—反应

行为主义理论又称为刺激—反应理论，在20世纪20年代由美国心理学家约翰·华生创立。该理论认为，构成人类行为的基本要素是反应，不同反应的组合构成了人类多种多样的行为。在所有反应中，少数是与生俱来的反射之外，多数是个体在适应环境过程中，在经典条件反射的作用下，在各种刺激之间不断调整、学习所形成的。因此，只要能了解到刺激与个体的关系，就可以通过设计并控制刺激，引起预期的反应和复杂行为，也可以根据条件作用法则，来消除个体已有的行为。简而言之，行为主义理论认为通过一定的操作，人的所有行为都可以被创造、设计和改变。在以行为主义为指导的教育理论中，教师的角色是教学的组织者、环境的控制者，他们的职责是设置情境，诱发有助于教育目的实现的行为，制止有悖于教育目的实现的行为。教师创造情境，激发学生学习行为，学生之间的关系是互相合作，而教育应当加强人际互相合作和整体之间的互相依赖。行为主义理论及程序教学，促进了教师对学生行为的反馈，具有一定积极作用。但是它将人的学习等同于一般的行为训练，也存在诸多弊端，主要表现为教学刻板，容易使学生厌倦等，不利于学生整体认识能力和独立解决问题能力的提高。

（二）人本主义：尊重学生主体

人本主义理论的代表人物是亚伯拉罕·马斯洛和卡尔·罗杰斯。该理论坚持人性本善，认为人生来就有自我实现的倾向，德育的任务就是为自我实现提供条件，促进自我的生成和完善。因而德育不只是改造人的思想、重塑人格，而是挖掘人的潜能，也就是善的本质。人本主义理论认为，传统德育过分重视灌输和说教，忽视了人的主动性。现代德育应是人道的、民主的、理解的、尊重的、体验的、开放的，必须重视情感在德育过程中的作用及其功能的充分发挥。[①] 因此，他们认为德育需要这样一些基本条件，诸如了解和理解、爱心和尊重、受教育者感受施教者的意图，教师应当是促进者、指导者而非仲裁者，应该具有三个基本条件：一是真诚，二是接受，三是移情性理解和无条件关怀。教师要充分尊重学生人格，师生之间要进行有效、充分的交流与沟通，促进信任。同时，教师还要积极换位思考，站在学生的位置上去理解学生，去体验学生的情感。人本主义倡导了一种民主的德育观，比较符合人类自身发展的状态和德育发展的规律，具有呈现德育问题、注意现实生活、充分沟通等特点，它强调了学生的主体性，有利于培养学生健全的人格。

（三）认知主义：关注内部思维过程

认知主义源于格式塔心理学派，代表人物有皮亚杰、布鲁纳、奥苏贝尔、托尔曼和加涅等。与行为主义相比，认知主义学者更加关注学习者的主体性

---

① 张典兵. 20世纪西方德育理论的发展与启示[J]. 湖北社会科学，2010(11)：182.

和差异性。认知主义认为，刺激与反应之间的联系不是直接的、机械的。主张从人的内部思维过程和信息加工模式来考察人的认知过程，认为学习是人的一种主观行为，是人们根据自己的爱好、需要、态度，通过感觉、概念、思维等一系列过程，有选择性地对外界刺激进行加工的、更新原有认知结构的过程。认知主义认为，在不同的认知发展阶段，人们接受信息、处理信息和使用信息的内在模式是不同的。因此主张研究人们的认知发展过程和模式，在教学中根据学生在不同阶段的认知发展需要设计出相应的教学程序。认知主义充分肯定了学习者的自觉能动性，把学习看成是积极主动的过程，强调人的内在动机，重视人的主体价值，重视学习者现有的认知水平以及非认知因素对学习的影响，注重调动学生的积极性，有针对性地发挥学生的主观能动性，激发学生创造活力，促进了教学过程从教师操作体系向教学互动体系的转变。当然也要注意到，行为主义和认知主义的教学目标还是相同的，所不同的是，行为主义者运用反馈来调节行为的预期方向，而认知主义者则利用反馈来指导和支持准确的心理联结。[①]

(四) 建构主义：主张知识的自我建构

建构主义是20世纪80年代以来兴起于西方的一种新的认识论。在哲学、教育学、社会学等领域产生了较大影响，并逐渐发展为一个新的学术流派，被称为“当代教育心理学中的一场革命”，在教学改革、教学设计中得到了广泛的应用。系统性地阐述建构主义理论的是瑞士心理学家让·皮亚杰，他通过长期的儿童心理学研究，提出了一种新的认识理论——“发生认识论”。差不多同一时期，苏联心理学家、教育家列夫·维果茨基也就相关问题进行了进一步的研究，提出了“社会文化历史理论”和“最近发展区理论”。皮亚杰主张知识的“个人建构和自我理解”，认为知识是一种结构，而结构的形成有赖于认知主体富有能动性的建构活动。因此，知识的建构过程是一种动态的

① Ertmer P A，等. 行为主义、认知主义和建构主义(下)——从教学设计的视角比较其关键特征[J]. 电化教育研究，2004(4)：27.

均衡过程。维果茨基则主张“知识是社会性建构的”，他认为“人根本不同于一切动物，人具有一切动物所不具有的高级心理机能，所以人能总结经验、发现事物的内部规律、主动地控制自己的行为，并因而具有积极地改造客观现实、创造世界的本领”①。建构主义者认为，知识是人们对客观世界的一种解释、假设或假说，是个体根据自己已有的认知结构建构出来的。学习是学生根据自身经验，对外部信息进行主动选择、加工和处理，并获得自己的意义的过程，学生是学习过程的主题，应当称为学习的主人。教学则是知识的处理和转换过程，教师是教学的组织者、指导者，是学生建构意义的帮助者和促进者，教师的作用是启发、引导学生自主学习。而教学评价的重点在于知识获得的过程，怎样建构知识的评价比对结果的评价更为重要。当然，建构主义与其说是一种具体的理论，不如说是一种思潮。它并没有形成统一的理论体系，建构主义不同流派之间也存在许多分歧。许多学者认为建构主义否定知识的客观性，是主张唯心主义或相对主义，在借鉴该理论时要高度关注。需要指出的是，建构主义较为系统地阐述了学生在学习过程中的内在思维活动，但并没有明确某种具体的学习形式。也就是说，建构主义提出了教育的关注点和努力方向，而不是具体的教育方法。

从行为主义、人本主义、认知主义到建构主义的发展，使得人们对学习的研究不断深入，人们关注的焦点逐渐从外显的行为转向学习者意义的生成，从对教师主导的行为操作研究逐渐转向学生主导的个人意义的建构研究。行为主义注重有机体的外在反应，人本主义关注个人发展与成长，认知主义强调个体的主动性和内部心理机制，建构主义主张认知和知识的自我建构。这些理论提出的“以人为本”“以学生为主体”“增强师生互动”“促进学生个性化发展”等理念，为德育工作的创新实践提供了有益的借鉴。当然，没有一种理论能够解释所有的学习现象，这些学习理论只是从不同的视角、方法来研究人类的学习，需要在具体的工作中灵活地应用。

---

① 龚浩然. 维果茨基关于高级心理机能的理论[J]. 心理学报，1985(1)：27.

三、探讨“交互协同”的德育模式

强输式的被动德育模式，无论在西方还是中国都受到了质疑。西方传统德育是与宗教课程和权威灌输性学校道德教育联系在一起的，是一种强制的、灌输式的教育。我们曾经也有一段时间，较多地运用单项传递知识的模式开展德育工作，忽视学生的主观能动性和差异性，学生变成被动接受知识的容器。

道德教育应当是一个教育者价值引导与受教育者自主建构融于一体的过程。在这个过程中，受教育者价值观的形成既不是靠外在力量的强制作用，也不是靠学习者内在素质的自然生长，而是基于教育者智慧的价值引导和学习者积极的自主建构，是交互协同生成的。学习是对知识的解释与理解的综合过程，学生通过道德学习，以道德认知建构新的道德观念。学生品德的形成是建立在学生对道德的认识与理解基础上的自主建构过程，教师在其中扮演的不仅仅是道德知识的授予者，还是学生主体自我道德建构的积极促进者。

德育共同体倡导多主体间的交互协同，多元主体应基于一致的道德信仰和价值认同，有共同的文化传统和一致的目标指向。共同体的个体应有责任感和归属感，最终形成个体间良性的互动和相互促进。因此，德育的基本理念应该由教师主动转向师生交互协同，教师引导学生自主地进行道德学习，引导与开启学生自身蕴涵着的潜能。德育的开展应该是一个交互协同的过程，是师生共同交流、沟通、对话的过程。学生们把自己在学习、生活、认知过程中的喜悦与苦恼、收获与困惑，通过各种形式与同伴、与教师、与父母进行思维、情感、方法等多领域的交流和探讨，从而形成一种尊重学生主体性、关注学生个体差异性、师生良性互动的“交互协同”的德育模式。

（一）尊重学生的主体性

尊重学生的主体性，已经逐渐成为当前德育工作者的共识。首先，学生是作为独立的个体存在，他们有自己的知识、感官、意志、思维和行为规律，有自己的理想信念、价值判断标准，教师需要尊重学生，将学生作为德育工作的真正主体。要充分发挥学生主观能动性，引导他们自主选择、自觉自律，而不仅仅是被动地接受外在知识的强输。人本主义学者罗杰斯认为，人的先天本性是积极的，教育就是挖掘与生俱来的人性，恢复其本来面目，促进自我实现。基于这一认识，其非指导性德育方法反对外在的权威压制，反对教师强输现成的道德知识、学生被动记诵的环节和策略，主张“以学生为中心”，把学生的经验摆在德育过程的核心位置，让学生自由地表达自己的思想，充分认识自我的价值，发挥其自发性和主动性。柯尔伯格提出的道德两难问题讨论法，反对教师直接强输道德准则，学生被动遵从“权威”的意志，主张道德教育应通过分析道德两难故事，引发学生独立思考问题，自己做出选择。

当然，尊重学生的主体性，并不是说德育工作要全部由学生自主决定，而不加引导。不能因为要促进学生的个性化发展而忽略共同理想的追求和共同价值的培育，而是在尊重学生意识存在的基础上，遵循教育规律和学生成长规律，塑造学生的理想、信念和意志品格，提高他们的判断力和创造力，帮助学生学会正确面对人生、创造生活。

（二）关注个体的差异性

大学生个体的成长环境不同，个性特征不同，存在着不同的精神风貌。德育工作不能简单划一、一概而论，而要遵循以人为本理念，根据学生特点因材施教。“以人为本的德育理念，就是要把教育与人的幸福、自由、尊严、终极价值紧密联系起来，使教育真正成为人的教育，而不是机器的教育……坚持人性化架构、人文化建设、人格化塑造，树立教育的生命性、未来性、社会性价值，培养人格健全、具有文化素养的生命个体，是当代高校德育的重要使命。”[①]中国传统德育中主张的“有教无类”“因材施教”就体现了关注学生个体差异性的思想。价值澄清学派主张通过学生的选择、赞赏、行动等帮助学生

① 田建国. 高校要树立以人为本的德育理念[N]. 中国教育报，2005-03-25(4).

掌握价值澄清的方法、技巧，形成学生个人的价值观。杜威主张的探究式讨论提高法，反对将道德知识强输给学生，或是将正确答案告诉学生，主张通过设置道德疑难问题，激发学生对道德问题的好奇心和思考，引起学生对道德问题的探究式讨论，也充分考虑了学生的个体差异性。

(三) 体现师生的互动性

罗杰斯从民主、平等、反对极权主义、反对强制的角度出发，主张在德育过程中师生之间民主、平等和互相尊重，主张师生的对话应在平等的主体之间进行。而这种平等不是形式上的平等，而是实质的平等，从而实现学生从被动向主动的转变。互联网时代，知识量更大，知识的传播更加便捷，获取知识的难度大大降低，教师和学生在获取知识的途径、数量、速度方面，是基本一致的，教师不仅不再拥有优势，反而在新技术的掌握和运用上处于劣势，教师不再是知识的垄断者，其权威性受到挑战。当然，相对于学生，教师在对知识的挖掘、分析、研究，对学生群体的研究，对德育过程的总体把握以及人生阅历等许多方面，具有明显的优势。教师的角色应该从传统意义上的知识传授者向教育的引导者转变，起到激发学生主动性、调动学生积极性、引领学生发展方向、帮助学生解决困难、促进学生的全面发展的作用，从而建立起一种新型的、平等和谐的、良性互动的师生关系。

建构主义者也主张走出“传授—记忆—强化”的行为主义误区，重视师生在情景中的互动，尊重学生的差异，培养学生在学习中的合作，还主张树立“主导—主体”相结合的观念。在教学中应满足学生参与感的内在需要，创立平等对话的教育氛围，鼓励学生主动探索、超越和创新。教师起主导作用，应成为教学过程的组织者、指导者，学生自主建构意义的帮助者、促进者。教师与同伴都是建构知识过程的合作者，学生同伴之间由原来的竞争关系变为更有建设性的合作伙伴关系，这就要求教师营造平等互动的氛围，积极创设增进互动的情境，促进师生间、学生间的交流与互动。正如罗杰斯所指出的：“当促进者是一个真实的人，坦诚无疑，同学生建立关系时没有一种装腔作势或者一种假面孔，这个时候，他总是能富有成效的。”[①]

第二节　高校德育体系的基本设定

德育工作者如何认识自己的工作对象、如何设定自己的工作目标和工作内容，直接关系到德育模式的性质，关系到德育的具体实施，也关系到德育的实际效果。以德育共同体的理念构建一个“交互协同”的德育模式，关注学生的差异性，建立良性的师生互动，并不是改变一个理念就可以完成的，还需要对德育目标、德育对象、德育内容做相应的调整和设定。在“交互协同”的德育模式中，我们认为：德育的目标不仅是对知识体系的掌握，更在于促成学生对意义世界的建构；德育的对象不是被动的接受者，而是主动的建构者；德育的内容不仅有知识体系的传授，更有建立在知识体系之上的认知结构。

一、德育目标：促成主体德性养成

过去很长一段时间，由于把知识体系作为德育的内容，而将德育知识的掌握作为德育目标，把知晓作为德育的最终目的，追求理论和教条，简单、机械、单项地告知学生，考核的主要办法为记忆、复述和背诵。从根本上讲，德育传播的是意识形态，而意识形态教育所追求的最终目的并不是知识的掌握，而是价值的认同、意义的掌握，并最终指导人的实践。因此，将知识的掌握作为德育目标加以考核，是不够完善的。德育的目标包括知识的掌握、价值的认同和意义的建构三个方面。

（一）知识的掌握

“知”是“行”的前提和基础。因而，知识的掌握是高校德育工作最初的目标。如前文所述，高校德育工作必须坚持以马克思主义为指导，中央 31 号文

---

① 方展画. 罗杰斯“学生为中心”教学理论述评[M]. 北京：教育科学出版社，1990：151.

件强调“中国特色社会主义合格建设者和可靠接班人”的培养目标，党的十九大提出了新时代中国特色社会主义思想。这些特定的意识形态作为一面旗帜，对人们的思想、行为进行符合目标的引导和规范，对偏离目标的思想、行为进行阻滞和纠正。要实现人才培养的根本目标，势必要求学生对马克思主义相关的概念、知识和体系有所掌握。在传统的德育模式中，在列宁“灌输论”的指导下，知性德育对相关理论的概念、知识的教育方式是长期有效的。列宁在《怎么办》中说：“工人本来也不可能有社会主义的意识。这种意识只能从外面灌输进去。”[①]考茨基在 1901 年则论述，社会主义意识是从外面灌输到无产阶级的阶级斗争中去的，它并非从斗争中自发产生出来的。德育不能仅仅局限于对社会现实的消极适应，而是必须超越现实的经济基础，即使在被称为信息时代的当下，仍然具有很强的前瞻性和超现实性。因而让学生系统地掌握相关的知识体系，是高校德育的第一步目标，也是促进价值认同的前提。当然，在具体实践中，不能简单、机械地开展知识教育，不能被动、强制地促进知识的掌握。

（二）价值的认同

在掌握知识的基础上，德育工作者还应当积极促成价值的认同。知识并不是对客观事物的直接复制，它是以人的原有的认知结构为基础的。学习也不是简单的知识转移，它首先要以学习者原有的知识经验为基础实现知识建构，即通过新经验与原有知识经验反复的、双向的相互作用，来充实、丰富和改造自己的知识经验。掌握知识并不是学习的最终目的，学生对知识的理解和记忆只是教学的第一步，他们还要结合原有经验，对学习中获得的知识做出自己的分析、检验，并最终判断其是否合理、是否可信，决定是否认同。因此，德育的目的不是仅仅追求让学生掌握知识，更重要的是引导学生通过对问题进行分析和思考，把知识转化为自己的学识、变成自己的主见，形成自己的思想。在这种转化过程中，“认同”的作用至关重要。必须明确的是，教育

① 列宁. 列宁选集：第一卷[M]. 北京：人民出版社，1995：317.

者必须主动参与整个学习过程,全面地把握受教育者主动参与的程度、协作学习的能力、理想与信念的意义建构水平和建构方向,积极地促进价值的认同。

(三)意义的建构

所谓的意义不是简单地由外部信息决定的,而是由受教育者通过新旧知识经验间反复的相互作用经筛选建构而成的。在教育过程中,受教育者是可以根据自己的认知图式基础和学习风格,进行有针对性的选择,进而来开展意义建构,而且这种意义的建构不可能由他人代替。因此,德育的核心在于引导受教育者如何进行选择并建构正确的意义。德育是个体主动建构价值、理想、信念意义的过程,是个体创造知识、价值、信念而非发现知识、价值、信念的过程。所以,我们需要根据受教育者现有的思想道德知识与信仰基础,把握好他们思想道德发展的最佳关键期,创设喜闻乐见的丰富的教学情境,使"教育走在发展的前面",促进受教育者理想信念的意义生成与内化。在这样的教育关系中,教育者与受教育者是价值引导者和意义建构者的关系,受教育者成为德育中的主角,教育者则转变为意义建构的价值引导者、帮助者与促进者。而两者关系的核心,即德育的目标,要从知识的掌握,走向价值的认同,并进一步走向意义的建构。

二、德育对象:交互协同的多元主体

高校德育的对象,即大学生,不仅已经通过中小学阶段的德育教育,掌握了大量的德育知识,也已经初步形成了自己的世界观、人生观、价值观,已经拥有了自己的认知结构和建构意义世界的习惯和方法。传统德育模式仍存在着把德育工作者和工作对象对立的状况,主张教师是主体,学生是客体,教育过程自上而下,呈现出明显的单向性。这种德育模式在德育对象的设定上发生了偏差,将学生当成了被动的接受者。当然,德育工作者很早就认识到了原有德育模式中学生主体性不足的问题,也对德育工作中主客体关系做了大量深入的研究，提出了主导主体说、教师单主体说、学生单主体说、师生双主体说、复杂主体说、主客体否定说等六种主要观点，学界对“尊重学生的主体性”也基本有了共识。然而，在这一共识下，如何对德育对象进行更加具体的设定，还是一个不甚明朗的问题。结合我国德育的实际，我们认为高校德育的对象主要有以下三种存在形式，需要在实际德育工作中科学地把握和运用。

（一）被动的参与者

毋庸置疑，当前高校德育实践中存在被动参与者，他们不是主动参与而是被引导、约束着参加到德育体系中来的。比如，政治理论课作为大学的必修课程与学生毕业的基本条件直接挂钩，或将学生社会实践等课外活动列为必修环节。德育实践过程中明显地带有一定的强制性，学生选课是被动的，来上课或者参与活动也是被动的。不管学生在被动参与中对德育内容接受与否，他们的参与实际上只是表现了形式上的参与，是事实上存在的。对于被动参与者，我们听之任之、强迫强制都是不足取的，而应当加以正视和转化。应当认识到，学生并不是把知识从外界搬到自己的大脑中，而是以已有的认知结构为基础的再加工、转化、吸收，我们不能无视这些已有的认知结构，简单强硬地从外部对学习者实施知识的强输，而应当通过积极引导，把他们原有的认知结构作为新知识的生长点，形成新的认知结构。

（二）良性的交互者

无论是出于被强制参与，还是出于自身功利的目的，或是主动的追求，实际的德育工作中都存在着大量的与教师良性互动的学生。这为我们开展德育工作提供了良好的契机。需要明确的是，学生的主动建构并不会自发形成，它需要教育过程中师生的参与、互动与协作。正如柯尔伯格提到的，个体在合作与相互尊重的环境中，有利于形成道德自律，反之在限制或单方面尊重的环境中，则易于导向道德他律。在大量的德育情境中，教师与学生存在双向迷失：学生对德育工作存在忽视和逃避，不知道能获得什么；面对学生的怀疑、观念的冲突,教师则会存在价值的失落感。这种迷失之所以会存在,一方面是认为学生脑袋里空空如也,自己可以输入知识进去;另一方面,也说明现实中缺乏充分的良性互动,无法捕捉到学生已有的认知结构。教师要认识到自己是学生学习的促进者、鼓励者和帮助者,作用是帮助学生探索可能的答案,任务是促进学生的发展。因此,德育工作者的任务是通过设计教学活动,营造良性的互动氛围,引导大量的被动参与者向良性的互动者转化,使学生变被动为主动,参与到"交互协同"的德育模式中来。

(三) 主动的建构者

不管我们的对象是被动的参与者,还是良性的互动者,他们事实上都是主动的建构者。无论学生在不在情境中,在不在互动中,他们总是在不停地建构着自己的认知,更新着自己的认知结构。也就是说,学生的建构是始终存在的,差别在于我们是否参与了其建构的过程,对其建构结果有多大的影响。我们开展德育的目的,并不是为了让学生被动地接受知识、简单地重复知识,而是要培养学生认同我们所主张的价值观和行为导向。因此,发挥学生的主体性,增强其平等和自由度,引导其站在自身角度理解和接纳我们的主张,是增强德育实际效果的关键。换言之,要把我们的教育对象设定为"主动的建构者",把"被动的参与者"转变为"良性的互动者",积极地参与其内在的认知建构过程,从而实现德育工作的目标。

三、德育内容:知识、情感、认知的多维度

长期以来,无论是在西方还是在中国,德育的主要内容都是知识体系。早在古希腊,苏格拉底关于"知识即美德"的命题,将提高个体的道德认知、获得道德知识同拥有道德等同起来,拉开了西方学校德育强调知识和理性的帷幕。随后,在英国哲学家培根"知识就是力量"等主张的确证和扩充下,学校德育将传授知识作为主要的甚至是唯一的任务。在中国,德育课程成为德育的主要形式,德育的内容表现为复杂的理论体系和分门别类的课程体系。比

如《国家中长期教育改革和发展规划纲要 2010—2020》明确规定的德育内容有：社会主义核心价值体系教育、马克思主义中国化最新成果教育、理想信念教育和道德教育、以爱国主义为核心的民族精神和以改革创新为核心的时代精神教育、社会主义荣辱观教育、公民意识教育、中华民族优秀文化传统教育和革命传统教育。而在一线的德育工作者事实上也开发了许多相应的课程，汇编了庞杂的知识体系。实际上，这些与其说是德育内容，不如说是德育的范围。而这些相关领域的知识，学生完全可以从书籍、网络上获取，导致其参与德育体系的主动性就会大大降低。我们认为，课本中的知识是德育内容，德育开展过程中的体验、互动也是德育内容。结合高校德育的实施过程和学生意识的形成过程，我们认为高校德育内容包括知识体系、情感体验和认知结构三个方面。

（一）知识体系

偏重理论教学的知性德育受到了批判，许多学者认为知性德育的极端化造成了德育理论与实践的“两张皮”，使德育走向抽象化、虚假化和失范化，导致了学生的“知行分离”。黄一珊、罗永莉认为，当前德育实效性不高的原因主要是重理论知识讲授、轻实践的德育观念，重智育、轻德育的育人观念和脱离社会的德育对象三个方面。[①] 林丹认为，偏重说理是学校德育方法失效性的主要根源，知行分离是学校德育偏重说理的一个基本后果。[②] 袭晓会认为，高校现行德育因为长期受“德目主义”的德育模式影响，存在着以智育模式解决德育问题的弊端，重道德认知轻道德实践、重课堂教学轻生活体验、重形式轻实效。[③] 简单地说，就是知行分离，造成了德育过程是“知道”与“行道”的不统一。在批判知性德育的同时，我们应当清醒地认识到：解决知行分离的问

---

① 黄一珊，罗永莉. 浅谈学校德育路径实践化[J]. 教学与管理，2011(11)：36－37.

② 林丹. 学校德育实践的合理路径：方法的视角[J]. 东北师大学报(哲学社会科学版)，2015(1)：16.

③ 袭晓会. 商校大学生思想政治工作进公寓的新模式——公寓社区班的研究[J]. 河北工程大学学报，2008(6)：34－35.

题，并不是要摒弃“知”，而是要引导“行”，并不是知识体系不应该成为德育的内容，而是德育的内容不应该只有知识体系。一方面，道德知识作为一种间接经验，是人类历史发展的产物，是一代一代薪火相传的、具有道德告知的功能。另一方面，“知”是“行”的前提和基础，系统的道德知识是学生道德形成、发展的前提。

（二）情感体验

道德是和人类的体验、情感等主观感受紧密联系在一起的，这些主观感受对道德判断具有重要的作用。如孟子所说的“恻隐之心，人皆有之”，俗语所讲的“将心比心”“换位思考”等就体现了情感、体验对道德判断的影响。人类的体验和情感是具有相当程度的共通性的，这为我们开展德育工作提供了极大的便利和极佳的素材。在知识体系的基础之上，情感体验应当成为德育的重要内容。和知识体系不同，情感体验不是静态的理论和文字，也无法直接传播和扩散，它只能存在于特定的情境之中。也就是说，情感体验这类德育内容，产生于德育工作的实施过程之中。获得情感体验的德育内容并不难。事实上，近年来德育工作中广泛采用的研讨教学、情景教学、现场教学、角色模拟等教学形式，创设了大量的情感体验和交流的情境，对学生引起情感共鸣、产生道德判断具有极大的促进作用。在过去，这些情境的创设更多是从德育方式方法的角度来研究的。我们认为，应当将这些情境中共通的情感、体验提炼出来，作为德育工作的内容来研究。德育工作者在创设情境时，应当重点关注情境给学生带来的情感和体验，而不是情境设计本身。

（三）认知结构

知识不是对现实世界的客观表征，没有主动建构，教育中真正的理解就不可能发生。因而知识具有相对性、主观性、参与性、过程性，它不是被发现而是被发明的。由此，意识形态也不可避免地具有多样性和相对性，但这与德育所追求的意识形态导向性是相违背的。那么，德育工作又如何达到意识形态引导的目的呢？即使面对同一个刺激源，不同的受教育者也会产生不同的教育效果，当面对“不同”的知识的时候，德育工作者又如何确保学生能产生相类似的意识形态呢？这需要我们进一步考察德育的内容。皮亚杰在《心理发生和科学史》中提到：“在我们看来，在任何历史时期和任何社会，都有某个占主导地位的认识框架，这个认识框架产生了社会范型，并且是一种新的认识泛型的起源。”①他又说：“一个解释体系和另一个解释体系之间的差异不在于方法论的差异，也不在于科学概念的差异，而是在于由不同的认识框架表达的意识形态的差异。由此可见，‘不合逻辑’和‘明显的’始终与某个认识框架有关，在很大程度上也取决于占主导地位的意识形态。”②从中我们可以看出，导致意识形态差异的是认识框架。因而，德育的内容既不是输入的知识，也不是输出的意识形态，而是要让知识在头脑中产生意识形态结果的“认识框架”（认知结构），这种认识框架包含了知识，但不仅限于知识，包含了价值观，但也不仅限于价值观。而德育中所使用的各种教育方法，目的并不是让受教育者掌握指定的知识体系，也不是直接掌握意识形态，而是掌握意义建构的方法——认知结构，即德育不仅是让学生学习具体的道德知识，而是让学生学习建构意义的方法，德育工作真正要教给学生的是认知结构。这需要德育工作者通过知识的普及和情感的体验，使学生认识、体验并最终掌握认知结构。当前，从认知结构的角度对德育内容的研究还不够，我们可以从知识体系中去总结、提炼认知结构，并通过教育影响学生建构意义的方法。

第三节　高校德育体系的场域建设

场域理论认为，人的每一个行动均被行动所发生的场域所影响。高校德育共同体的构建基于不同的场域，而此时的场域并非单指物理环境而言，也

① 皮亚杰. 心理发生和科学史[M]. 姜志辉，译. 上海：华东师范大学出版社，2005：168.

② 皮亚杰. 心理发生和科学史[M]. 姜志辉，译. 上海：华东师范大学出版社，2005：168.

包括他人的行为以及与此相连的许多因素，是一种具有相对独立性的社会空间。与德育环境的概念相比，德育场域更加具有社会性，更加重视德育活动中参与者的因素。在德育共同体中，人与人之间的联系比人与物之间的联系更加重要。因此，在基于德育共同体理念的高校德育体系中，有效德育场域的建设显得尤为重要。当前高校德育场域的类型很多，有大的有小的，有现实的有虚拟的，有长期的有临时的，课堂、社团、活动都可以构成场域。与德育工作实际相结合，我们从现实与非现实、课堂与非课堂两大维度对场域进行划分，提出课堂、生活、网络三个场域概念。现实场域是传统的场域，非现实场域主要表现为网络场域。在现实场域中，课堂场域是传统的主渠道，非课堂场域则主要表现为生活场域。从德育工作的开展和学生存在的状况来考察，课堂、生活、网络三个场域具有较强的代表性，它们的并集基本构成了大学生存在场域的全集。

一、课堂德育：在课堂中习得

课堂是开展德育工作的主要场所，也一直被作为德育工作的主渠道，除思想政治理论课外，高校其他课程也同样承担着“课程思政”的任务，在学生德育教育中发挥着重要作用。近年来，高校在德育课堂上投入了大量的资源，但是总体的教学效果仍显不足。主要表现为将德育作为一种知识教育来开展，偏重理论知识的讲授。在教育过程中又偏重“说理”的教育方式，其组织方式又以大课堂、大报告为主。在德育效果的评价中，又以知识掌握为主，导致了一定程度的知行分离，造成学生参与性不强，德育的吸引力逐渐降低。然而，课堂只是开展德育工作的场域之一，并不天然地和“知识教育”等同，更不与“说教”等同。而传统认知中的定位于课外德育的日常思想政治工作，如“第二课堂”德育内容，也并非不能在课堂这一场域中开展。因而，丰富课堂这一德育主渠道的功能，增强课堂的德育效果，在未来高校德育工作中应发挥更加重要的作用。

丰富课堂德育功能，一方面要加大课堂德育的情境建构。借鉴情境认知理论及社会学习理论，未来的高校课堂中，在注重传授知识的同时，要发挥学生的主体性，发挥教师的主导性，创建德育课堂情境，通过给予学生课堂话语权，增强学生思想道德的情感体验，构建师生课堂德育情境关系，提升课堂德育的成效。另一方面要开展日常德育工作课程化探索，将日常思想教育、主题活动、素质提升等日常思想政治工作课堂化，提高整体德育工作的针对性、专业性和实效性。同时，也要积极探索将德育目标和德育内容整体地融入高校其他课程之中，促进“思政课程”向“课程思政”的转变。

二、生活德育：在生活中体悟

道德源于生活，存在于生活之中而且为了生活，德育要回归生活世界，这是许多德育工作者的主张。20 世纪以来，杜威、陶行知等著名学者都对生活德育做了详细的阐述。随着社会生活日益丰富，大学校园的开放度也越来越高，学生的生活世界越来越成为德育工作在课堂之外的重要场域。“道德与生活原本是一体的，道德的存在和意义取决于生活，德育的存在当然也是为了人的生活”[①]，生活德育论强调德育首先应使人热爱生活、体验生活，在真实的生活情境中养成德性，而非脱离现实生活，在虚无缥缈的世界中培养人的道德品质。它还强调人是生活中的人，是社会人，德育的过程就是使人回归社会生活的过程。因此，生活德育既是对现行德育脱离生活世界的反思，亦是对知性德育抽象化、概念化及不切实际的深刻批判。

简单地说，生活德育是从生活出发、在生活中进行并回到生活的德育。生活德育的具体范围很广，包含了“爱的教育、理想和信念的教育、法纪的教育、人格的教育、政治的教育、民主的教育”[②]。德育起源于现实生活，生活中德育无处不在，它可以克服知性德育的单一和局限性，只有扎根于生活实践

① 郭纯生. 大学生生活园区德育研究——兼论回归生活世界的德育[D]. 上海：上海大学，2014.

② 刘长贵. 陶行知的生活德育理论及其当代价值[D]. 南京：南京师范大学，2006.

的德育理论才能被广泛认可。大学生的社会生活、校园生活越来越丰富，以生活德育为主题开展高校德育工作，不仅可以增强德育的效果，还可以充分利用各类生活场所、生活设施和基地资源。构建生活德育体系，有目的地创设指向生活的德育目标、源于生活的德育内容、渗入生活的德育过程、丰富生活的德育环境，营造生活气息浓厚的校园文化氛围，使大学生在生活中不断体悟，并获得全方位的成长。

三、网络德育：向新领域延伸

时至今日，网络已经算不上是"新领域"，但德育对网络仍然存在许多不适应。如何将德育工作有效地而不只是形式地延伸到网络领域，是德育创新的重要课题。在传统的德育观念中，网络空间往往被归结为虚拟世界，但它实实在在地影响着现实世界中的人。当前，随着信息技术的突飞猛进，互联网已经遍布了各个角落，人与人之间的连接通过网络已经突破了学校、区域乃至国界的限制。对德育工作而言，网络早已不再是一种技术，不再是一种虚拟空间，而是对大学生有着巨大影响力的场域。这种场域既是虚拟的，也是现实的。在网络场域中，充满了海量的文字、图像和影音，充满了知识、情感和意识形态，也形成了网络领袖、社区和利益团体。每一个连接网络的人，都通过网络的交互、交流，建构着自己的知识、认知和情感，进而影响自己的态度和行为。

在大学生中开展网络德育工作，其目的不仅仅是把现实世界中的道德观念搬到网络中去，规范大学生在网络世界中的行为，而是要通过网络这一特殊的场域，把现实世界和虚拟世界连接、贯通起来，影响在网络场域中的实际的人，构建他们的道德世界，进而指导他们的道德行为。换言之，网络德育关注的中心并不是网络，而是大学生。构建网络德育，一是要提高信息技术的有效应用，加强信息传播力度，将德育知识向网络有效延伸；二是要积极构建有影响力的网络社区，增强与网络参与者的有效交互，争夺网络世界话语权；三是要积极培育网络意见领袖，提高德育工作者在网络中的影响力，夺取网络世界主导权；四是要加强线下大学生网络参与能力、辨别能力、分析能力、号召能力的培训和教育，壮大网络世界中我们的队伍，并最终构建一种贯通虚拟与现实的网络生态。

第四节　高校德育体系的路径选择

传统意义上的德育路径，主要是指德育工作的途径和方法，其基本含义是对学生开展德育工作时所选用的方法和渠道，比如课堂教学、劳动与社会实践、课外活动和校外活动等。这种德育路径主要是从德育工作者的角度出发，沿着德育工作者开展工作的轨迹来考察的。在德育共同体语境下，“交互协同”的德育模式中，既然强调以学生为主体，就应该从学生的角度出发来考察德育路径，找出一条学生实现自我发展的路径，而不是德育工作者开展工作的路径。正如认知主义学者强调的那样，我们应当关注德育工作中学生的内部思维过程，沿着学生道德认知、道德情感、道德行为产生和发展的路径，即从学生道德的内在形成过程来考察。站在学生的角度，其道德是在其自我角色的定位与实现的过程中沉淀，在团体交往的过程中充实与调整，在实践过程中体悟、检验与修正的。因此，角色、团体、实践构成了德育的三条有效路径。

一、角色德育：在角色中历练

马克思认为，人是一切社会关系的总和，人的社会性本质就意味着人从自然人到社会人的进化就在于承担多种社会角色的结果。[①] 角色任务的完成过程就是在承担和扮演社会角色的过程中，通过对社会角色的认识和学习，由角色和情境的互动产生行为，并逐渐适应社会的过程。在高校中，大学生

① 路海东. 社会心理学[M]. 长春：东北师范大学出版社，2002：283.

也因为成长、发展的需要，承担着多种不同性质、不同层次的角色，有些是大学生自我定位的，有些是学校和社会外在赋予的，这些角色都会给他们赋予不同的社会任务。运用角色理论，根据其不同角色开展有针对性的德育工作，帮助大学生完成角色的社会化，是提升高校德育工作有效性的有益尝试。以人为本的德育理念要求我们尊重和了解大学生的这些角色任务，注重大学生的个体性发展。

角色的社会化是与大学生的其他社会化内容是密切联系在一起的。社会对不同角色的期待和要求，必然有着一整套与角色身份相对应的权利、义务、规范和行为模式。高校中的角色社会化就是大学生能够正确认识到社会角色所期待和要求的角色规范，掌握相应的知识和技能，遵守角色规范，拥有妥善处理角色冲突和矛盾的能力，以达到身心健康平衡发展的社会化过程，这也是高校的角色德育应有之义。学校作为社会情境的重要组成部分，同时作为教育实施的主体阵地，运用社会角色理论开展学校德育，针对大学生面临的不同角色任务，设置相应的德育侧重点，有针对性地满足大学生自我实现的需求，是提高德育有效性和实践性的积极探索和尝试之一。基于此，在探讨高校德育发展的新途径时，角色德育是指一种内化式的德育模式，是高校在培育人的过程中有意识地运用科学的、系统性的角色教育活动，对学生现在及将来要承担的社会角色进行引领和指导，帮助学生在角色实践中掌握角色规范、树立角色认同的德育模式。在具体的实施中，角色德育可以在大学生新生始业教育、理想信念教育、爱国主义教育、党员培养、学生干部培养、就业指导、毕业生教育等各方面得到有效应用。

二、团队德育：在团队中成长

团体是大学生正式或非正式组织。在高校中，每个学生都归属于一个或多个团队。团队生活是高校学生生活的重要组成部分，团队越来越成为高校学生活动的主体力量，也越来越成为德育工作的重要实现路径。团队不仅是学生交流思想、开阔视野、提升自我的平台，更可以成为高校开展德育工作的新阵地。高校的团队类型很多，既包括传统的班级、团支部、党支部、社团等正式团队，也包括兴趣小组、课程小组、实践团队等非正式团队，可以是长期存在的常设性团队，也可以是只存在于某段时间内的临时性团队，可以是既定的由学生角色本身自带的团队，也可能是为某一共同目标而创立的团队。高校中运用较多的团队德育工作有团体辅导、团体心理咨询、公正团体法等，但大多停留在对团队精神的培育、对各种团队内部的德育建设，以及团队在高校中的新发展等等，对通过团队来建构高校德育体系的研究较少。团队德育正是致力于将德育工作融合到学生团队生活的路径之中。沿着这些路径，寻找德育在团队中的作用方式，分析团队在高校中的变化趋势以及它们对于个体道德行为的影响，关注团队在构成方式、活动方式以及活动效果等方面的情况，最终为高校团队德育建立自己的逻辑框架，对应用的背景、遵循的原则、包含的要素等进行分析，从主体培育、情境营造、手段改进等角度进行具体的建构，建立起一个团队德育的新模型。在团队内部、团队之间，以及各种形式的团队中，通过之前建构的各种要素相互作用，实现高校德育目标，让德育在团队中发展，学生在团队中成长。

三、实践德育：在实践中收获

实践是认识的来源，是推动认识发展的动力，也是检验认识的标准，具有认识世界、为主客体联系提供中介、检验已有认识、创造新的认识和物质世界的功能。在德育工作中，实践不仅是德育的有效手段，还为道德知识的内化、外化提供了转换的中介。德育的最终目的也是用理论去指导学生的实践，而不是掌握道德知识，所谓“士虽有学，而行为本焉”。实践贯穿于德育的全过程，并且在每一个环节都占据着重要地位。实践是道德养成的关键环节，沿着大学生实践的路径，建构高校实践德育体系，有利于提高高校德育的整体效果。当前，教育工作者对实践的重视程度是足够的，具体的实践形式也是丰富多彩的，教学实践、社会实践、志愿服务等大量的实践活动在大学生中展开。比如，全国高校每年都会集中组织开展大学生暑期社会实践活动，各级组织还开展相应的评比和表彰，实践成果也非常丰富而具体。

实践必须与认识过程相结合，与成长过程相结合。当然，我们也应该看到学生实践德育还存在一些不足，主要表现为：实践设计缺乏理论支持，各相关部门之间统一协调不够，以分线组织为主，学生参与也相对分散、缺乏整体感；实践过程管理不强，存在一定的形式化、运动式、娱乐化等倾向；实践效果评价还不够规范，存在以展示效果为主评价等现象；实践的资源投入还不足以保证预期效果的实现，大学生所期待的实践和学校组织的实践之间还存在差距。这些问题不仅影响了实践活动的效果，而且也影响了大学生的全面发展。与其他德育模式相比，实践德育更有利于学生知行统一和德育效果的提高。当然，这并不是说要用实践德育去取代其他德育模式，而是突出实践的重要作用，将实践贯穿于德育设计、实施、评价的全过程之中，将实践这条德育的路径价值充分体现和发挥出来。

第五节　高校德育共同体的范式建构

美国社会学史和教育史上著名的《科尔曼报告》，用近 4000 所学校中 60 万名学生的调查数据证实，造成黑人、拉丁裔、印第安人或其他弱势少数民族社会地位相对底下的关键原因，并不是肤色和家庭出生，而是他们在现实环境中做出的自我评估。他们觉得环境很强大，而自己天生弱小，也不可能通过教育改变自己的人生。他们对自己的前途缺乏正确期望，对人生没有更好的追求，对自己的价值没有更好的定位。直至今日，这份报告对美国的教育一直产生着巨大的影响。完成这份报告的詹姆斯·科尔曼教授得出结论，学生追求自我发展的动力，主要受学校和家庭的影响，受学校和更大范围的共同体中的关系、规则和信任的影响，受学生在共同体目标发展和提升中形成的归属感、认同感、责任感的影响。如果用社会资本理论来解释：个体的成长过程必然会受到不同工作和生活场域中的群体关注和支持，这些表达和反馈构成了个体成长的社会资本，个体获得的社会资本多少，很大程度上决定了个体成长的结果。

有人提出，当今学校教育中最令人困惑不安的也许是学校德育。我国高校的德育工作已经取得很大成就，但国家的经济、政治、文化等发展太快，国内高校德育体系的建构始终面临严峻挑战。杜威说“教育即生活”，从高校德育工作实践角度进行理解，即德育的育化结果，很大程度上是在共同体中一种多向性的主体和主体之间的互动和反馈，承担主体角色的每个个体在构筑自身各种关系和关联的过程中得到更多的社会资本，从而成功地建构自我。社会科学不断发展，导致了许多新的流派如行为主义、人本主义、认知主义、建构主义等的产生，对现代教育学产生了深远影响，也为我国德育工作提供了理论借鉴。

一、范式探讨：德育共同体

行为主义认为，教师创造情境，激发学生的学习行为，学生之间是互相合作，不是相互竞争的关系。教育应当加强人际互相合作和整体之间的互相依赖。行为主义理论对帮助教师克服教学中缺乏反馈、忽视学生个体特点等弊病起着积极的作用。人本主义认为，人生来就有自我实现的倾向，教育的任务就是为自我实现提供实现的条件，促进自我的生成和完善。人本主义理论较为符合人类自身发展的状态和德育自身发展的规律，具有呈现德育问题、关注现实生活等特点，强调了学生的主体性和健全人格，倡导了一种全面发展的德育观。认知主义认为，学生在不同的认知阶段有不同的接受信息、处理信息和使用信息的内在模式，要关注学生内部思维过程，根据学生在不同阶段的认知模式设计不同的教学程序，主张教育必须遵循发展规律，切忌将超越和滞后于学生认知的内容强加于他们。

在国内的德育研究或者论述中,“德育共同体”总体研究是以行动研究为主,也有几位研究者分别提出了高校德育共同体概念,并从不同视角进行了探讨。涂丽平提出了高校德育共同体是成员通过相互关系而分享道德经验、情感和价值的道德团体。① 她从解读高校德育共同体建设中的生态思维,提出了高校德育共同体建设的实践准则——包括以高校德育共同体和高校德育生态系统的发展作为高校德育管理工作的目标;高校德育教师理论研究水平和教育实践能力达到一致,并且具备生态理念;要重视学生的道德人格、生态思维和实践能力对共同体批判性建设的意义等。童志坚从社会资本理论视域,分析当前高校德育共同体构建的策略,提出高校德育机构应在共同体构建中担负起主要的责任,特别是主动构建良好的社会关系网络;加强对德育共同体构建的共识,提升社会认识和社会信任,以促进德育共同体构建。② 孔凡建认为,德育共同体的建成必须具备主体、环体、介体等若干要素,场域可以划分为家庭德育共同体、学校德育共同体、社会德育共同体、国家德育共同体等若干类型。③

二、解读视角:场域和路径

2017 年 12 月,教育部召开了新闻发布会,专题介绍了《高校思想政治工作质量提升工程实施纲要》简称为《实施纲要》的有关情况。《实施纲要》是高校思想政治工作质量提升工程的顶层设计,也是高校思想政治工作创新发展的施工蓝图,其总体思路是聚焦短板弱项,坚持把破解高校思想政治工作不平衡不充分问题作为目标指向,着力构建一体化育人体系,实现各项育人工作的协同协作、同向同行、互联互通。其中,主要内容部分详细规划了课程、科研、实践、文化、网络、心理、管理、服务、资助、组织等“十大育人”体系的实

① 涂丽平. 高校德育共同体建设的生态路径选择[J]. 广西:广西社会科学,2014(6):3.
② 童志坚. 高校德育共同体构建的策略分析[J]. 福州:教育评论,2014(8):2.
③ 孔凡建. 论德育共同体的建构及其走向[D]. 北京:中国矿业大学,2015:27.

施内容、载体、路径和方法。“十大育人”体系涵盖了日常教育教学工作的全过程，是一项系统的育人工程。

按照德育场域划分，德育可以细分为课堂、生活、网络等。课堂是学习知识、传播理论和引领思想的重要场所，是校园生活的重要场域，在促进学生的知识习得、人格养成中发挥着不可替代的作用。课堂德育要确立以学生为主题的教学观，更加关注学生的个体性差异，让学生更多地参与课堂实践活动，培养大学生的主体性意识。生活德育是学生在校园课堂之外接受的道德教育模式，通过生活性的道德教育弥补单纯知识性道德教育的缺陷，从而达到学生道德教育的“课堂和生活”双重指导。网络德育是互联网时代基于德育的基本目标和内容，是以网络为媒介开展德育活动的一种德育模式。要围绕线上线下统一、虚拟现实结合，建立健全高校德育课程体系，制定和完善网络道德规范，净化网络德育外部环境，强化网络德育的阵地建设。

按照德育实现模式和路径，德育可以分为角色、团队、实践等。角色德育是现代高校德育的一种特殊实践模式，是德育功能更直接、更具体的反映，也是现代高校德育科学化和体系化发展趋势的体现。在角色场域中，无论是公共生活、职业生活，还是婚姻家庭生活，都对大学生的角色担当提出了不同的要求。团队德育是基于组织理论的德育实践模式。通过组织中的自我管理、教育和服务，形成自发的德育实践过程，达到内外的统一。团队德育的实施将强化主体的集体意识和整体观念，激发个体的主动性和创造性，实现从校园人向社会人的转变。实践德育是一种行动的德育活动，理论的基础是通过主客观的互动，实现知行合一、身心兼修。“纸上得来终觉浅，绝知此事要躬行”，离开实践的一切教育，必然是空洞的、无味的、刻板的教育，也自然会被学习者所抛弃，达不到应有的教育效果。

三、体系构建：交互协同式

经过前文对德育对象、德育内容、德育目标的总体设定，课堂德育、生活德育、网络德育的场域建设，以及角色德育、团体德育、实践德育的路径选择，我们从以中国特色的德育共同体为指导的高校德育实际出发，尝试提出立足于"交互协同"的高校德育体系(如图 2-1 所示)。这样的高校德育体系，体现了整体性、生成性、层次性、交互性和开放性的特点，形成了德育目标、内容和方法的统一，反映了德育场域、德育路径的集合，展现了德育工作的系统要素和整合功能。

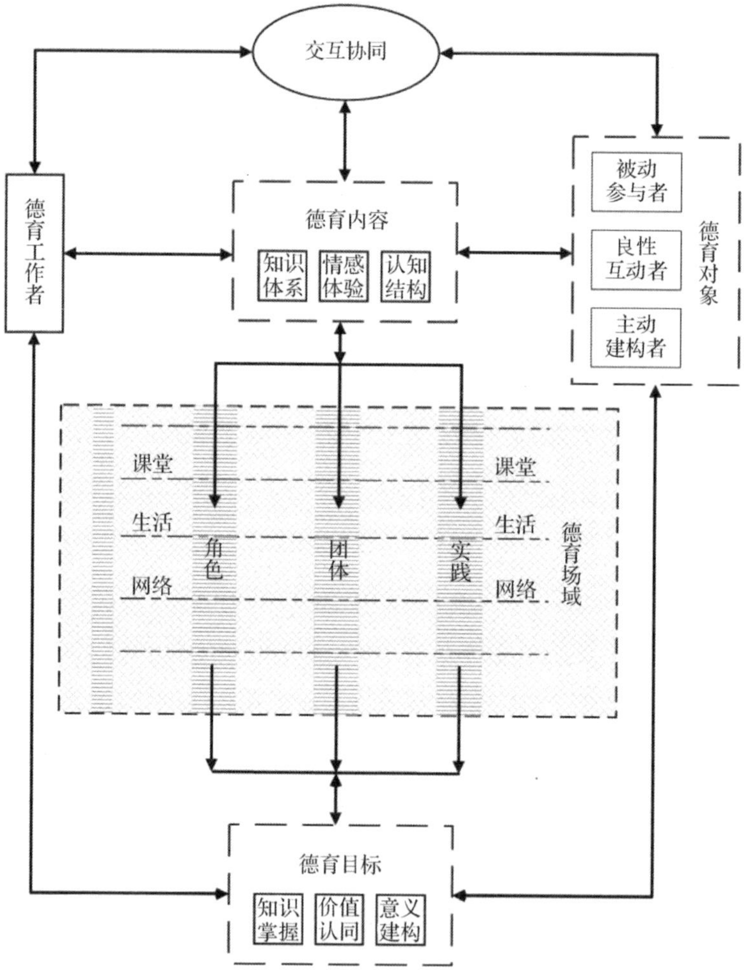

图 2-1　高校德育体系建构

一是整体性。从图 2-1 中可看出，该体系由德育工作者、德育对象、德育目标、德育内容、德育路径、德育场域六个要素构成。从体系的组成上看，这六个要素之间相互联系、相互作用，构成了一个具有育人功能的有机整体。从育人的目标上看，各个要素虽然承担了各自的任务，但都是围绕着一个整体的育人目标展开工作的。从工作的实施上看，任何一个方面都不可能独立完成德育工作的任务，它需要学生的参与，需要各部门的协同，需要各种资源和条件的支撑，只要有一个方面有所缺失，德育的目标便无法达成。总而言之，德育是一项整体性、系统性、复杂性工程。

二是生成性。构建"交互协同"的德育模式是本体系的目标，也是本体系的重要任务。生成性首先体现在主体上，本体系立足于现实的人，他们是最终实现德育目标的主体。德育目标的最终达成，要靠德育对象在内部生成，而不是外部输入。德育目标是生成的，它需要通过交互获得学生内心的认可，每一个学生会生成不尽相同的目标，德育工作者在教育过程中也会修正自己的目标。德育的内容是生成的，知识、情感、行为都必须通过学生自己生成和建构出来。同样的，德育的路径、场域也是生成的，它们原本都不是有形的存在，而是在学生的参与过程中建构出来的，并可以在德育过程中动态调整、有所生长。

三是层次性。德育工作体系中的任何要素内部都不是同质的，而是呈现出一定的层次性。无论是教师还是学生，他们的成长背景、知识结构、思维特征都不一样，其参与德育过程的主动性也不一样，需要在工作中有针对性地加以考虑。在本体系中，德育对象分为被动的参与者、良性的互动者、主动的建构者三个层次；德育内容分为知识体系、情感体验、认知结构三个层次；德育目标分为知识掌握、价值认同、意义建构三个层次。任何对象的参与、内容的展开、目标的实现都有一定的层次，也需要按照一定的顺序逐步实现，没有知识的掌握，便不可能有价值的认同，更不会有意义的建构。类似的，路径、场域也可以根据一定的标准划分出不同的层次，限于篇幅不再赘述。

四是交互性。本体系的六个组成要素之间都是相互联系的，它们两两之间都不是一种单向的传递关系，而是双向互动关系，会及时向对方反馈信息，并根据对方的变化而做相应调整。教师和学生之间，会通过良性的互动充分交换信息，了解彼此的特点和诉求，并反映在德育的内容、目标、路径、场域之中。反过来，德育的内容、目标、路径、场域在具体实施过程中，也会及时给教师和学生以反馈，促进对方做出调整。德育路径和场域之间也会有一定交互、交叉甚至叠加，比如在课堂德育场域中，可以有角色德育课堂、网络课堂、实践课堂、生活课堂和团体课堂。可以说，各要素之间的互动和双向建构是始终存在的，也正是这种交互，促进了师生在德育的内容、目标、路径、场域方面的共构，并最终促成了德育效果的实现。

五是开放性。德育体系中的组成要素并不是一成不变的，可以随着宏观环境的变化加入新的组成要素。在当前全球化、信息化的浪潮下，新的技术、新的内容不断产生，德育时空的封闭性越来越小，开放性越来越强。德育的对象、内容、目标是开放的，会随着经济社会的发展产生新的目标，会在主体的交互之中产生新的内容，还会因为国家、地区学校之间的交流加入新的对象。德育的路径、场域是开放的，生活空间是开放的，网络世界是开放，学生团体也是开放的，新的技术会不断产生，新的领域会不断开拓。总的来说，德育越来越不受技术、场地、时间的约束，呈现出广泛的开放性，德育体系整体是开放的。

综上所述，德育工作者、德育对象、德育内容、德育路径、德育场域、德育目标六个要素组成了一个“交互协同”的德育工作新体系。这个德育工作新体系是在德育共同体理念引领下的，是一个动态的、发展着的共同体。无论是社会学、政治学还是教育学视角下的共同体，都有“交互协同”的特性，是多元主体基于共同的精神信仰、共同的历史文化、共同的价值导向，主动通过媒介、场域集体实践形成的教育有机体。

第三章　课堂德育

课堂是学习知识、传播理论和引领思想的重要场所，是校园生活的主要空间和重要场域，在促进学生的知识习得、人格养成中发挥着不可替代的作用。课堂既是最好的“德育教场”，也是最有效的“德育空间”。然而，随着全球化的深入、科技革命的发展和教育改革的推进，高校课堂德育也充满了各种挑战。特别是新媒体技术的广泛应用、“慕课”在教育环节中的创新实践以及由此带来的“虚拟现实”体验，对现有课堂德育的教学组织形式和工作方式带来极大的冲击。一方面，专业课堂上只讲专业知识不授科学伦理，用专业替代德育的现象普遍存在；另一方面，思政课堂上只讲概念灌输不谈科学理论，用原理代替道理的方法依然存在，导致课堂内的思想政治教育效果大打折扣。课堂是德育共同体重点建设的场域，强调学生与老师之间、学生与学生之间相互配合、相互启发，共同学习、共同进步。因此，在新的历史时期，要推进社会主义核心价值观进教材、进课堂、进头脑，就必须构建教师、学生、知识等良性互动的有机生命体，发挥课堂的主渠道作用。为此，推进德育进入专业课堂教学环节显得十分重要和迫切。

第一节 课堂德育面临新挑战

一、话语体系的挑战

对话语体系的挑战，根源在文化自信的缺乏。文化自信是一个民族对于其文化正确性的一种认可，对于其文化生命力的一种肯定。文化自信对于大学生思想政治教育的影响是直接的、显性的。当然，文化自信的背后是悠久的文化传统、强大的物质基础和广泛的社会共识。只有形成自己的话语体系，讲好自己的故事，追求自己的价值，才会不断强化文化的认同和自信。对于大学生而言，要使文化自信对其产生积极影响，就需要教育者对于中华民族博大精深的文化有充分的认识。通过对本民族文化的充分了解，建立对于优秀文化的认可，从而形成一种对文化的自信。只有这种自信建立起来，在进行思想政治教育时才能起到事半功倍的效果。

当前，多元文化渗透到高校的各个角落，给大学生带来了传统文化与现代文化、本土文化与外来文化、主流文化与亚文化等方面的冲突，影响大学生健康向上的主流价值观的形成。同时，思想政治教育的话语体系建设也面临着诸多的挑战：一是社会体制转型的诸多矛盾对思想政治理论课话语权主体提出的挑战；二是各种社会思潮对思想政治理论课话语权阵地的侵占；三是复杂的国际环境对思想政治理论课话语权环境的挑战。面对这些挑战，必须结合时代特征，创新主流话语体系，将传统文化与高校德育工作结合起来，帮助大学生树立文化自信，建立正确的道德观念，构建新道德的思想渊源。

中华民族优秀传统文化是中国特色社会主义价值观念的文化基础。习近平总书记在全国高校思想政治工作会议上强调："好的思想政治工作应该像盐，但不能光吃盐，最好的方式是将盐溶解到各种食物中自然而然吸收。"

这说明思想政治工作实际上是一个解疑释惑的过程，需要运用学生喜爱并乐于接受的话语，才可能在授受话语同时领会话语背后的价值理念，进而树立正确的价值观念。从文化自信建立的层面，开展高校课堂德育建构研究，将优秀传统文化纳入课堂德育的研究框架内，是引导学生正确认识世界和中国发展大势并树立起强烈的中国自信的前提，是做好高校思想政治工作的基础。因此，只有树立文化自信，才能应对话语体系的诸多挑战。

二、教育创新的挑战

传统的课堂德育尤其是当前高校思想政治理论课存在着如下主要问题：一是解释能力不强，致使有的领域中马克思主义被边缘化、空泛化、标签化；二是转换力度不够，从教材话语向教学话语转换不足，一些高校存在“声音比较小、有理说不出、说了传不开”的状况；三是建设创新不力，不同程度地存在学科中“失语”、教材中“失踪”、论坛上“失声”现象。课堂德育教授效果不尽如人意，学生对课程兴趣不高，教师对课程创新不足。课堂德育面临着重新建构“教学主体间交往关系”，解决“交往主体客体化、交往客体抽象化、交往向度单向化、交往程度肤浅化”等一系列问题。

从课堂外部环境来讲，科技的飞速发展，新媒体的广泛应用，在教育内容、教育方式和教育手段等方面的不断创新，给传统课堂德育教学带来了新的挑战。照本宣科的讲授、固化僵硬的教材、单一匮乏的教法、陈旧泛滥的案例，已经无法满足学生的全方位求知需要。同时，“慕课”等网络课程的出现和信息技术的引入，挑战传统教与学的关系，一元主导变成主体间互动，课堂体验面临现实—虚拟—现实的转换，教学关系发生了根本性变化。

面对这些问题，教育系统本身需要不断改革创新。要紧紧围绕“因材施教”这个教育教学活动中普遍公认的基本原则，将教育教学创新改革的焦点不单单集中在“教什么”“怎么教”，而且还要更多地关注学生“怎么学”“是否愿意学”“是否爱学”“是否真正入脑入心”等，让思想政治理论课真正活起来、好听起来、入心入脑，成为学生真心喜爱、终身受益的人生大课。

三、教育对象的挑战

对教育对象开展研究是教学活动有效开展的前提。只有遵循大学生思想成长的规律，既讲道理又答疑解惑，既有真理意蕴又有人格力量，才能把思想政治理论教育做到学生心里，确保教学的针对性和有效性。这需要高校思想政治工作队伍在教育教学的实践过程中，全面、深入、持续地对大学生群体进行动态跟踪调研，科学地把握受教育者思想成长的基本规律和阶段性特点。当前，高校开展德育工作的对象已经从“80后”进入“95后”“00后”，德育工作对象发生变化，主要表现在：一是在思想观念上，更加富有朝气活力、敢于挑战和创造，但是又追求轻松享乐、缺乏忧患意识；二是在价值取向上，呈现自我、多元、复杂和矛盾的特征；三是在行为态度上，崇尚个人主义、趋向功利主义；四是在接受教育过程中，带着一种审视和批判的态度，希望平等参与、互动交流。当然，在实施德育教育的过程中，即使是同样的“95后”或者“00后”，不同群体的受众面也存在着不同，如不同的学生有不同的兴趣、能力、需求和专业等，这些都对教育者提出了更高的要求，要针对不同群体选择不同的教育内容和教育手段。

因此，思想政治工作队伍只有全方位、立体化、多层次、动态性地考察与把握受教育者的身心发展现状，真正读懂他们的所思与所想、所需与所求、所疑与所惑，才能有针对性地开展教学，提升课堂德育的针对性和实效性。

四、网络传播的挑战

随着网络新媒体的发展，互联网积累的信息越多，信息越容易获得，比较而言，知识就越不新奇，越无吸引力。原来依托于课堂、教师、灌输的德育模式越来越受限制，实时、共享、个性的“在线教育”越来越受到大学生的青睐，德育工作面临着传播内容和传播载体的双重挑战。一方面要掌握并准确运用新媒体开展德育工作，增强针对性和实效性；另一方面要解决从“线下”到“线下线上”的融合，形成一套互相促进、融合补位的体系。

任何一个社会都有主流的价值观和非主流的价值观。高校作为教书育人的地方，课堂是教书育人的主战场，规范课堂教学秩序，不给错误观点传播渠道，把每一堂课都当作价值观培养的途径，才能开启高校思想政治工作的源头活水。从网络传播挑战视角来看，一方面，科技成就尽管在全球范围内极大地促进了经济社会的发展，但生态失衡、环境污染、能源危机、宗教冲突、地区贫富差异等问题，需要人类共同承担责任，重新定义我们的价值追求和安全基础。另一方面，在互联网环境中，意识形态领域的斗争更加复杂、尖锐和隐蔽，要在青年学生中坚持、巩固和加强社会主义核心价值体系的主导地位，必须进一步加强和改进高校思想政治教育工作。

第二节 课堂德育的理论视角

一、基于行为主义的环境操作

行为主义理论是由美国心理学家华生在巴甫洛夫条件反射学说的基础上创立的。他主张心理学应该摒弃意识、意象等太多主观的东西，只研究人们所能观察到的并能客观地加以测量的刺激和反应。行为主义强调通过对环境的“操作”和对行为的“积极强化”来影响人。对环境“操作”的目的是诱发学生对教学产生相应或特定的反应，从而达到教育者所想达到的教学效果。对行为的“积极强化”，指在课堂上要对学习者的任何反应予以反馈，并对正向的反应及时强化，使学习者在学习过程中产生的错误减少到最低限度。在课堂教学上，行为主义强调对学习环境的设置、课程材料的设计和学生行为的管理，关注的是“怎样教”，而不是“教什么”，这种情境创造对课堂德育有着积极的意义。让学生真心喜欢、毕生难忘和受益终生的关键是：把书本上的故事和经历转换成个人生活经历和个人真实体验，或者在两者之间建立联系。如果在课堂上对道德情境进行设置，或者让学生在设置的情境中进行人物角色的扮演和道德体验，效果就会比让学生单纯地接受道德知识的讲解要好很多。

二、基于人本主义的道德认知

道德认知理论认为，人生来就有自我实现的倾向，德育课堂应该具有呈现德育问题、注意现实生活、利用各种现象、开展分组讨论等特点。美国当代著名道德教育家科尔伯格的“道德认知理论”是当代西方德育流派中最负盛名的德育理论，也是认知发展理论的主要代表人物。他认为，道德教育不能直接讲授道德，不能采取灌输行为，而应促进个体的道德认知能力的提升。道德教育方法具体表现为“道德讨论法”和“公正团体法”。“道德讨论法”是教师通过引导学生对道德两难问题进行思考，从而促进学生产生道德认知冲突，激发学生进行积极的道德思考，进而促进学生道德判断水平的提高。“公正团体法”是指将学生置于一个充满民主道德气氛，成员间相互平等、共同管理和相互协作的集体中，通过参与集体事务，培养学生的道德责任感。在师生共同建立的生活共同体中，团体成员进行自我管理和自我教育，以提高自身的道德判断水平和形成道德行为。在我国的德育课堂上，道德教育几乎等同于科学教育，把道德知识像传授科学知识一样灌输给学生，逐渐演变为知识化、课程化的德育，而带来的教育效果却并不如意。相反，学生在面对纷繁复杂的社会问题，在碰到道德两难的选择时，往往缺乏辨别是非善恶的能力。

三、基于建构主义的交互协同

建构主义理论更加关注学习者如何以原有的经验、心理结构和信念为基础来建构知识，更加强调学习的主观性、社会性和情景性。个体的学习不是单纯地从外部把新的知识装进来，而是先前的生活经验在头脑中保存着自己特有的认知图式,在学习过程中建构新的认知图式。因而,学习的过程是一种主动建构的过程,而不是被动的刺激—反应模式的建立。教师在教学过程中的角色是引导者和组织者,而学生是自主建构的主角。该理论认为教学评价的重点在于知识获得的过程,怎样建构知识的评价比对结果的评价更重要。

建构主义理论对课堂德育最大的意义在于凸显学生在课堂建构中的主体性地位。道德教育应当是教育者价值引导与受教育者自主建构融于一体的过程,在这个过程中,受教育者价值观的形成既不是外在力量的强制作用,也不是学习者内在素质的自然生长,而是基于教育者智慧的价值引导和学习者积极的自主建构的过程,是交互协同的过程。

建构主义理论给德育教育的启发是,德育教育并非只是道德知识的灌输,它其实更注重实践性和体验性。人类的记忆分为两大类:一类是自身经历在大脑中形成的印象,一类是对文字等类材料的背诵和理解。前者是直接的,后者是间接的。间接记忆难度大,但是遗忘起来却非常快;而直接记忆则不同,亲自经历过的事件或者接触过的人或者事,会在人大脑中形成难以磨灭的记忆。对于课堂德育来说,学生是否掌握了相关的道德教育等知识点并不重要,重要的是学生在接受知识的过程中是否自我建构或者重构了新的认识体系和价值系统。因此,建构主义强调在体验中“生长”新的知识,对课堂德育的效果具有很好的启发意义。

综上所述,20 世纪 90 年代以来,随着建构主义和情境认知等理论的发展,学习被认为是发生于一定的物理背景和社会背景中的,是学习者与环境互动的产物。不论是行为主义理论、人本主义理论,还是建构主义理论,在道德教育的方法上都十分强调学生在课堂上的主体性,建立在任何一种教育活动都离不开被教育者主体的积极性和能动性的发挥这一观念之上。而传统灌输型课堂的教育理念则建立在教师的知识水平和认知水平高于学生,在课堂中处于主体地位(或是领导者的角色),而学生是被动接受型的(或被领导的角色),是课堂教学的客体。教育主体性的主次不同,导致德育课堂的教育效果也相距甚远。从各种理论来看，课堂德育中需要营造民主、平等和共同参与的氛围，以及通过让学生在实践中体验诸如“冲突思考提高”的认知过程，是面对挑战过程中始终要坚持的课堂德育教育方法论。

建构主义理论强调的主体性、体验式和过程评价等，其实现的关键点在于课堂德育情境的建构。教育学所谓的“情境”，通常是指由特定要素构成的有一定意义的氛围或环境。① 与之对应，德育情境是对德育效果产生直接影响的由特定要素构成的有一定德育意义的氛围或环境。课堂德育情境则是指在课堂德育中所需要营造的民主、平等和共同参与的物质要素（时空、设施、自然等要素）和社会心理要素（人际、组织和情感等要素），它是在人与人、人与物的互动中生成的有德育意义的系统。② 课堂德育可以通过构建德育情境，通过情境化教学目标的设定，情境化教学内容和教学方式的设计，以及情境化的评价策略，围绕学生主体性及实践教学的核心，最终达到情境化教学中强调的“真实情境中的学习”。

综观以上的论述，课堂德育指教育者在学生课堂主体性观念指导下，以立德树人、全面发展为导向，在课堂教学上构建专业教育和德育相融合的立体空间，实现德育教育“课堂化”和课堂教学“德育化”相统一的德育教育新模式，是高校德育的主要场域。

① 朱婷．情境式学程设计的价值探讨与操作策略[J]．江西教育，2017(35)：32.

② 蔡辰梅．课堂德育情境建构[D]．石家庄：河北师范大学，2002.

第三节　课堂德育的建构

一、观念层面的建构

(一) 坚持“主体性”

苏联教育家苏霍姆林斯基指出:“造成教育青少年困难的最重要的原因,在于教育实践在他们面前以赤裸裸的形式进行,而处于这种年龄期的人,就其本性来说是不愿意感到有人在教育他们的。”[①]因此,“道德教育是一种非注重发挥德育对象主体性而不能具有实质性效果的教育形态”[②]。“95后”“00后”的大学生追求个性自由,敢于挑战权威,不喜欢说教和命令式的教育方式。如果说作为教师要努力改变传统教学模式下的师生关系,让学生乐于接受教育者所主张的价值观和行为导向,那么最重要的就是教师要树立学生“主体性”的观念,要明确学生是其道德品质建构的主体,教师是指导者和引导者的角色。在充分理解和沟通的基础上,“教师讲、学生听”的单向灌输型传统教学模式变成以学生为主体和主角,教师对学生的思想观念和价值取向的日益多元,思维活动的独立性、选择性、多样性等的充分理解和尊重。

对于大学生思想道德的养成方面,需要充分尊重受教育者品德成长的内在规律。要为他们预先设置好“最近发展区”,而不是一蹴而就,要求马上到位,达到对受教育者来说是遥不可及的崇高思想状态。高校思想政治工作队伍可以通过创设学生喜闻乐见的丰富的课堂教学环境,促进受教育者理想信念的意义生成与内化。只有坚持在课堂上充分尊重受教育者的主体性道德教育理念,才能成就一种人与道德环境融为一体、浑然天成、于“无为”中有为

---

① 苏霍姆林斯基. 帕夫雷什中学[M]. 北京:教育科学出版社,1999:6.

② 檀传宝. 学校道德教育原理[M]. 北京:教育科学出版社,2000:82.

的道德教育状态。

(二) 坚持“生活化”

教育与生活可谓密不可分。在近代,对教育与生活关系的探讨最具影响力的应首推美国教育家杜威,他提出了“教育即生活”“学校即生活”等具有远见卓识的教育主张。杜威的“教育即生活”包含了两层含义:(1)教育是社会生活的“必需品”,杜威认为,“在最广泛的意义上,教育乃是社会生活延续的工具”①;(2)教育在社会生活的土壤中生存,必须深深扎根于社会生活。我国著名教育家陶行知先生认为:“没有生活做中心的教育是死的教育,没有生活做中心的学校是死的学校,没有生活做中心的书本是死的书本。”②因此,道德教育的本质也必须来源于生活,让生活本身而不是远离生活的东西成为教育的手段。

只有来源于真实生活世界的道德体验,才能在学生身上逐渐产生效果体验,进而形成某种行为系统,产生某种行动方向。作为教育者,要始终明确生活本身的教育最有力量,教师的职责在于组织、营造这样的生活世界,使道德主体在道德的生活世界中成就其主体人格。

(三) 坚持“学生为中心”

罗杰斯指出:“当促进者是一个真实的人,坦诚无疑,同学生建立关系时没有一种装腔作势或者一种假面孔,这个时候,他总是能富有成效的。”③这个观点指出真诚、平等的师生关系是有效教学的前提和保障。在课堂德育的构建中,“以学生为中心”主要遵循的原则:(1)平等性原则。摒弃传统课堂观念中教师的知识水平和认知水平高于学生,在课堂中处于主体领导者地位的观念,建立平等、民主的师生关系。在教学资源分配、教学组织管理和教学评价中,始终坚持师生之间、生生之间平等的原则。(2)差异性原则。思维活动的独立性、选择性、多样性决定了学生群体在思想观念和价值取向上的多元。

① 杜威. 杜威教育论著选[M]. 赵祥麟,王承绪,编译. 上海:华东师范大学出版社,1981:143.
② 廖杰驰. 用“生活教育”理论指导新课改背景下的作文教学[J]. 教苑点滴,2010(2):37.
③ 方展画. 罗杰斯“学生为中心”教学理论述评[M]. 北京:教育科学出版社,1990:151.

反映在课堂德育教学上，则表现为不同学生对不同道德问题、社会现象及理论观点等的认识程度和思维深度可能存在较大区别，这就需要教育者充分尊重学生群体的差异性。(3)包容性原则。学生与学生之间由于地域文化、成长环境、性格差异、适应能力及自我发展目标、自我约束等方面存在着不同，由此带来的课堂表现、实时反馈及教学效果等方面的不同，教育者对此要有包容的原则，要以生为本，尊重差异，和而不同。

(四) 坚持“对话式”教学

“对话式”教学作为一种教学活动，最早出现于古希腊时代，又称作“产婆术”。它是指在与学生谈话的过程中，并不直截了当地把学生所应知道的知识告诉他，而是通过讨论、问答甚至辩论的方式来揭露对方认识中的矛盾，逐步引导学生自己最后得出正确答案的方法。俄国文艺理论家巴赫金认为对话是一种民主、平等、坦率、真诚的有声或者无声的信息交流。弗莱蕾认为“教育应该具有对话性”。长期以来，我国的课堂教学自觉或者不自觉地遵从了教师权威、知识本位和精英主义的教育价值取向。这三种教育价值观融合而成的课堂教学在本质上是独白式的，即承认和维护教师在教学中的地位，否认并剥夺学生作为学习主体的地位与权利。“对话式”教学观念是对“独白式”教学的挑战与否定，它强调师生在交流与对话中理解、沟通，教学过程成为民主、平等、愉悦的过程。弗莱蕾认为，这样的教学过程才能使其教育性得到充分的发挥，实现教学的德育魅力。而教师只有树立这样的教学观，才能使教学成为“一个可能的价值世界”，实现其“价值关怀”。①

课堂德育情境的建构对教师来说，首先是确立“对话式”的教学观，它需要教师不仅将知识作为教学的内容，更要将自己的人格、学识、教学艺术等作为教学必不可少的部分，使教学过程真正具有生命活力和对生命的影响力。教学过程不应是一个教师“独白”的过程，而应是师生平等对话的过程。教师

① 蔡辰梅. 课堂德育情境建构[D]. 石家庄：河北师范大学，2002.

讲授式的独白而没有学生的主体性参与，教学过程将变成一个“无人”的过程。[①] 这样的教学过程背离了人类教育追求的初衷，是教育的异化。

二、实践层面的建构

创设与教学内容相关的情境是突破课堂德育教学困境的一种思路。情境式教学模式的主要含义是指通过创设“情境”，通过主体间的体验来进行和增强教学过程中的沟通与理解，以达成教学共识，实现教学目标。对于教师而言，他们可以利用情境高效地传递教学内容；对于学生而言，他们可以在情境中以主动、互动的方式内化教育内容。

（一）学生作为课堂德育主体

德育课堂是实施德育教育的一个特定场域，学生在这个场域中作为受教育者这么一个团体存在。教育者应从主体意识培养、主体动力激发、主体潜能挖掘和主体作用发挥出发，关注这个团体中每一个成员的需求，激发其主体动力，引导其自主完成价值和意义的建构。按照课程的设计要求，把课堂的主导权牢牢掌握在教师手中，将课堂的主体地位还给学生，让学生真正参与到课堂教学活动中来。例如，老师可结合不同专业的学生的特点和需求，灵活变化教学方式和教学案例，用学生喜爱的方式进行传播，让学生因为兴趣而能更多地把注意力投入课程中；课程的评价方式也可以更多地关注到学生学习的过程，引导学生注重过程的收获，让学生对自己参与课程的每一个过程都积极关注。

从具体课堂实施来看，课堂讨论是德育课程中最能调动学生学习积极性、最能体现学生自主性学习的环节。教师可以根据实际需要，安排即时性、专题性的讨论，充分调动学生积极性，引导学生深度参与，引发其深入思考。尤其对于世情、国情、社情，要通过课堂讨论引导学生“看什么”“怎么看”，增

① 蔡辰梅. 课堂德育情境建构[D]. 石家庄：河北师范大学，2002.

强其历史感和现实感，既历史地看待发展的规律，又能现实地理解发展的进程，还能建设性地提出发展的见解。当然，在此过程中，能够将社会考察、实践体验等学生喜爱的第二课堂教学活动结合进来，更有利于丰富和完善课堂德育的建构。

（二）师生共担课堂德育责任

作为课堂德育的主体，学生既是课堂的主体，也是德育的主体，首先要承担起对课堂的德育责任。如果说课堂德育的情境建构是一部话剧的话，那么学生应该是导演兼演员的身份。作为导演，要为整场剧怎么演想好剧本；而作为演员，尽心尽责地投入自己的角色中，才能保证演出顺利而成功地进行。因此，只有当学生真正意识到自己对课堂生活的责任，并且有能力切实地履行自己的责任时，课堂德育情境的建构才有了根基。

作为教育者，要对学生自编自导的“情境剧”给予足够的信任和指导。教育者虽然不是这场剧的主角，却是教练、指导者，不但要放手给学生足够的空间，让学生有机会和情境去体会责任要求、建立责任意识和树立责任担当，而且要随时能够做到收放自如。当场面失去控制，当价值的方向标发生了改变，当学生的经验达不到“剧本”的要求时，教育者就需要随时对“情境”进行纠正和指导。因此，课堂情境中每一个“剧”的成功都需要师生双方积极而默契的配合，共同承担课堂的德育责任。

（三）培养学生课堂生活兴趣

学生要成为课堂生活的主体，就需要在课堂中不断地体验成功，从而产生参与课堂生活的兴趣，并且获得参与的现实能力，在课堂中拥有尊严的生存状态。

马克思主义认识论指出，实践对认识起决定作用，实践是认识的来源和目的，实践是认识发展的动力。学生要想形成科学的人生观、价值观，提高自己的道德修养和法律素养，更需要持之以恒地践行与强化。因此，要想培养学生的课堂生活兴趣，必须用生活化的课堂语言和课堂情境来开展实践性教学。实践性教学能够凸显对学生主体性、积极性和主动性的尊重与发扬。在实践性教学的过程设计中，可以运用“最近发展区”理论指导教学，一步步地为学生设计成功的体验，持续不断地保持学生对课堂的兴趣。实践性教学的内容应该是多样化的，可以有课堂实践、校园实践和社会实践等。实践性教学的评价也应该是过程化、动态化和综合性的，只有科学的评价体系，才能激发学生在过程中积极主动的表现，在课堂中更多地参与体验。

（四）构建和谐课堂德育关系

课堂和谐的师生关系应该是民主平等、互动交流、理解合作和共同发展的。但是受应试教育及一些传统教学观念的束缚，教学观念中还存在着“唯书”“唯师”的思想，忽视师生间平等的对话交流。同为道德教育的主体，教育者和受教育者在人格上应该是平等的。教师与学生之间是知识的先知者与后知者的关系，二者并不存在尊卑关系。因此，课堂德育的关系是民主平等的和谐关系。

课堂教学的实质是互动，是通过师生之间、生生之间的互动而进行信息和情感的交流，进而在价值观的形成和思想道德的提升上产生影响。应该说，教育者和受教育者同为道德教育的主体，两者之间是相互影响和相互渗透的，因而互动交流是和谐课堂德育的又一特征。

此外，和谐的关系还取决于师生之间的合作，交流合作能取长补短。教育者首先要认真钻研教学内容，明确教学重难点，较好地应用和处理好教材。同时，在课堂教学过程中，师生之间互动合作，实现教学相长、共同发展。

第四节　课程的情境式教学

实践教学是高校思想政治理论课教学的重要组成部分，它担负着把抽象的马克思主义理论与具体的社会实践特别是与大学生个体生活经验相结合的重要功能，对于培养大学生思考和解决复杂的现实社会问题的能力，促进理论知识的内化以及知行的转化有着重要的意义。但是，在现实教学环节中，高校思想政治理论课缺乏系统的教学目标、内容设计及评价策略，实践教学往往流于形式，没有取得应有的成效。情境式教学强调在真实情境中的学习以及个体学习者的主体性学习，重视过程学习和综合评价，是重要的实践教学形式之一。

大学生思想道德修养与法律基础（以下简称“思修课”）是每一个大学生都要修读的思想政治理论课。课程以提高大学生的思想、道德、心理、法律素质为目的，从大学生的社会适应、身心成长和事业发展以及大家普遍关心的问题为切入点，主要进行以集体主义为原则的人生观、价值观、道德观和法治观教育，引导和帮助学生树立良好的理想情操、道德品质和法律素养。课程强调引导学生在“思考、体验、参与、行动”中追求真理，感悟人生，提升素质。课程的重点不仅仅是知识的传授，更重要的是帮助大学生解决成长成才过程中遇到的实际问题，引导学生化理论为方法、化知识为德性，强调知行统一。因而，非常适合用情境式教学来进行课堂实践。

一、主要做法

（一）德育问题引入

以问题引入方式为教学模式的立足点。① 马克思说：“真正的批判要分析的不是答案，而是问题，问题是时代的格言，是表现时代自己内心状态的最实际的呼声。”②以问题引入的方式作为课程教学的立足点和起步点，可以激发学生课堂学习的兴趣，引导学生较快地进入学习状态。尤其是“思修课”中道德传承和道德实践部分的内容，采取案例式的问题引入，可以引导学生积极思考。面对道德两难问题，如何从理论联系实际，从个人、集体和社会的维

① 佚名. 善教之道[M]. 北京：高等教育出版社，2014：88.

② 马克思，恩格斯. 马克思恩格斯全集：第1卷[M]. 北京：人民出版社，1995：203.

度，全方位地分析判断，并加强自主自觉学习的积极性，这与科尔伯格的道德教育方法重视凸显学生的主体性是一致的。

问题引入教学设计需要遵循三个原则：(1)问题是教学的起点。一般而言，教材内容体系多是以观点和结论的陈述为呈现方式，而教学是根据学生的认知规律来展开的，所有的主动的认知都是从疑问开始的。因此，问题意识是情境式教学的起点。(2)问题选择具有指向性。问题服务于教学，所有问题的选择都必须服务于教学目标的达成或者实现，具有明确的教学指向。(3)问题具有递进性。教学目标的达成不是一次性的，问题的设计需要层层递进，一步步激发学生的好奇心和求知欲。即问题也好，真实或者虚拟情境也好，都是需要通过设计，来指向教学需要达到的目标。① 这是情境式教学的核心精神。

(二) 团队教学互动

以团队成长方式为教学模式的突破点。团队学习、讨论课堂是“思修课”教学模式改革成功与否的一个重要突破点。团队情境应穿插在整个教学环节中，讨论与讲授相结合。比如，第二章“坚定理想信念”讲授结束后，可以围绕“理想与现实”“中国梦与个人理想”“世界一流大学与个人成长”等主题安排讨论课；第三章“弘扬中国精神”讲授完之后，可以请同学们就“新时期大学生如何做国家改革创新的实践者”等话题展开讨论或者组织演讲等。在团队讨论课的具体设计上，从团队组建、选题设计、预习作业、参考文献、评分系统、评分标准等方面加以全方位的管理与完善。同时，要以“团队情境”作为整合其他情境的“兼容器”，将团队情境穿插在整个教学过程中。在团队情境的把握过程中，应特别注意以下四个方面的关键点：第一，在主题选择上，既要发挥教师的主导作用，又必须符合本课程的性质，做到理论联系实际，不能出现政治问题。第二，要提高小组讨论的质量，不能走过场，搞形式主义，要防止有的学生简单应付，甚至不参加小组讨论等现象。第三，课堂展示要求

① 佚名. 善教之道[M]. 北京：高等教育出版社，2014：34.

主题鲜明，但形式不拘一格，尽量发挥学生的主体作用，并满足其他同学的心理期待和需求。第四，建立客观、公正、公开的打分评价体系。①

（三）德育现实回应

以现实回应方式为教学模式的落脚点。情境式教学模式的落脚点是对现实问题的关照，这既是对课堂开始问题引入方式的回应，体现首尾呼应的逻辑完整性，也体现问题“点—链—系”联系的思维方式。同时，以现实回应方式作为课堂教学的落脚点，一则启发学生课后通过阅读、理论学习、社会实践等方式去寻求答案，为下一堂课打好基础；二则培育学生学以致用、学会发现问题与解决问题的素质和能力。

德育的现实回应问题也是学生自我教育的内在需要。课堂德育的最佳教学效果就是在教师的引导下，使学生在自我意识基础上产生积极进取心，为形成良好的思想品德而向自身提出要求和任务，自觉地进行思想转化和行为控制。因此，可以在课堂教学中设计一些与讲课内容直接相关，有助于理解教材内容的现实情境和讨论话题，或者直接现场教学和开展社会考察。总之，要在现实环境中或者回应现实的情境中开展教学工作，让德育实现其来自现实、回应现实和服务现实的功能。比如，为了让学生更好地把握“思修课”第一章第三节“创造有意义的人生”的内容，可以有意识地安排“个体与集体的辩证关系”“辨证对待人生矛盾”等讨论，通过对来源于现实问题的讨论，让学生更加科学地看待这些问题，从而更加认真地对待自己所处的人生环境。

二、课程考评

情境式教学的考评有别于传统的考核。其强调过程评价和综合性评价，即考核学习者在过程中的表现及整个教学环节结束后综合的考评。传统的课程考核往往取决于一次考试，忽视学习过程的记录和考评。情境式教学的课程考评主要特点如下。

---

① 佚名．善教之道[M]．北京：高等教育出版社，2014：87.

(一) 教学过程的评价与反馈

传统的标准化考试不适用于情境式教学,情境式教学的评价与反馈同样是情境化的。具体包括:表现性评价,教师要对学生在真实情境中的活动表现进行观测,形成弹性化评价;形成性评价,教师要在学生形成试探性结论或提出尝试性选择时,及时给予评价,并反馈评价结果;个性化评价,允许学生在一些问题的理解上存在差异,对学生进行前后对比的评价,判断他们思想上的进步并给予鼓励;多元主体评价,评价者可以是教师,也可以是其他同学和相关管理人员,同时引导学生进行自我评价。①

(二) 情境建构和体验式学习

情境强调的是真实行为所发生的社会网络和活动系统。情境建构和体验式学习帮助学生将所学理论既与内部知识状况、思想特征发生关联,又与外部的社会现实发生关联。情境要以个人经验为核心,体现出学科知识与社会现实、宏观层面与微观层面、个人道德与社会需要等各方面的贯通。

在"思修课"中关于"社会公德"的教学内容,可以设置"老人倒地要不要扶"的道德论争情境,并指导学生在这个情境中扮演相应的角色,通过角色的行为阐释自己的见解,说出自己真实的想法,加深对理论知识的理解和领悟,在两难的道德体验中,深刻领会社会主义核心价值体系建设与社会主义核心价值观培育的重要性和紧迫性。在"择业与创业内容"的授课中,可以通过情景剧的形式,让同学们参与毕业时面临选择的角色扮演,深刻体会一个人结束求学生涯、步入职业生涯时候的复杂心情,学会树立正确的择业观和创业观,坚定在艰苦中锻炼、在实践中成才的意志和信念。

(三) 价值培养和实习实践

情境式教学主要体现在对学生价值培养的过程中,运用立体、多元的手段进行课堂教学,其考核的指标也必定是立体的、多元的。"思修课"的情境

---

① 李晓梅,王鹤岩,刘阳. 基于情境学习理论的高校思想政治理论课实践教学设计[J]. 思想政治教育研究,2014(4):70.

式教学注重以学生为中心的教学，强调学生的参与和互动。在活动和实习实践中，通过角色扮演、冲突解决、模拟学习等，让学生在一定的情境脉络中，形成对马克思主义的理解。比如，结合课程教学内容，组织学生观看相关文献资料片，引导学生通读教材、选读经典文献、开展课堂讨论，运用信息化创新教学手段等。在引导学生开展自主学习方面，让学生运用所学理论对社会重大问题展开独立思考，撰写课程小论文；或者组织学生参与社会考察等实践活动，提交考察报告等。

（四）全方位的综合考核

情境式教学强调评价与考核的多元化，不论是教学目标的设定、教学内容的情境化设计还是教学方式的情境化设计，都注重多元性。如教学方式上有小组调查模式、探究模式和学习循环模式等，更是从全方位对教学效果进行评价和考核。[①] 具体到"思修课"中，教师对学生日常的出勤率、课堂发言、实践性作业、推荐书目阅读及小组讨论等情况进行记录，作为整个课程综合评价中的平时成绩评定依据。课程最终成绩可以由平时成绩、期末考试成绩和自我评定及同学互评组成，体现过程评价和综合评价的特点。

三、教学关系处理

（一）对教师的要求变化

情境式教学模式注重过程教学和实践教学，需要教育者及时总结和反馈教学过程中出现的问题。教育者在课堂中对出现的问题，应有较敏锐的现场研判能力，能积极主动地创设情境。教育者就好比一支球队的教练，教练不是比赛场上的主角，但是教练始终对整场比赛进行过程监控、指导和排兵布阵。在德育课程的教学过程中，教育者要充分考虑各种情境因素，善于设计和控制情境，提供最有助于学生实现预期表现的情境。比如，对于一些道德两难问题，教育

---

① 李晓梅，王鹤岩，刘阳．基于情境学习理论的高校思想政治理论课实践教学设计[J]．思想政治教育研究，2014(4)：70-73.

者要循循诱导，做好讨论氛围的营造、讨论议题的引导、讨论方向的把握，使社会主义核心价值观成为道德实践的准则。情境化教学看似在教学过程中学生是主体，其实教师需要在课外投入大量的时间和精力。因此，教育者需要加强自我学习，将人才培养与学科建设相结合，真正实现教学相长。

（二）对学生的要求变化

对于情境式教学模式来说，受教育者首先要明确自己在课堂中的主体性地位，要主动参与设计情境式教学，并主动参与其中。如果说教育者是一支球队的教练，那么受教育者就是比赛场上的球员，是整场比赛的中心主角，是比赛能否取胜的直接因素。情境式教学模式对受教育者提出了更高的要求。比如，课堂前的准备，需要其主动阅读大量文献，为课堂讨论和汇报准备素材，为实习实践积淀更深厚的理论功底。学习过程及多元化的考核也对受教育者提出了更高的要求。

（三）对环境的需求变化

情境式教学模式更多地强调团队合作、小组讨论等形式，对于课堂上的教学方案设计、讨论主题选择、助教队伍培养、团队建设和教室硬件配套等方面提出了新的需求。过程评价需要教育者对学生的课堂表现有详细的记录；多元化及全方位的评价及考核，对评价方的客观性和公正性提出挑战；社会考察及第二课堂等实践教学，对考察场地、对接单位和社会资源的整合提出新挑战。

案例一：浙江大学“创造性设计课程”的课堂德育建构

为响应教育部提出的“卓越工程师教育培养计划”，培养学生的工程能力和创新能力，深入参与到行业领域，促进我国工程教育的发展，浙江大学建筑工程学院开设了设计类专业的通识课程——“创造性设计课程”。课程面向土木工程、建筑学、城乡规划和工业设计等设计类专业学生，教学内容主要围绕设计具体的工程案例，注重结合浙江大学 KAQ 2.0 人才培养理念，以立德树人、全面发展为目标，尝试构建德育与智育协同的教学体系，使通识课知识内化为学生的德育要求，探索在课堂教育中实现德育的实践。

一、以学生为中心，突出课堂主体

传统设计课程的课堂，注重以教师为中心，强调理论知识的传授，学生是认知的被灌输者，要求记忆、模仿和重复练习。而“创造性设计课程”一改这种被动学习方式，将学生定位为“人人都是设计师”。这一定位突出学生在课堂中的“主体地位”，注重发挥学生在课堂中的积极因素。而教师则是以设计顾问的形式出现，是课堂教学活动的组织者和引导者。这种教学理念的转变，把“以教师为主体”“以课程为中心”的传统教育观，转变为“以学生为中心”“以能力为中心”的新教育观念。

“创造性设计课程”综合采用启发式、开放式、讨论式等多种教学方式，颠覆“老师讲—学生听”的传统模式。课堂上学生拥有主动权，自主分配任务，协调开展设计工作，共同完成课程设计。课堂的组织是通过设计团队组建、共同完成工程案例的设计、设计模型制作和设计答辩等环节。课程结束要求团队交付的成果包括：每天的工作进展记录、小组成员分工情况记录、项目可行性报告和设计模型、初步设计和最终报告时的报告展板等。在整个设计过程中，教师利用其深厚的专业知识和经验，对学生的设计进行一定的指导，并解答学生在设计过程中遇到的问题。在平时教学和课程中期汇报中，教师通过与学生之间的交流，来及时了解学生的设计动态，并提出自己的看法，让学生能及时改进自己方案中的明显缺陷，使得设计方案更加成熟。

从整体的课堂教学设计来看，课程体现了课堂德育中“对话式教学”的观念建构。通过师生之间在课程中的交流与对话，教师不仅将知识作为教学的内容，更将自己的学识、教学艺术等作为教学必不可少的部分，使教学过程真正具有生命活力。在实际授课过程中，“创造性设计课程”不仅仅强调严谨的数理推导，更强调的是学生自由地运用想象力、创造力和团队合作能力去完成一个具体的设计任务。要求学生运用创造性思维完成项目设计工作，并根据设计方案动手制作可检测的结构模型，以及进行项目展示。以上创新的教学举措，极大地激发了学生课堂生活的兴趣，提高了课堂学习的自主性，营造了和谐有序的课堂教学氛围。

二、立体育人课堂，强化道德体验

“创造性设计课程”的授课教师不但来自高校，而且还有设计单位中具有丰富工程设计经验的工程师。高校教师和设计单位工程师的共同执教，一方面可以发挥高校教师设计理论知识丰富、厚实的优点，夯实学生结构设计的理论基本功；另一方面可以利用设计单位工程师长期的工作经历和丰富的工程设计经验，更好地引导学生的设计实践。同时，该课程鼓励学生积极参加公益活动——“无止桥”社会实践项目，依托“无止桥”慈善基金，由学生为国内偏远贫困地区设计和修建便桥，运用所学知识改善当地村民生活。这种专业教师—工程师—思政队伍立体育人课堂的打造，调动了学生的学习能动性，培养了学生理论联系实践的能力，强化了工程实践的理念和意识，学生也在参与实际工程项目中锻炼了创新能力与合作能力。

课堂德育的建构在实践层面强调生活化的道德体验。“创造性设计课程”与“无止桥”社会实践项目的合作，使得这门实践性很强的课程最后成果的展现是有出口的，而且是实际落地的。学生在帮助偏远贫困地区设计和修建便桥的过程中，强烈地感受到自己身上的社会责任，以及自己所学专业的社会价值。这些生活化的道德体验带来的效果，远远大于课堂说教式的德育讲授带来的效果。接近我们日常生活的课堂元素设计，能让受教育者在“生活化”的课堂中产生强烈的道德体验。这种来源于真实生活世界的道德体验，在学生身上能产生正向的能量，进而形成某种行为系统，产生正向行动方向，达到在专业课堂上开展德育教育的效果。

三、实施过程评价，注重全面考核

在设计类院系的专业主干课程里，设计课程作为主修课程所占的比重和学分是很高的。传统的课程评价和考核方式，往往是教师直接给学生打分——一种“他评”的方式，考评方式也就是期中和期末两次考试。这种考核方式的局限性在于学生的独立意识和竞争观念得不到充分发展。一次或者两次考试定成绩的做法也有很多不确定因素，不能全面或者全方位地反映一个学生对这门课程所掌握的真实程度。因此，“创造性设计课程”在评价中，采取自评与他评相结合的评价方式，教师与同学一起打分。同时，为了避免同一小组分工不同，有的同学没有发挥作用，却依旧得到较好分数的情况出现，小组组长有组内评价的权利。课程的具体评估标准如下：

（1）在发现问题和解决问题过程中的创新点；

（2）解决问题过程中展现出的想象力、独创性、可行性；

（3）工作分配表和合作评估报告等中展现出的团队合作精神；

（4）方案介绍时良好的口头表达能力；

（5）进程板中良好的材料与表达；

（6）展板和演示文稿中较高质量的内容。

从课程评估来看，课程考核涉及的各个环节，包括项目中期汇报、项目最终展示、工作分配表以及每天上传的工作进程记录等，较全面地反映了学生学习课程的整体过程和综合结果，实现了过程考核和结果考核相统一的考核效果。

四、引入网络教学，提升综合素质

专业课程一般培养专业素质，但是融合了课堂德育建构元素的专业课程，给学生带来的是综合素质的全面提升。为了改变传统课堂学生自学时间有限和进一步增进师生交流，“创造性设计课程”引入了网络应用教学。通过将学生的自学时间前移，结合课程网络平台对教学的辅助作用，形成课程的现代教学流程图(如图 3－1 所示)。

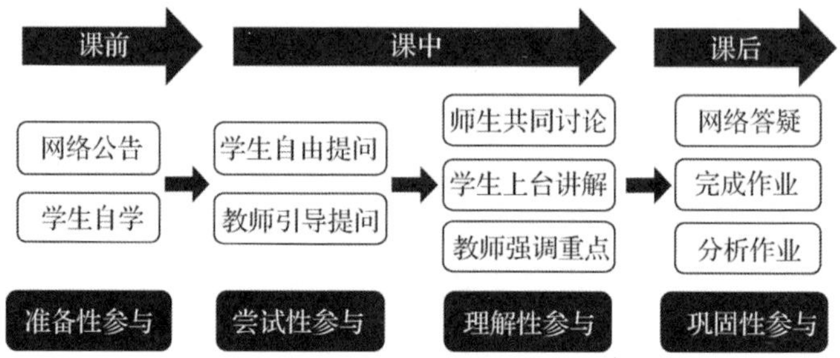

图 3－1　课程教学流程

课堂时间毕竟是有限的，教材的内容也是有限的。通过网络平台的应用，可以把师生交流由课堂延展到课堂外，并且有更多的教学资源在平台上供学生自主选择。学生在经历准备性参与、尝试性参与、理解性参与和巩固性参与四个阶段，循序渐进地学习课程，培养了自主学习能力和思考能力。

此外，通过对“创造性设计课程”中学生主体性、团队合作和实践教学等分析，学生的综合能力获得较高的提升：运用创造性思维完成项目设计工作的能力；培养团队合作过程中的沟通、理解、交流与合作的能力；培养收集和分析信息及据此决策的能力；根据设计方案动手制作表现设计理念的结构模型；介绍项目的设计理念，阐述设计价值，培养学生的表达能力等。“创造性设计课程”的课堂德育建构分析说明，教育不能再单调地强调书本上静态知识的学习，应将知识传授与精神探索有效地结合，综合地培养学生在专业知识、创造理念、团队合作、交流与表达等方面的素质，使学生在课堂中习得更多的知识和能力。

第四章　生活德育

"在思想史上，共同体总是被赋予更多的伦理意义，指称一种美好的道德生活愿景。一般地看，共同体既内在地拥有对公民德性的诉求和期待，又为公民德性的展现提供了意义背景。"[①]共同体对个体的德性诉求为德育共同体的构建提供了社会基础，而这种诉求的实现是基于现实生活的。人们生活的现实世界本就是一个共同体，从其本原意义上，德性是共同体的内在依据，共同体是德性的存在形式。"道德与生活原本是一体的，道德的存在和意义取决于生活，德育的存在当然也是为了人的生活。"[②]因此，大学生的全面发展理应面向其大学生活的整体，进行全方位的教育引导，真正做到围绕学生的全领域生活、关照学生的全方位感受、服务学生的全面化需求。生活世界是高校德育共同体重点建设的场域，强调在课堂德育之外关注生活德育，关注大学生的生活实践和生活体验，让学生在真实的生活情境中养成德性。

---

① 寇东亮. 生活共同体与公民德性养成[J]. 郑州大学学报(哲学社会科学版)，2010 (3)：17-21.

② 郭纯生. 大学生生活园区德育研究—兼论回归生活世界的德育[D]. 上海：上海大学，2014.

第一节 生活德育的概念、目标与特征

一、生活德育的生成

生活德育的概念虽然在近代才真正提出来，但在东西方教育发展史上均早有展现其内涵或外延。在中国古代，周朝时期的贵族教育体系就要求学生掌握六种才能，《周礼·保氏》记载："养国子以道，乃教之六艺：一曰五礼，二曰六乐，三曰五射，四曰五御，五曰六书，六曰九数。"①六艺中的"礼"包含礼仪教养，在课堂是难以充分学习的，需要在日常生活中感悟和练习，这也可以说是中国生活德育的起源。明朝心学集大成者王阳明在贵阳文明书院讲学，首次提出"知行合一"，强调道德认知和道德实践的关系。在西方教育史上，古希腊哲学家亚里士多德在继承柏拉图教育思想的基础上提出：培养必备的道德品质，是教育内容的重要组成部分，而道德教育则是通过实际活动和反复练习，逐渐养成美好德行。② 亚里士多德认为的道德教育也与实际活动紧密结合，这里的"实际活动"也可以看成是生活的一部分，或者说是道德生活的一部分。

近代以来，随着教育理念的不断发展革新，只关注于道德知识和理念的知性德育已然无法适应人才培养的要求。德育本身也需要与时俱进，在继承的基础上不断创新。陶行知先生是我国生活德育研究的先行者，他率先提出了"生活即教育、社会即学校"的教育理念。他认为，道德教育需要紧密联系实际生活，从学生的实际生活出发，发挥主观能动性参与到德育中去，"过好的生活，便是受好的教育；过坏的生活，便是受坏的教育；过有目的的生活，便是受有目的的教育"③。西方学者胡塞尔则提出了"生活世界"的概念，与"科

① 佚名. 周礼[M]. 郑州：中州古籍出版社，2010：136.

② 高雅珍. 古代西方德育思想[J]. 道德与文明，1995(3)：36-39.

③ 董宝良. 陶行知教育论著选[M]. 北京：人民教育出版社，1991：390.

学世界”相对，指出生活世界是人所经历的真实的世界，与以理念、抽象为特征的科学世界不同，并为科学世界提供基础。在此之后，美国教育学家杜威在《民主主义与教育》一书中提出：“教育是生活的需要。社会生活不仅与沟通完全相同，而且一切沟通（也就是一切的社会生活）都具有教育性。”[①]生活德育也是马克思主义道德观的基本要求，强调人的现实生活才是道德的起源，只有扎根于生活实践的道德理论才是能够被广泛承认的、具有共同价值的。综观国内外学者的观点，在对生活德育的认识上，侧重从理论层面阐述生活与教育的关系，强调人的成长必将与生活实践息息相关，离不开现实生活的土壤；在生活德育的实践中，侧重于德育的规范性、约束性，强调社会生活的规则意识和法制要求。

二、生活德育的概念

当前对生活德育的研究已兴起一个新的热潮。在对生活德育概念的阐述中，唐汉卫提出，生活道德教育就是“要让学生在热爱生活、了解生活、亲自去生活的过程中培养德性，学会过一种道德的生活，而不是在现实生活之外的另外一个世界里去培养人的道德”[②]。冯建军则认为：“德育就是生活德育，是个体在完整的生活内容中，以道德的生活方式，自觉建构一种道德生活。”[③]鲁洁认为“德育的目的是为了建构生活，从而回归生活，用以更好地关注生活、反思生活和改变生活”[④]，从理念层面上论述生活与德育的对立统一关系。

在生活德育和知性德育的对比中，高德胜提出：“生活德育是整体性、社会性、实践性、真实性、有效性教育，是对知性德育的全面超越。”[⑤]张正江在研

---

① 杜威. 民主主义与教育[M]. 王承绪，译. 北京：人民教育出版社，2001：6－10.

② 唐汉卫. 生活道德教育论[M]. 北京：教育科学出版社，2005：126.

③ 冯建军. “德育与生活”关系之再思考——兼论“德育就是生活德育”[J]. 华中师范大学学报(人文社会科学版)，2012(7)：132－138.

④ 鲁洁. 道德教育的根本作为：引导生活的建构[J]. 教育研究，2010(6)：3－8.

⑤ 高德胜. 生活德育简论[J]. 教育研究与实验，2002(3)：1－5.

究生活德育与知识德育的对立统一中指出："生活德育是与知识德育有所联系的，若是严格区别则也会走向极端。"[①]正如刘桂梅所阐述的"道德教育分为生活实践和科学世界的德育，二者对于人的道德的生成都不可或缺，虽然生活德育更为重要，但却无法取代科学世界的德育（知性德育），要把二者结合起来"[②]，因而生活德育并不能包含起指导作用的知性德育。同时，在"德育"的属性方面，冯文全与高德胜两位学者在"生活德育"是否存在去知识化、去政治化、去学校化的特点，而具有了形而上学和相对主义的思维色彩等方面进行了较多的思想切磋。

不少学者对生活德育中的"生活"做了界定。刘超良提出，"生活应为日常生活"。道德体现为"私德、公德和职业道德；学校中的学生需要的道德是课堂生活的道德和学校集体生活的道德"[③]。王文鹏提出："德育活动应基于人的生活世界；生活世界是德育生长的田园。"[④]张忠华在《生活德育：我们研究了什么》中写道："生活应是经过遴选的有教育价值的生活，是在学校中能够反映儿童生活并指向未来社会成人的生活，是科学生活与现实生活的统一。"[⑤]这些论述说明，生活德育中的生活在性质上是向善的、有正面教育价值的生活，并不包含生活的所有。

那么生活德育的时间跨度呢？高德胜在《生活德育简论》中指出："生活没有真空，从人生历程来看，生活德育不断贯穿学校生活的所有时段，而且超出这一时段向前向后延伸，是终身教育。"[⑥]说明生活德育在时间性质上贯穿于人生所有的时间，不会因为人的人生阶段变化而消失。

上述学者的研究表明：生活与德育是辨证统一的共同体，生活中包含德

---

① 张正江. 生活德育与知识德育的对立与统一[J]. 上海教育科研，2013(6)：16－19.

② 刘佳梅，彭忠益. 回归生活世界：高校德育改革创新的重要价值取向[J]. 现代大学教育，2009(4)：39－43.

③ 刘超良. 生活德育探问[J]. 教育理论与实践，2003(12)：50－52.

④ 王文鹏. 胡塞尔"生活世界"理论的德育启示[J]. 山东省青年管理干部学院学报，2009(1)：78－80.

⑤ 张忠华，李明睿. 生活德育：我们研究了什么[J]. 现代大学教育，2009(4)：33－38.

⑥ 高德胜. 生活德育简论[J]. 教育研究与实验，2002(3)：1－5.

育,德育离不开生活。生活德育也不是和传统的知性教育完全割裂和独立的,生活本身的复杂性就决定着它无法摆脱与知识、环境、政治等方面的关系。因此我们认为,生活德育是学生在校园课堂之外,以生活性道德教育弥补单纯的知识性道德教育的缺陷,达到学生道德教育的"课堂和生活"双重指导而接受的道德教育模式,是高校开展德育的重点场域。

三、生活德育的目标

(一) 服务于生活

大学校园中的道德教育,多数时候来自思想政治理论课。但从课堂中学习到的道德知识,会因为缺乏与实际生活的结合而淡化意义。就如学生从历史书上学到的人生哲学,并不能照搬到现实生活中直接运用。因而道德教育需要同现实生活的人事物相结合,回归生活才能服务于生活。

关于生活德育的目标,许多学者普遍认为,生活德育是满足德育的目标,是为了人的全面发展。生活德育是实现对人教育的重要手段,是不同于传统知识德育的,是为了服务于生活,为了创造更好的生活体验。从教育根本属性上来说,陶行知先生提出:"生活德育的目标是教人求真、学做真人。"[①]冯建军认为:"生活是德育的场域,德育必须基于生活,在生活过程中,德育的目的也是为了生活。"[②]王敏在《生活德育：理念与高校德育创新》中提出:"生活德育强调在学生的生活世界当中开辟更广泛的德育空间,进行有效的灵魂深处的教育。"[③]由此可见,生活德育的目的是服务于生活本身,是生活中精神世界的一部分,通过不同的生活体验使自身受到道德的教化,价值观得以完善,将良好的道德和价值观落实到生活体验上,提升人与人、人与自然关系的和谐性以及生活的幸福感。

---

① 高德胜. 为生活德育论辩护——与冯文全教授商榷[J]. 教育研究,2010(9)：101－105.

② 刘长贵. 陶行知的生活德育理论及其当代价值[D]. 南京：南京师范大学,2005.

③ 冯建军. "德育与生活"关系之再思考——兼论"德育就是生活德育"[J]. 华中师范大学学报(人文社会科学版),2012(7)：132－138.

生活德育回归生活、服务于生活，要求大学能够在学生教育中更好地建立起对学生良好的生活方式、生活精神的教化，真正使得生活领域内的道德教育帮助其提升生活的道德水平、增强生活层面的精神力量。

(二) 促进德育发展

从生活德育的概念出发，我们不难发现，传统道德教育在面对实际生活和人的全面发展时有其局限性，而德育与生活的紧密联系则是对知性道德教育的一种补充，能够使道德教育更加立体和全面。生活德育更关注个体的道德层面对其自身成长发展和个体对社会国家价值贡献的促进作用，让学生能够更好地将书本或课堂中的道德价值观，与实际生活中的方法论有机结合起来，进而不断充实和完善精神世界。

叶飞、檀传宝在《改革开放30年德育理论发展脉络探析》一文中指出，生活德育理论的产生背景决定了它使道德教育重新回归生活世界，使得德育能够与生活、人的自主性相融合。① 刘佳梅、彭忠益则从德育回归生活的层面提出："德育回归生活世界是德育走出困境的必经之路，是社会发展的客观需要，是大学生自我发展的内在要求，符合世界教育发展的主流趋势。"②王蓓提出："生活德育并不是对知性德育的完全否定，而是在充分吸收其合理成分、克服其现实弊端的基础上，针对时代发展和大学生德育养成新需求所进行的德育思想和实施模式的改革创新。"③因此，生活德育是相对于知性教育的一种实践性教育，是对传统知性德育的有益补充和完善，很好地回应了时代的发展进步和社会对人的道德发展要求。生活德育对传统道德的发展效应，也更符合当下社会环境对于大学生道德和价值观的高要求，对大学生健全人格的养成产生重要积极的作用，具有很强的时代性和现实性。

---

① 叶飞，檀传宝. 改革开放30年德育理论发展脉络探析[J]. 教育研究，2009(1)：20-25.

② 刘佳梅，彭忠益. 回归生活世界：高效德育改革创新的重要价值取向[J]. 现代大学教育，2009(4)：39-43.

③ 王蓓. 论知性德育向生活德育的回归——现代德育困境研究[J]. 现代教育科学，2010(4)：1-10.

(三) 塑造个人品格

生活德育“在本质上是人类自然的、思想的、实在的、实践的与对话的存在形式”[①]，个人品德是在人的生活过程中形成和发展的。德育“回归生活”的目的是在生活实践中塑造人格，使个体生命充盈理性与幸福。

在传统的知性德育范畴中，学生能够获得的德育体验有较多的局限性，无法完全做到将“知”付诸“行”，导致个人的人格塑造缺乏实践体验与行为强化。生活德育利用生活体验教给学生正确的道德观念，又提供平台让学生在生活中实践、检验道德理念，从而掌握正确处理人与人、人与自然以及人与自身之间关系的方法。[②] 柏伟强调“以人为本”是教育的根本要求，思政教育生活化应回归学生本身，将培养人、塑造人、关爱人和关注人作为教育的中心。[③] 蔡元培认为，德育为健全人格之中坚，对学生人格的塑造是德育的中心目标，亦是生活德育开展的中心目标和效果体现。生活德育基于生活体验展开，其包含的不同内容、场景和形式都会起到相应的德育效果，能够塑造学生不同层面的人格气质，即生活德育来源于人的生活又最终服务于人自身的成长与人格健全。

四、生活德育的特征

(一) 整体性

生活德育涉及日常生活的方方面面，由物质性生活、社会性生活和精神性生活等部分组成。生活的主体是人，人的生活具有完整性并将贯穿生命的每一个时期。从生活的跨度上，不同时期的生活主体都在进行着不同的生活体验，这些体验会根据人自身的价值追求而具有相似性和关联性，展现出一个人完整的价值观和处世思想。因而生活德育在行为主体上具有连贯性，在时间跨度上具有整体性。从生活的场景看，德育在生活的不同场景中全面展

---

① 罗碧琼，范春香，唐松林. 生活德育：超越现代德育的误区[J]. 中国德育，2018(18)：32.

② 庞学光. 关于主体性道德教育的理论探讨[J]. 全球教育展望，2008，37(4)：41－49.

③ 柏伟. 高校思想政治教育生活化探究[J]. 高教发展与评估，2011，27(2)：102－107.

开，不同的生活场景对于人的教育也会发挥不同的作用。但是不同的生活内容相互之间会发生关联和影响，无法将生活完全地割裂成单个片段。因而，生活德育的对象、时间和空间各个层面，都可以显示出生活德育具有整体性，其各个部分、各个层次都相互关联。

（二）实践性

生活是由一次又一次的实践和经历串联而成的。那么依托于生活的德育也是在实践中完成提炼，并对生活进行价值观的指导。生活德育"与生俱来"的实践性，也在生活中一次次地被检验。"道德之治就其性质而言是实践之知，被称之为实践理性，是实践的一个部分；道德之知是一种不完全的知，相对于道德生活和道德行为而言无法涵盖所有；道德之知是一种未饱和的知，需要通过不断地经历来完善。"[①]道德作为一种价值观，需要通过实践行为来不断校验、补充和完善，才能成为指导日常生活的行为准则和规范。而生活德育恰恰是一种建立在生活体验之上的道德感悟，更加需要实践的基础和支撑。

（三）生成性

从古至今道德准则非一成不变，每一种社会形势、每一个时代都有其特性。人处于社会生活之中，必然受到社会环境的影响和约束，因而对人的道德要求会因为社会环境的变化而具有不同的特征。道德准则会随着时代和社会的发展变化而与时俱进，个体价值观也只有与社会时代相结合才能真正促进个人的发展。与此同时，生活德育除了需要跟随社会变革发生变化之外，也会因为个体本身的阶段不同而发生变化。一个人在生活中会有不同的人生阶段、遭遇不同的生活情境，都需要不同的道德内容来应对。因而，道德也并非一成不变，它在不断地形成与发展，拥有着对应人成长发展的历史进程和情境。生活道德在社会（人与人、人与社会的关系）层面和个体层面都需要随着主体的变化而保持一定的生成性。

---

① 鲁洁. 生活·道德·道德研究[J]. 教育研究，2006(10)：3-7.

（四）导向性

生活德育来源于生活世界，也反作用于生活。生活世界是每一个个体在真实经历着的世界，个体所存在的世界会有政治、经济、社会、生态环境等因素的差异，来自生活世界的道德体验会因为个体的不同而产生差异，因而生活德育必然是带着个体的特征。然而生活德育是一种道德教育，为个人的成长和社会的发展提供积极的精神力量，对于生活德育的具体表现必然有社会主流的要求，即对生活德育的内容进行引导。对此，高校在组织校园活动、营造生活环境和建设生活场景时，要利用主流价值观进行引导，帮助学生建立起良好的生活习惯、生活美德和素质人格，进而开展有道德的生活。

第二节　生活德育的实现要求

一、目标生活化

生活德育作为德育的一种手段，应在追求“立德树人”根本任务的基础上，发挥生活德育的特性和优势。德育目标生活化包含着两个层面：一是个人层面上对个人成长发展具有重要的意义，二是社会层面上将个人的价值与国家社会的发展需求相结合。

生活德育强调以人为本。在开展生活德育工作时，需要高校思政工作者关注到学生个人不同层次、不同方面的发展需求，能够结合不同学生的不同特点、背景提供多样的平台，促进个人的发展与成长。比如，在导学生活中，导师要结合每个学生的研究特长和发展规划一起制订研究计划，在关注学生的学业之外帮助学生做好人生发展规划，真正做到因材施教、个性化规划；在寝室生活中，宿舍管理部门要为学生提供良好的沟通、交流、互动环境，促进学生在宿舍生活中形成良好的生活习惯和人际交往能力；在校园活动中，学生活动组织方要针对学生的不同需求创造丰富、多元的文化活动，让学生能够在课余生活中有更多的尝试和选择；在校园文化建设中，要关注到学生生活的各个细节，引导师生员工的德育意识，积极营造有内涵、充满正能量的校园文化。

生活德育要求个人德育目标的设定与国家社会期望结合起来。习近平总书记强调："高校思想政治工作关系高校培养什么样的人，如何培养人以及为谁培养人这个根本问题。"①在党的十九大报告中，总书记要求："广大青年要坚定理想信念，志存高远，脚踏实地，勇做时代的弄潮儿，在实现中国梦的生动实践中放飞青春梦想，在为人民利益的不懈奋斗中书写人生华章！"②因此，个体的全面发展必然要将自身的发展和国家民族社会的发展结合起来，成为一个真正能够为国家、社会贡献一分力量的人。生活德育的目标与国家社会对于人才的要求结合起来，才能在德育的过程中将家国情怀一以贯之，实现"立德树人"的目标任务。

二、内容生活化

德育的内容源自大学生的现实生活。从学前、小学到中学的成长历程中，通过知性德育和生活德育的共同作用，大学生已经对于道德有了个人的看法和见解。因而，大学阶段生活德育的内容，应更加侧重于引导大学生自身对生活的审视、批判和创新，将生活德育的成果与未来人生发展规划相结合起来，进一步强化科学的世界观、人生观和价值观。在大学校园中，应注重为学生提供精彩多样的生活体验，将校园"小社会"的功能发挥出来，让学生参与到更多的生活情境中，激发学生的创新能力和成长潜力，强化生活德育的作用。

比如，在导学生活中，可以设置多种的学习研究方式，丰富导学团队的生活内容，通过开展文体活动、举行读书报告会、举办学术论坛等形式，让研究

---

① 习近平. 习近平在全国高校思想政治工作会议上的讲话[N]. 光明日报，2016-12-09(1).

② 习近平. 决胜全面建成小康社会夺取新时代中国特色社会主义伟大胜利[N]. 人民日报，2017-10-28(1).

生有更多的学术体验，在不断拓展视野、与人交流的实践中提升自我；在寝室生活中，可以开展更加灵活生动的寝室文化活动，利用宿舍楼的公共空间进行美食活动、健身活动，开展棋类比赛、生活技能培训、寝室生活短剧大赛等形式丰富多样的活动，多方面提升学生的生活能力，增强学生的生活创造力；在校园媒体的建设中，可以根据学生的年龄和成长背景特点，结合社会主义核心价值观的践行，创造出更多的同学们喜闻乐见、具有社会正能量的新媒体作品；在校园体育锻炼氛围建设中，学校增加各类体育设施和健身器材，为学生提供良好的锻炼空间，出台激励政策和举办全民参与的体育竞赛，促进学生的体质健康，营造强身健体的校园氛围。

三、过程生活化

生活德育另一个重要特性便是实践性，实践过程的生活化亦是实现生活德育的重要途径。从道德教育的性质来看，道德的接受与内化需要经验事实、情感信念以及理论思想的三项支撑。[①] 经验事实显然是需要通过生活体验和实践来获得的，更加具有说服力；而情感信念亦需要依托于具体的情景经历来生成，也更加能够深化成为支撑人立身的信念；理论思想虽然能够借鉴以往学者的研究体系和文化传统，但对于个人来说，也需要通过生活实践过程的体验，树立自身为人处事的原则和思想。

生活德育的实现途径可以通过文化熏陶、实践体验、自我教育以及传统的传授教育来进行。不同的生活德育内容，会通过不同的方式来完成德育的过程，进而达到生活教育的目的。比如，在学术研究过程中，可以采用实践体验和传统的教育来进行生活德育，根据具体的项目向学生提供更多接触社会、与企业合作的机会，让学生有机会将所学运用到实际生活产品中，并将实际转化中所遇到的现实问题反馈于学术研究；在寝室生活中，则通过实践体验、自我教育等形式来提升，通过寝室卫生检查、文明寝室争创、寝室文化作

① 冯文全.关于“生活德育”的反思和重构[J].教育研究，2009(11)：92－96.

品设计等，让学生之间能够增进合作交流，找到和谐的相处之道；在校园生活中，既可以通过文化熏陶的方式感受大学的精神和内涵，丰富自我的精神世界，也可以通过各种各样的文化节、比赛、体育运动等形式，让同学们参与更多展示自己的活动，在过程中发展自己，体会合作竞争的价值，得到课堂以外的能力和经验。

四、环境生活化

个体生活在社会中无法孤立存在，一定会受到周围环境的影响。因此要实现生活德育，则需要营造环境生活化。杜威曾说："离开任何直接的社会需要和动机，离开现存的社会环境，以建立社会有益的和经用的习惯，不折不扣地是用通过水外的动作教儿童游泳。"[①]杜威的言论贴切地描述了学习者置身于"世外桃源式"的德育环境，是无法获得真正的德育成果。

环境可以分为物质环境和人文环境。物质环境作为客观存在也能够反映出校园文化的因素，人文环境则能够更加直接通过文化的氛围对人产生潜移默化的影响。校园生活是大学生生活最为重要的一部分，校园的物质环境和人文环境对于大学生生活德育的推行极其重要。我们可以在校园的道路、休闲场所、自然景观点，设置一些体现大学历史文化、大学精神、核心价值观等的设施，在教室、寝室、实验室等场所摆设一些体现校园文化的饰品，通过日常校园生活点滴渗透将立德修身、荣校爱校、家国情怀等正面道德观传递给大学生。可以经常组织有益于提升学生文化涵养、开阔眼界、树立信念的文化活动，如名家讲坛、高雅艺术进校园、校友报告会等形式，丰富学生文化生活，使学生在日常起居、学习生活、课余活动等领域全方位地感受环境文化带来的生活体验。

---

① 杜威. 杜威教育论著选[M]. 赵祥麟，王承绪，编译. 上海：华东师范大学出版社，1981：103.

第三节　生活德育的建构

一、重在熏陶的校园文化

“大学德育活动是在文化世界中的存在，是有意识性的人为活动，通过一定的方式进行‘人化’和‘化人’的，具有主观性和价值性。”教育活动本质上是学生与社会文化之间的双向建构活动，是学生自我的文化构建活动，即学生对社会文化的理解、接受、内化、升华等实践活动。[①] 文化对于道德的塑造具有十分重要的作用。

（一）大学精神

大学精神集中体现在大学的校训、核心价值观、育人方针、育人目标等方面，核心是形成良好的学风、教风、校风。“三风”正则“三观”正，对学生的教育影响必然是深刻而长远的。首先，学风引领学生的成长。一所大学的学风应是引导学生树立远大人生理想，勤奋学习，用所学的知识为社会、国家的发展做出贡献，让学风能够跳出纯粹学习的局限，扩展到更为远大的目标，增强学生将人生理想与国家发展、民族复兴相结合的思想。其次，教风促进学生的精神教育。“教”与“学”这两个主体是相互作用的，教师在教学过程中运用的方式方法对学生的学习方式和兴趣都会产生巨大的影响，学生在学习过程中的反馈也能够对老师的教学提供思路上的启发，这两者相辅相成。学生要在尊重知识、追求创新的过程中不断将知识真正内化，教师要在教学过程中帮助学生树立自身发展的目标，形成正确的人生观和价值观。再者，校风集中体现大学精神文化。校风是学校的历史和传统的积淀，是伴随着学校发展而不断深化的成果。大学在教授学生知识的同时，更注重培养学生高尚品格

① 路琳. 探索“文化德育”模式，推进德育创新[J]. 河南社会科学，2011(9)：156－158.

和远大志向，帮助学生建立起健全的价值观，并能够在日后的人生道路中不断践行，将价值传递到社会上产生更大的影响。而始业教育、日常学习、校园活动、社会实践、校友回访等形式活动，将潜移默化地影响学生，给学生“烙印”上学校的特质。

（二）制度文化

无规矩不成方圆。在大学校园治理的过程中，制度文化体现了校园的治理水平和能力，具有制约、引导、示范等功能。制度文化可以对学生起到约束作用，能够对不符合社会主流价值观和大学精神中的思想行为进行有效的约束，促进整个大学的教学科研工作有效开展，也可以规范学生的思想和行为，促进学生养成规则意识和纪律意识，为做一名懂法守法的社会公民打好基础。制度文化属于校园文化中的管理范畴，通过校纪校规、校训校风、规章流程等形式对大学生的行为进行直接约束和规范，对学生的思想和人格形成直接的影响。同时，制度文化具有教育学生遵纪守法的作用，能够促进学生规则意识、纪律意识、团队意识的树立。制度文化也蕴含着大学“以人为本”的精神理念，能体现人文关怀，在学校的环境中以教育感化为主、制度惩罚为辅，两者相结合共同达到以制度化人的目的。

（三）物质文化

大学物质文化包含着校园内的标识、自然环境、建筑设施、建筑风格以及校园规划等内容，用生动立体的形象影响学生，形成独特的校园风格，帮助学生建立起良好的审美观念和审美能力。校园的标识是大学物质文化的集中体现，如学校 logo、道路楼宇名称标识、校园内部植物摆设、标志性建筑等，通过不断强调学校的文化内涵和追求理念，激发学生对学校特色标识的认同感和集体归属感。校园的自然环境和建筑设施在设计中也体现着学校的风格特点和历史发展，让学生能够在特色的校园环境中了解学校的发展和内涵，以一种“强调式”体验教育给学生留下深刻的印象。通过自然环境的塑造和建筑设施的配置，为师生提供了良好的生活环境和场所，传达了对师生的人文关怀和育人理念，让学校能够与学生融为一体，使学生产生“家”的感觉，增强对学校文化的理解和认同。

二、重在实践的文体生活

大学是一个相对自由的生活环境，学生都有着独特的兴趣爱好。这就衍生出类型不同、内容丰富、形式多样的校园文体活动，涉及文化、体育、科技、娱乐、交友、公益、社会实践等多个层面，给学生带来全方位的实践锻炼和成长体验。

（一）文化活动

学生组织和学生社团举办的各种喜闻乐见的活动，可以满足学生不同的兴趣爱好、生活追求，提供丰富的实践舞台和展示机会，发挥学生的创造力和活力，起到活跃校园气氛、张扬青春个性的积极作用。与专业学习相结合的学科竞赛、科技创新活动、校园创业活动等，都需要学生有较强的知识运用能力、团队协作能力和组织表达能力。这些活动能够全方位地促进学生兴趣的提升和才华的展现，对课堂德育形成补充。同时，歌唱、舞蹈、话剧、文学等文化活动，不但可以营造健康向上、丰富多彩的校园生活，而且能够提升学生的文化修养和审美能力。因而，在大学校园中，应多鼓励学生组织和学生社团举办这些活动，一方面增强学生的动手能力、创新能力和提升文化素养，另一方面积极传递正能量、营造良好的校园文化氛围。

（二）体育活动

“每天锻炼一小时，健康工作五十年，幸福生活一辈子”，体育活动是校园活动的重要组成部分。尤其是面对专业学习、人际交往、未来发展等多重压力下，学生更需要积极参与体育锻炼，既强健体魄又放松身心。在增强自我身体素质的基础上，进一步强化心理素质，丰富精神世界，用更加阳光向上的状态面对挑战。大学校园可以通过体育类的社团组织经常性举办学生喜欢参与的活动和竞赛，并且能够适应时代和社会变化的趋势，如组织校园马拉松、城市内毅行活动，开发攀岩、皮划艇等新兴校园体育活动。大学校园的体育活动不仅有利于强身健体，而且可以在体育竞赛中感悟到“更高、更快、更强”的体育精神。

（三）实践活动

社会实践基地可以对大学生进行社会认知和理想信念教育。对学生进行国史党史革命精神教育时，依托革命纪念馆、历史旧址建立爱国主义教育基地进行现场教学，让同学们更好地学习革命故事、感悟革命精神；对学生进行职业发展教育时，依托行业名企建立起行业认知实践的基地，通过带领学生走进企业实习实践，让学生提前接触工作岗位、规划职业生涯；对学生的人生理想教育时，依托西部和落后地区建立起扶贫实践的基地，让学生认识社会、感悟责任、树立远大的理想，真正将个人的未来与国家社会发展结合起来；对学生的民族文化与认同感教育时，依托历史文化遗产建立起传承文化、传播文化的基地，让学生能够真正接触先进的传统文化，成为中华文化的传承弘扬者。通过不同类型的实践基地完成对大学生不同维度的思想教育，也能够让高校的育人成果走出校园，让大学生能够将自我的发展与国家社会发展的需要相结合。

（四）网络活动

校园文化也应与时俱进向新媒体阵地展开延伸。高校建设起了集知识性、思想性、趣味性和服务性等于一体的主题网站、微博、微信公众号等平台，这些平台都是与学生日常生活息息相关的。学校应该充分利用贴近师生生活的新媒体平台，展示校园新闻、社会时事、思想引导、文化体育等丰富内容，增强校园新媒体在师生和社会上的影响力。同时，校园新媒体平台还应注重加强与师生之间的沟通，组织师生在网络空间中开展互动和交流，更加有针对性地做好思政教育，完成“面对面”向“点对点”的转换，在网络的世界中开辟一个更加“润物细无声”的德育平台。

三、重在学术的导学生活

导学生活是校园生活中最为重要的组成部分之一。除了上课、实验实习之外，研究生大部分时间都是在导学团队中度过的，而本科生也会通过课堂外课程学习、科研训练、毕业设计等环节与老师们进行导学互动。因此，良好的导学关系对于促进学生的专业学习、建立和谐师生关系、培养良好的科研精神都具有十分重要的意义。

（一）营造良好的“教”与“学”关系

不论是研究生还是本科生，除了课堂中完成的学习外，实验室也是重要的学习场所，也存在着“教”与“学”的关系。虽然没有课堂的载体，但良好的导学关系存在于课题研究、论文撰写、项目运行的交流与指导中，渗透于“如何进行科学研究和项目实践、如何做好科学研究”的互动中。通过这些互动交流，不仅有导师对学生进行学业指导，学生对导师也能够产生教学反馈，产生双向的学习与共鸣，形成良好的“教”与“学”关系。通过“教”与“学”关系的建立，一方面形成教师对学生潜移默化的影响，使教师的治学风格和教育行为能够引导学生的为人处世、人生追求，另一方面发展学生的综合能力，促进学生学习能力、实践能力的提升，帮助学生形成勤于思考、敢于质疑的科学品质，增强学生的自我创新思维，鼓励学生突破固有思维的限制，而不是简单地遵循教师意志。

（二）创造和谐的导学氛围

良好的导学关系需要在科学研究和产业实践上发挥团队的整体作用，营造高效和谐的合作氛围。在科学研究时，要进行合理的分工，既能够发挥每个学生的特长和兴趣，又能够促进思维碰撞和创新，形成“1＋1＞2”的效果。通过制订合适的研究计划、定期举办研讨会、开展头脑风暴等形式，及时发现研究过程中的不足，找到研究突破点，实现学术创新。在产业实践中，要结合专业知识的应用，设计各类产学研合作项目，使项目更加具有实践操作性和社会应用性，从而让学生体会到实际应用与科学理论的差距，在具体项目实践中提升知识应用能力。

（三）建设特色的团队文化

特色和谐的团队文化是良好导学关系的润滑剂，有助于学生融入团队、构建和谐人际关系，形成导学组的凝聚力和向心力。一方面导师传递给学生"爱生如子"的情感，能够使学生在远离家乡、自立能力不足的情况下，体会到来自师长的关心，让学生更有力量和勇气克服学业、生活中遇到的挑战和困难。另一方面，在日常的师生交流中，学生尊重导师的细心教导、感恩导师的真诚付出，必然会促进导师教学质量的提升，使其将更多的精力投入指导工作。除此之外，在日常生活中，也要培养导学组内学生间的互助友爱、合作竞争，运用朋辈之间的教育帮扶，营造温馨的学术氛围和和谐的科研局面。

四、重在交往的人际生活

除了在感受学校文化、参加校园活动、参与导学关系之外，大学生也会在校园的其他场合进行一定的生活行为，与他人产生交流，建立关系。如在寝室里与室友进行接触交往、在食堂用餐与教职员工进行接触、在自习室与其他同学进行交流、在校园中流露出对异性的好感等，这些不同的场景带来多样化的人际交往环境，让学生在体验、实践和自我教育中提升自己，茁壮成长。

（一）寝室生活

《教育部关于进一步加强高等学校学生公寓管理的若干意见》指出："改进和加强学生公寓的管理，是高等学校后勤社会化改革的一项重要任务，直接关系学生的切身利益、正常的教学、科研秩序和高等学校的稳定，影响后勤社会化改革工作的成效。"寝室是大学生最为放松、舒适的场所，是大学生在离开家庭、失去亲人照顾后能够找寻温暖和安全感的"港湾"。在寝室的环境中，一般都是有同室而居的几名同学，存在着朋辈间的人际关系，共同寝室环境的氛围营造，需要在德育工作中进行引导和规范。从朋辈室友关系来看，应引导学生建立良好的相处模式，促进学生集体生活能力的提升，如提升人际沟通能力、集体团结意识、宽以待人的心态、求同存异的生活智慧；还应鼓励学生通过与他人的交流，更好地在集体生活中强化自我认知、提升自我价值认同，而非一味地妄自菲薄或是产生攀比的负面情绪。从寝室日常生活来看，人与寝室文化、卫生环境之间的双向作用，人对于环境做出的行为会得到环境相对应的反馈。因而，大学必须引导、规范学生的生活习惯和卫生习惯，促使学生主动地维护寝室环境，营造干净、舒适的居住环境。让学生认识到优美洁净的居住环境能够给人以健康的身体和开朗的心情，使自己更有力地面对繁重的学业和多样的生活。

（二）公共场所生活

大学就像一个小型的社会，学生基本都在校园里面完成衣食住行等各个生活环节，因而在校园的不同场所体验的生活也是生活德育的重要组成部分。在食堂，学生只是经历一个简单的就餐过程。但是，在长达几年的校园生活中，需要学会处理与食堂职工、与擦肩而过的教师同学的关系。因而，这一点上学校可以通过标语或工作人员的提醒进行教育引导，使学生在发生摩擦和矛盾的时候用宽容的态度解决，在别人需要帮助的时候行举手之劳，遵守、维护公共场合良好的秩序和卫生环境。在自习室、图书馆等学习场所，要教育引导大学生要保持场地的安静与卫生，正确使用公共资源、学会共享资源、高效利用资源。而在校园的其他场所也能够引导学生发挥友爱互助的精神，培养乐于助人、与人为善的生活美德，营造“我为人人、人人为我”的和谐氛围。

（三）情感生活

由于生活环境的变化、学习情况的转变和空间距离的扩大，学生和家长之间往往会出现交流的障碍或是情感的疏远，亲情便会成为一个较为普遍的情感问题。为此，学校可以通过情感处理的团体辅导、知识讲座或是写一封家书、家长会等形式来拉近学生与家长之间的距离，教会学生怎样更好地去处理亲情、学会感恩，能够使学生从一个亲情的接受者慢慢转变为一个亲情的主动给予者和维护者。

除了亲情，友情也是大学生情感生活中的重要组成部分。朋友是大学生在校园内重要的情感依靠，如何建立友情、经营友情也是生活德育的组成部分。学校可以通过日常的生活经历、社团学生组织以及交友联谊活动等方式来加强大学生之间的交流，让学生能够结交更多的朋友，在真实的交友交往中，完善社会支持系统，帮助同学在独立的生活校园中具有充实的情感支持。

大学阶段是选择恋爱的重要阶段，很多学生都面临着如何处理好恋爱关系的问题。由于个体之间存在个性、爱好、价值观、文化认同等方面的差异，恋爱关系往往会使大学生产生诸多的困惑。恋爱关系的处理首先是一门实践的科学，需要大学生通过双方的真诚沟通和彼此付出来进行，这对于大学生换位思考的习惯与能力、责任感的形成都具有良好的教育意义。其次，恋爱关系更多是两个主角之间的情感交流，并无严格的对错，因而这一过程特别需要学生的自我教育。学生要学会宽以待人和会包容相处，而不是一味地索求或者给予。这样的恋爱生活，才能更好地促进自我的成熟，实现成长的跨越。

当然，亲人、朋友或是恋人关系都应该回归基本的道德规范①，需要参与个体的道德体验来完成。因而，这一情感的环节仍需要大学教育进行道德上的引导和规范，指导学生正确地处理情感关系、把握道德规范要求。

---

① 胡映. 论当代大学生恋爱道德的内化[J]. 教育与职业，2014(5)：80－81.

案例二：浙江大学“低温之舟”团队的导学生活

“低温之舟”(Cryoboat)学术团队由浙江大学能源学院2名教授、3名副教授和40名研究生组成(其中导师组年龄均在45岁以下)，是一支年轻的、充满活力和创造力的团队。学术团队立足低温制冷科研前沿，培养国际水准的创新人才，服务国家节能减排需求，通过书面约定、民主决策、AB角实时调整等方法，设定团队共同的科研学术目标和任务，努力将团队打造成为“航空母舰的战斗群”，为国家重要单位、重点领域培养大批出色人才。

一、导学团队的科研生活

(一) 因材施教的培养方式

研究生的成长和发展离不开一个好导师的培养。“低温之舟”的5位导师都具有非常严谨的科研作风，对学生有着极高的学术要求，不仅培养学生的科研能力，还引导树立学生正确的人生观、世界观和价值观。对于博士研究生，导师组在选题时，紧密把握国家发展的重大需求，以探究科学机理为目标，致力于为国家航空航天、节能减排等发展提供强大的助推力，深入脉管制冷机、热声发动机及空分领域等研究，将博士研究生推向国家及省部级重大科研项目的第一线，打造具有国际视野的领导型专家型人才。对于硕士研究生，结合学生的个体特征和学术兴趣，选择合适的研究课题，并强化其实践应用能力，培养学生解决工程问题的能力。对于本科生，鼓励其参与科研训练和项目实验，指导本科生积极参加SRTP、省创、国创以及节能减排等科研竞赛活动，在竞赛中培养科研的兴趣和能力。

(二) 多层次的学术交流

“低温之舟”团队有三种不同层次和规模的学术报告会，不仅能够让导师实时跟进课题的进展，还为学生创造充分的学术交流机会。第一层次报告会是5位导师例会，如每周五中午进行读书报告会，进行一周工作进展汇报和组织学生阅读英文著作，锻炼基础学术报告能力。第二层次是“低温之舟”研讨会，每两周进行一次。在研讨会上，导师与同学一起分享最近科研的收获感想，结合进行一些头脑风暴，增强导学组的科研交流成效。第三层次是春秋两季大型学术活动——Cryoboat Expo。学术活动由博士研究生、硕士研究生、本科生主讲，邀请国际级的专家来课题组进行现场点评，提高团队的整体学术水平和能力。

（三）国内外合作和交流

“低温之舟”团队非常重视学生的学术交流，培养专业的领先意识和国际化视野。每年邀请世界各地专业领域的专家学者前来访问交流，向学生介绍最新的学术发展进展，为学生带来最新的教育教学方式，促进学生与学术大牛之间的交流互动。同时，每年派送多名研究生到美国、德国的院校或科研机构进行短期研究，感受国外高校的研究氛围。每年有超过三分之一研究生参加国内外重要学术会议，在专业领域内进行交流和讨论，学习国内外的先进方法和技术，提升各方面的素质和能力。

二、导学团队的成长生活

（一）人文素养的培养

在科研训练之外，“低温之舟”团队也十分关注学生的全方位成长。鼓励学生多读书以充实自己的生活、开阔自己的视野、拓宽自己的知识面。专门制作了研究生期间的必读书目列表，收录15本学术相关著作，如《怎样做文献综述——六步走向成功》、*Write Like a Chemist* 等。同时，为了丰富学生的心灵，教导学生如何做人，还推荐同学们阅读哲学、管理、沟通、政治经济类书籍，要求学生在阅读后记录心得和修炼心智。

（二）“四自”能力的培养

“低温之舟”团队的学生队伍规模庞大，为此导学组专门成立学生委员会，设有“主席”和“主席助理”等职，其会员是导学团队全体师生。学生委员会分设学术委员会和生活委员会，学术委员会专门负责组织研讨会及"Cryoboat Expo"等学术相关的活动，生活委员会则主要负责组织集体活动、课题组忘年会、制作年画贺卡等等。学生委员会的存在，大大提高了活动的组织效率，锻炼了学生自我教育、自我管理、自我服务、自我监督的"四自"能力，为学生的全面发展成长奠定了基础。

（三）文化生活的营造

"低温之舟"团队十分重视团队文化建设，强调团队的凝聚力和向心力，致力于把"低温之舟"打造为一个充满爱的学术团队。导学组每年都会向同学、校友发布工作年报，并用他们认为最重要的名言来命名。在假期，团队坚持实施"六个一"寒假作业——"精读一本好书""熟读一篇大牛的文献""深入走访一家企业""拜访家乡的一位穷人""至少为家乡做一件善事""代几位老师向父母问声新年好"，等等。

三、案例成效评价

一位毕业学生曾经评价："我看到了 Cryoboat 取得的各项成就，看到了这十年来的快速成长，而这样的成就不仅仅局限于学术上，而是 Cryoboat 所有成员思想上的成熟和升华，是社会经验的积累和沉淀。能成为 Cryoboat 的终生荣誉成员，是一种光荣。"这就足以证明这样的导学生活模式具有很强的德育成效。

（一）精准全面的德育定位

"低温之舟"团队在确立育人目标时就已经非常明确，希望学生能够增强在知识、能力、素质和人格等方面的表现，成为一个具有国际水准的创新人才，能够服务于国家的需求。同时，导学组对于本、硕、博三类学生的培养方式具有明显的不同，体现了"因材施教"，也是对"以人为本"的呼应和对学生个体的尊重。除此之外，导学团队的生活从科研、成长到文化等各个层面都依托于学生的实际生活展开，具有很强的生活性和参与性。

（二）丰富多彩的德育内容

从案例中不难看出，同学们在导学生活中经历研究、交流、报告、调研、出游等多样的生活体现，对于学生在专业知识、研究能力、交流水平、领导力等多个维度进行了锻炼，不仅丰富了校园生活，而且达到了育人的目的，使学生更加具有活力和热情，实现了生活德育的内容生活化。多层次的生活德育内容让学生实现了全方位、立体化的成长，能够在面对工作岗位对他们有多样的要求时，表现更加出色。

（三）灵活生动的德育方式

案例中从科研力量的打造、育人维度的拓展到团队文化的形成，多个层面体现了导学生活对于学生的德育意义，让学生通过学习、研究、实践、沟通、文化熏陶、自我管理等形式接受教育，进而获得了严谨的科学精神、良好的动手能力、纯熟的沟通技巧、善良温和的内在气质和心怀天下的家国情怀。不同的实现方式是生活德育与生活实际紧密联系，完全建立在生活实践、体验与感受的基础上，使得不同方面的德育收获达到了最好的效果，反映了生活德育的过程生活化。

（四）无所不在的生活氛围

案例中所显示的导学生活并不局限在学习和科研领域，而是关注到了学生每一个生活的领域，如课外的阅读涉猎、国际化环境的体验和视野的开阔、户外活动、身体锻炼、节日祝福等等。对于学生来说，营造了一个全方位、渗透式的生活环境，甚至在学生毕业离开学校之后依然能够与团队相互关心和交流。生活德育的环境生活化真正使得这一过程能够深入人心，成为学生受益一生的一种印记，完成了“润物细无声”的烙印式德育。

第五章　网络德育

自 20 世纪 90 年代开始，随着信息技术的突飞猛进，互联网逐渐遍布人们生活的角角落落，一种新型的社会形态——网络社会日渐形成。从最初的科技领域，到贸易领域，再到社会生活的方方面面，自然也延伸到了高等教育领域。对高等教育而言，互联网早已不仅是一种技术抑或一个虚拟空间，整个网络社会构成了虚拟与现实交织的德育场域，对大学生产生着巨大影响力。网络变成了大学生的一种生活方式，每个人都可以通过网络互动建构自己的知识、认识和情感，进而影响自己的态度和行为，他们之间构成了一个关系共同体。这个共同体是德育共同体的重要建设场域，展现出技术和伦理融合、主体性和主体间性共生、对话和互动同在等特征，重在以网络技术手段推进网络思想政治教育、网络道德伦理教育、网络心理健康教育。

第一节　网络德育的概念

一、网络德育的基本概念

（一）网络成为一种生活方式

1999 年由“梦想家”网站策划的“72 小时网络生存测试”深刻地揭示了网络社会生活模式的前景和特点。[①] 时至今日，大学生作为网络技术的前端体

① 国家互联网信息办公室，北京市互联网信息办公室. 中国互联网 20 年 · 网络大事记篇[M]. 北京：电子工业出版社，2014：65.

验者，已经成为网络公民，甚至被称为“网络原住民”。他们在网上浏览新闻、网上购物、网络学习、聊天交友、在线游戏、网络支付等等，上网已成为一种常见的生活方式。足不出户成为可能，网络为宅男宅女提供了生存的保障。[①]用尼葛洛庞帝的话来讲：“计算不再只和计算机有关，它决定我们的生存。”[②]当代大学生充分享受网络技术带来的益处，在物质消费和精神体验方面都得到了前所未有的自由空间。网络成为他们的一种生活方式，学习活动走向网络化，教育走向网络化，人际交往走向网络化，思想意识走向网络化。[③]

（二）网络中的道德问题

网络社会作为一种新型社会，对现实社会及其伦理道德产生了重大冲击。由于网络自身的属性和技术性特征，网络生态环境中也充斥着大量道德失范现象。有学者把网络技术应用引发的道德问题概况为六个方面：(1)虚假信息的欺诈行为；(2)侵权；(3)破坏公共信息安全；(4)信息垃圾、信息污染；(5)个人信息、个人隐私泄露；(6)道德人格困扰。作家张辛欣甚至列举网络的“十大罪状”：科技与素质无关；网络隐身使耻辱感进一步降低；泄露隐私的欲望空前，虚荣心低水平满足；网站大泡沫；网络浪漫主义结束，完全世俗化；网络加速经济一体化进程，压制网络拓荒者的自由创造力；网络对语言的肢解和破坏；网络使全球文化一体化加速；网络造成全球成为一个没有隐私的、透明的人类监狱；网络速度催动内心的浮躁和孤独。[④] 应该说，以上对网络社会的批评或担忧并不完全持有一种科学理性的乐观态度，从本质上说，网络道德失范现象是网络社会伦理道德的一个缩影。但是，作为互联网技术浸润的一代，网络社会的道德失范问题在大学生群体中同样有着较为典型的体现。

（三）网络德育的概念

“网络”与“道德”本来是两个完全不同领域的问题。“网络”是基于互联

① 吕本修. 网络道德问题研究[M]. 北京：中国社会科学出版社，2012：12－15.

② 尼葛洛庞帝. 数字化生存[M]. 海口：海南出版社，1997：15.

③ 李本智. 大学生网络思想政治教育研究[M]. 沈阳：辽宁大学出版社，2015：40－43.

④ 吕本修. 网络道德问题研究[M]. 北京：中国社会科学出版社，2012：19.

网技术构成的一个虚拟世界，“道德”则关注人类伦理道德的现实世界。“网络”与“道德”的交界点，在于网络现实化和道德网络化。在网络这种新的生活方式和生存方式中，人类的道德问题开始从原来的现实世界走向网络世界，现实道德伦理问题逐步走向网络世界。网络与伦理道德问题发生紧密联系，它关乎网络时代中人的行为规范、伦理价值和权利义务。

严耕、陆俊、孙伟平认为：“网络道德是对信息时代的人们通过电子信息网络而发生的社会行为进行规范的伦理准则。”①漆小萍、林莉、陈鹏认为：“网络道德，顾名思义，是指人们在应用网络时所遵循的行为准则和道德规范的总和。”②邱伟光认为：“网络德育是人在处理与网络的关系时应当遵守的道德观念和行为准则。”③朱凤云、张立艳认为：“网络道德，是指以善恶为标准，通过社会舆论、内心信念和传统习惯来评价人们的上网行为，调节网络时空中人与人之间以及个人与社会之间关系的行为规范。”④可见，学者主要从道德的边界和规范来谈网络道德。网络道德的边界范围固然是互联网世界及受其影响的现实世界，但它并未脱离道德的本来之义，仍然保有道德的核心，即道德观念与道德意识、道德规范与道德准则、道德行为等基本内容。

网络德育是基于德育的基本目标和内容，以网络为载体或媒介开展德育活动的一种现代德育模式，是高校德育共同体的新场域。网络德育包括两个方面：一是在虚拟世界中开展道德教育，二是利用互联网技术开展德育工作。与传统道德相比，网络道德是德育工作的新领域，具有新特点，也面临新的德育问题，需要高校德育工作者通过网络道德知识的传授，培养大学生的网络道德意识、道德观念、道德意志和道德情感，提高大学生的网络道德水平。网络既是德育工作的环境和载体，也是德育工作的途径和手段，网络德育工作

① 严耕，陆俊，孙伟平. 网络伦理[M]. 北京：北京出版社，2000：36.

② 漆小萍，林莉，陈鹏. 解读网络[M]. 广州：中山大学出版社，2003：74.

③ 邱伟光. 大学德育[M]. 上海：复旦大学出版社，2003：203.

④ 朱凤云，张立艳. 互联网效应及大学生的价值取向研究[M]. 北京：中国社会科学出版社，2016：113.

的开展离不开网络技术的支持。通过网络技术丰富德育工作的载体和形式，将网络德育纳入当前德育工作的体系，让德育工作从线下走向线上，让德育工作对象化、具体化，形成真正有效的互动和影响，提高德育工作的实效性。

二、网络德育的内涵发展

随着网络技术的发展及其对网络道德、网络价值观念的深刻影响，网络德育的基本内涵经历从最初的借鉴转移到生成转化再到整体建构的发展过程。

（一）线下到线上的转移

在网络发展的初期，网络道德观念、网络道德价值尚未形成，人们注意到网络技术的两面性，需要采取必要的手段和途径对其进行规范和限制。网络德育主要从社会道德的一般原则出发，将现实道德中处理人与人的关系的道德原则、道德观念、道德价值转移、嫁接到网络社会面临的道德问题、道德关系上，用以处理和调整网络社会中的道德关系。这一阶段，网络德育不过是将传统德育的工作内容网络化，是德育工作从线下走向线上的转移，可以称之为德育工作的“网络化”阶段。网络德育是现实道德、传统德育领域的一个拓宽和延伸，或者说是传统德育的内容宣传阶段，其自身并未形成德育自觉，德育的方式和手段较为有限。

（二）网络德育的生成

网络技术的发展带来了网络伦理的变化和网络观念的进步。网络社会需要解决和应对自身发展过程中的新问题和新挑战，特别是新的道德伦理问题和技术对网络德育生态的影响。在这一过程中，网络德育必然要生成适应自身发展的德育理论体系和实践体系。人们开始深刻认识到网络社会中的道德行为、道德观念更具有隐匿性，道德的显性功能不断弱化，网络社会甚至对传统德育形成极大的冲击和结构，需要重新认识和评价人的行为、人性的价值和道德问题。这一阶段是网络德育的“舆论期”，只有这样才能在网络德育工作上有所突破。实际上这也是网络时代德育工作的“怀疑期”和“反思期”。通过这种怀疑反思，网络德育实现了对传统德育的一种超越、澄清和再认识。网络德育的发展也逐渐从模仿嫁接阶段向生成阶段发展，新的道德价值、道德观念日益形成和发展，直到形成相对稳定的德育观念、德育模式。

（三）网络德育的完善

在实现从传统道德的转移到逐步生成新的道德价值、道德观念之后，网络道德就面临道德体系建构问题。道德作为一种意识形态，有着历史的、民族的经济基础和文化基础。在当今世界一体化、经济全球化大环境下，道德问题都会在民族性和全球化背景下被审视。尤其对于高校思想政治工作队伍、青年大学生来说，如何在纷繁复杂的多元价值观、道德观、文化观中甄别、选择正确的符合社会主义核心价值观的价值追求和道路诉求显得尤为重要。

网络德育的构建不是无源之水、无本之木，它需要处理两个重要关系：一是道德的传统性与现代性之间的关系，二是道德的民族性与全球化之间的关系。关于道德的传统性与现代性问题，从本质上讲是道德的传承和发展问题，我们既要继承和发扬我国优秀德育传统，也要解决当代的道德问题，即实现道德自身的发展和现代化。关于道德的民族性与全球化问题，从本质上讲是道德的独特性与普遍性的关系问题。毫无疑问，德育工作既具有民族性、文化性的特征，也具有普遍性的规律。特别是在全球化背景下，要在坚守优秀民族德育文化的基础上，促进不同文明之间的交流互鉴，使不同文明能够尊重和理解彼此的道德价值。

第二节　网络德育的建构

一、网络德育的主要特征

（一）技术与伦理融合

网络德育是基于网络技术支配，在网络道德前提下开展的德育活动。伦理与网络技术是网络德育的核心要素。技术深刻影响了网络社会关系和网络道德，二者关系密切。在德育范围上，网络技术极大地拓展了德育的时间和空间；在德育路径上，网络技术为网络德育提供了丰富的载体；在德育效果上，网络技术与德育的结合，极大地彰显了德育的主体性。网络德育不能忽视技术因素的巨大影响——技术因素在网络德育中发挥的重要作用及其对网络德育的生态的影响。

网络技术与网络道德有着不同的目的。网络技术，说到底说是一种工具和方法，它关注的是生产力问题。而网络道德利用网络技术、与技术合作，只是为了道德自身的发展。“技术与道德是两个不同性质的问题，技术的发展本身并不能带来道德的进步。”[①]正如萨克塞所言：“由于技术只是方法、只是工具，技术行为目的的问题总是存在于技术之外。”[②]因此，技术和道德之间总存在分歧。在网络德育中，技术的使用关乎道德，技术如果得不到有效控制，脱离了技术使用人的目的，终究会与道德分道扬镳。网络德育存在于网络环境中，依托于计算机技术，具有极强的技术性和创新性。它紧跟网络技术的潮流，利用各种技术手段，不断创新工作理念、工作方式和途径，开展有针对性的大学生德育活动。但是，技术任其发展也会伤害道德的伦理价值。技术一旦脱离了伦理的控制，就会陷入技术万能的技术主义思维陷阱，从而让网络道德失范，甚至控制人的行为，反过来限制人的自由。

基于以上分析，我们需要全面认识技术对网络德育的影响，深刻把握和理性认识网络道德中的技术因素。一方面充分肯定技术对网络德育的促进和革新作用，另一方面也要厘清技术与道德的分界，思考德育的核心目标和工作主旨，在开展网络德育中紧紧围绕育人的根本宗旨，理性看待技术的作用。

在网络道德、网络德育体系中，德育的伦理范围虽然超出了传统德育的内容，成为一种新型的社会伦理形态，但是从伦理价值上看，网络德育的伦理

---

① 吕本修. 网络道德问题研究[M]. 北京：中国社会科学出版社，2012：18.

② 萨克塞. 生态哲学[M]. 上海：东方出版中心，1991：289.

价值与传统伦理价值并无二致。因为在一定区域和历史时期内，网络伦理和道德价值依然有其固有的社会文化和道德基础，生存在网络社会、网络空间中的人先天生活于现实社会环境。现实社会的核心伦理价值、伦理观念在网络社会中依然奏效，技术与伦理二者的有机融合是网络德育发展的终极方向。

（二）主体性与主体间性共生

“主体是一个哲学范畴，指具有认知与实践能力并从事认识与实践活动的人。”[①]将主体概念运用于道德领域，突出了人在道德观念、道德行为中的能动作用。网络德育的主体指在网络社会中进行道德认知与从事道德实践活动的人。它包括网络德育的建设者、管理者与德育对象。[②]

管理者权威性的减弱和德育对象独立性的增强是网络德育主体性的一个重要特征。在高校网络德育体系中，教师被解构为一个多元身份：作为教授知识的教师，其经过科学的训练且具有相当的专业积累，依然具有权威性；在道德方面，教师的地位则已被网络社会的平等性所解构。与此同时，大学生的主体性凸显出来：网络社会的自由性、开放性、隐蔽性和匿名性，给大学生提供了极大的自由空间；作为网络社会的重要群体，大学生个性得到了彰显。在这种环境中，当代大学生更加重视个人的追求，特别是“95后”和“00后”一代，个性解放和自我实现成为自我主体性的重要价值追求。

主体价值观的多元化是网络德育主体性的另一重要特征。在网络社会中，各种社会思潮汇聚，价值观念日趋多元。特别是大量宣传西方意识形态的文化元素和思想内容，在一定程度上对我国的价值观带来巨大冲击。价值观的多元化突出了大学生个体的道德主体性，但是，与我国社会主义主流价值观不符，在网络德育中我们必须坚定社会主义核心价值观的方向。

除此之外，网络德育突出了主体间性的显著特征，这也是高校德育共同体建构的重要前提。在高校教师主体去权威性和学生主体性不断增强的过

---

① 吕本修. 网络道德问题研究[M]. 北京：中国社会科学出版社，2012：29.

② 吕本修. 网络道德问题研究[M]. 北京：中国社会科学出版社，2012：29－30.

程中，二者的主体性逐渐趋于平等，他们都是网络德育的体验者，在道德诉求、道德体验、道德判断上具有一致性。二者通过对话、争辩和讨论，网络德育的主体之间逐渐达成一致，主体之间形成了一种共同默契。这就在网络道德空间中形成了一种主体间性。在一种良好的主体间性中，网络社会开始形成共同的价值理念、道德观念和伦理制度。在主体间形成一种良好的互动后，传统的“中心化”主体逐渐被解构。

从主体性和主体间性的视角分析，“去中心化”高度符合网络社会的特征。在网络德育体系中，不同主体的主体性都得到了彰显，主体意识得到极大的解放，一个道德个体不再是德育的中心，不仅他人不是道德的中心，自己也不是道德的中心。个体成为高校社区环境这个“社会关系的总和”中的一员，是高校德育共同体中必不可少的一分子。

（三）对话与互动同在

网络技术的广泛运用使高校德育工作网络化。网络不仅是一种德育场，更是开展德育工作的重要手段和工具。在这种手段和工具的影响下，网络德育彻底打破了传统德育的灌输模式，打破了传统德育的时间和空间，变革了德育的方式和模式。

网络德育的一个重要特征是平等对话。教师与学生之间倡导平等对话，教师不再是高高在上的权威。要将德育工作者的身份去中心化、去权威化，从而实现以人为目的的德育工作，强调以人为本，重视学生的诉求，尊重并发挥学生在道德实践中的主体作用。

网络德育的对话模式，可以概括为“人—互联网（机）—人”的对话模式。它与传统的“人—人”德育对话模式具有很大的区别。可以说，网络德育的这种“人机对话”模式解放了人、时间和空间、方法和手段，实现了德育不同主体之间的跨越式沟通与对话。网络德育的对话模式不再局限于同一时间、同一地点。在网络德育的这个开放、互动、共生的德育场中，师生同时在线、在场，营造了一个全新的德育场，学生的主体功能和地位得到彰显。德育对象对于教师的德育工作具有快速传播和扩散作用，从这个意义上讲，学生与学生之间也形成一种德育关系。学生不再只是德育的对象，其身份也可转变成德育工作者。

网络德育的另一个重要特征是互动交流。在互动模式上，传统的德育交流模式更侧重师生之间的面对面交流。这种交流是直接的、直观的、形象的。而网络德育的"人—互联网（机）—人"的对话模式在作为德育主体的师生之间介入了计算机这一技术设备，计算机网络成为联结师生互动交流的一个媒介物。这种交流互动对技术和网络硬件环境的要求比较高，也对师生的媒体素养和计算机技术提出了新的要求。一旦解决了以上问题，与平等对话一样，互动交流将变得轻松容易，它将克服时间与空间带来的局限，极大地节省交流成本，提高互动交流的效率。

传统德育中的对话属于平面性互动，"人—人"之间的交流类型主要有一对一交流、一对多交流，也不排除多对多的交流。网络德育大大扩展了德育主体的交流空间。从德育的互动空间来看，互联网解放了教师开展德育工作的时间和空间，德育工作不再受时间和地点的限制，可以一直保持"在线"和"待机"状态，随时满足大学生的德育需求。从主体功能发挥的效果来看，网络德育的传播效果非常显著。德育工作者和德育对象都在网络平台上发言，表达道德立场和观点。道德观点和立场形成网络德育文本，德育工作能够利用网络平台的传播功能，达到广泛传播的效果，产生巨大的社会影响力。

但是，网络德育的"人机"对话模式也并非有百利无一害。"人机"对话是由计算机通过信息处理技术实现人机符号的转换、处理和传输，将师生交流的语言符号通过计算机处理、转化再传输给交流对象。二者的互动交流由直接变为间接。在这一条件下，网络德育对话模式的弊端在于将人与人即不同主体隔离，计算机作为冰冷的机器，将德育场中人的本质物化，最终让德育工作在网络环境下出现一定的异化。这一点，对于网络德育工作者来说需要反省和警惕。

二、网络德育的核心内容

与传统德育工作的基本内容相比，网络德育的核心内容并未出现本质性突变。但由于德育工作从线下向线上转移，网络德育具有了技术与伦理的融合、主体性的突显和对话互动性的增强等特点，在德育工作的核心内容上呈现出与传统德育的不同之处。

（一）重视网络思想政治教育

网络生活的生存方式中，互联网已经成为社会意识和社会文化思潮的集中地。互联网作为重要的意识形态阵地，具有明显的政治特征。可以说，政治性是网络德育的重要特征，开展思想政治教育是网络德育的重要内容。高校承担我国人才培养的重要使命，必须坚持社会主义办学方向，积极占领网络思想政治工作的制高点，依托网络环境和计算机技术手段，开展符合当代社会特点和适应当代大学生特征的思想政治教育活动。

一是要加强网络作为意识形态传播的重要阵地建设。从技术上看，网络作为先进传播手段具有显著的优势。呈几何倍数型的网络传播，能够突破时间和空间的限制，实现最为广泛、最快捷的传播。因此，对于国家主导意识形态而言，网络是传播国家意识形态的重要阵地和舆论平台。通过网络技术传播社会主义核心价值观和价值体系、社会道德观念和优秀传统文化等等，能够实现线上线下全面覆盖和信息的有效传播。

二是要加强网络作为意识形态斗争的重要阵地建设。在互联网的开放空间中，随着各种社会思潮和多元文化的入侵，不良网络思潮对社会意识形态和社会核心价值观甚至国家安全形成重大冲击和严重挑战。通过网络，这些信息得到迅速传播，在大学生群体中快速扩散，达到腐蚀思想和文化入侵的目的。我们需要构筑社会主义主流意识形态“防线”，用马克思主义理论占领网络意识形态阵地，在网络中积极与国内外反动势力开展斗争。

(二) 加强网络道德伦理教育

马克思主义认为,道德是一种社会意识形态,是人们共同生活及行为的准则和规范。对道德的内容进行研究和考量,包括三个层面的核心内容:一是道德意识层面,二是道德规范层面,三是道德行为层面。对于网络德育来说同样如此,网络道德伦理教育是网络德育的核心内容。

首先要不断增强网络道德意识。从根本上讲,网络道德意识是一种道德自律和人的内在道德需求。网络社会一旦形成,就不断在意识形态层面进行积累,并通过网络文化和社会影响形成网络社会特有的道德意识、道德观念。网络道德意识包括健康的网络道德观念、理智的网络道德情感、坚定的网络道德意志和牢固的网络道德信念。健康的网络道德观念,即要有基本的网络道德价值判断,对于网络道德而言,什么是对,什么是错,要有清晰的界限;理智的网络道德情感,即要有相对理性的网络道德情况,不能毫不约束地发表个人意见;坚定的网络道德意志,指不人云亦云,对于网络道德的价值具有自己的立场;牢固的网络道德信念,指能够坚守正确的网络道德信念,能够不受错误的网络观念影响。

其次要积极形成网络道德规范。网络道德规范由传统社会的伦理规范和网络社会的伦理要求共同决定。与传统道德规范一样,网络道德规范及其网络法规属于道德体系中社会性的他律功能。良好的网络道德规范反映了网络社会中绝大多数人的道德诉求,其根本宗旨在于维护整个网络社会的秩序,实现网络社会的良性发展。良好的网络道德规范包括两方面的内容:一是遵守网络社会的"文明公约",二是远离不文明、不道德的网络陋习。

第三要合理引导网络道德行为。网络道德行为指在网络环境中与伦理道德、伦理价值相关的行为。与现实道德行为一样,网络道德行为是自律与他律的合一。网络道德的自律行为是指大学生具备基本的网络道德常识、健康的网络道德观念、优良的网络道德价值,并且能够在网络行为中进行自我规范。网络道德的他律行为是指大学生具备良好的网络道德意识，遵守网络道德规范和法则，明确网络道德法则的边界，能够在网络道德规范和法则下行事。

（三）开展网络心理健康教育

心理健康教育是高校德育工作的重要内容。在网络时代，心理健康教育工作同样是网络德育的重要内容。网络心理教育工作包括两个方面的内容：一是研究和解决网络心理问题，二是利用网络技术开展网络心理健康教育工作。

网络心理问题是网络社会出现的一种新型心理问题。与传统心理问题不同，其产生的土壤是网络社会及其网络技术。在网络社会中，计算机成为人赖以生存的载体，人的生活状态常常处于“开机”和“待机”状态。由于青年大学生尚未形成成熟的人格，在自律性不足的情况下，往往会产生沉溺于网络世界不能自拔的主体性矛盾。青年大学生一旦失去控制，容易陷入“网瘾”状态，造成情绪低落、孤独、焦虑、压抑、冷漠等心理障碍和心理疾病。此类心理问题与网络社会生存方式及其特点具有十分密切的联系，高校德育工作者要不断提高心理工作能力和水平，深入研究网络心理问题产生的根源、特点、形成机制和解决方法，拓展心理工作的视野，积极引导大学生培养良好的心理素质、行为习惯。

利用网络技术开展网络心理健康教育工作是开展网络德育的一项基本要求。心理问题及心理健康教育本身具有私密性的特点，高校德育工作者在开展心理健康教育时必须严格遵守相关规定。网络技术是一种“人机”对话模式，它能有效解决心理健康教育工作中的某些私密性问题。在开展网络心理教育工作中，可以利用网络的技术性优势，通过网络心理辅导、网络心理咨询、网络心理知识传授等多重形式和途径开展网络心理教育工作。因此，对于高校德育工作者来说，提升开展网络心理教育工作的素质和能力成为职业化、专业化发展的重要方向。

三、网络德育的重要载体

(一) 课程教学环节

第一课堂是高校德育工作的主阵地、主渠道,网络德育仍然要十分重视发挥第一课堂的作用。要充分开发利用网络技术的特性,创新设计网络德育课程,积极探索网络时代教学组织方式,不断提升网络德育教学水平。

一要完善网络德育的课程内容。网络德育要在高校第一课堂中占有一席之地,必须与时俱进,将网络德育的相关理论知识、价值观念、法律法规、伦理规范等内容纳入思想政治理论课课程体系之中。要重视网络德育课程内容的设计,不断将最新的网络德育知识传授给大学生。例如,针对网络时代的网络抄袭问题、学术规范问题以及网络技术安全防范等知识,教师要在课堂上不断强调和重点讲授。

二要创新网络德育的教育形式。在网络德育的课堂教学中,教师需要不断创新网络德育教育的路径和形式,使之符合网络社会的特色以及“95 后”和“00 后”大学生的特点需求。创新网络德育教育形式,可以从网络社会中寻求资源,突出教育的社会性、实践性特点,强调大学生的主动参与和个性化体验。教师在课堂上主要起到设计和引导作用,让学生自主开展体验式、情景式的自我教育。

三要提升教师的网络德育素养。高校思政课教师要充分利用网络资源和计算机技术开展网络德育教育活动,积极构建网络时代下的思政课教学体系,不断提升网络技术素养,针对大学生关注的热点问题开展网络教学、交流对话等,更好地利用网络开展思想政治教育。高校心理健康教育工作者要密切关注技术对大学生心理的影响,通过互联网技术手段有效地开展网络心理健康教育工作。高校辅导员要提升网络德育工作的综合素质和能力水平,将传统德育工作从线下转到线上,适应网络时代德育工作的转变。

（二）专题门户网站

除了课程教学环节外，校园专题门户网站在高校网络德育中也十分重要。目前，高校基本建立了党团建设类、心理健康类、素质发展类、就业服务类、生活休闲类等专题德育网站。这些专题门户网站在建设规模与内容质量上都得到了很大提升，为开展网络德育工作奠定了很好的硬件基础。同时，面对网络技术不断地更新发展，专题门户网站也要积极创新，更好地发挥主流传播渠道作用。

一要重视网站建设数量与质量的协调一致。互联网技术的普及与发展，特别是网站建设水平的整体提升，网络技术不再是制约专题门户网站的限制性因素。当前阶段，值得关注的不再是建不建的问题，而是如何有效提高专题门户网站的质量，建设好专题门户网站的问题。在建设专题门户网站过程中，不少高校低水平重复建设造成了网络资源、教育资源的浪费现象。这些低质量的专题门户网站大大影响了师生的审美需求和信息要求，对德育的网络载体也产生不良影响，影响网络德育的传播，必须及时得到改正和调整。

二要重视网站建设与网络德育内容的有机结合。在专题门户网站建设过程中，需要遵守“内容为王”的宗旨，即在提升专题门户网站建设质量时，重视网络门户网站中的网络德育内容建设，积极传播正能量的德育内容、正确的德育知识和正面性的德育观念等，对师生进行有效的教育引导。同时，需要积极依托网络技术，多渠道、多形式开展德育教育和宣传活动，营造良好的网络德育环境。校园专题门户网站还需要重视校园网络文化建设，健全网络文化载体，树立为师生服务的宗旨，形成良好的网络德育氛围。

三要重视网络形式与网络德育特点的相互统一。在网络时代，网络技术的发展与社会生活保持着紧密的联系，一项新的技术开发会迅速应用到现实生活当中。高校在建设专题门户网站时，需要在形式上紧跟时代特点，结合当前师生对于网络德育宣传的兴趣点、兴奋点，不断挖掘德育内容，创新网络德育的形式。结合网络德育在新媒体上的传播特点，将网络德育与网络形式紧密结合，注重用户体验，形成良好的对话和互动。只有这样，才能发挥专题门户网站真正实现网络德育的载体作用，实现高校德育体系的不断创新和发展。

(三) 移动互联网客户端

移动互联网客户端包括手机、平板电脑、电子阅读器等，成为网络时代个人用户体验的一种重要趋势。其中，以手机为代表的移动互联网客户端成为影响大学生群体学习、生活的重要载体。

一要利用移动互联网客户端的网络学习平台功能，加强网络德育学习平台建设。移动互联网客户端是一种新型的网络学习平台，克服了传统学习模式的时间性和空间性，大大丰富了学习的手段和内容。网络在线学习、网络图书馆、网络课堂等学习模式极大地解放了传统的学习方式，让学习变得无处不在。对于高校德育工作者来说，要重视发挥移动互联网客户端的德育学习功能，开发符合大学生特点的学习平台，建设网络德育学习平台的内容，让移动互联网客户端成为网络德育的一种重要手段和途径。

二要发挥移动互联网客户端的自媒体功能，积极做好网络德育的宣传引导工作。基于4G网络的技术发展，手机让人与网络世界、人与人之间随时随地保持畅通联系，成为网络时代的自媒体平台和重要工具。通过手机媒体，各类德育信息可以迅速传播给大学生群体，并且形成几何倍数传播效应。高校德育工作者要充分利用手机媒体积极拓展德育教育的创新渠道，开展形式生动、内容丰富的网络德育工作。同时，对于网络自媒体的运行要把握其传播特点，重视合理引导，把关信息内容，对于可能出现的网络负面内容要有预见性和行之有效的解决办法。

三要重视移动互联网客户端的社交功能，有效发挥网络德育的互动功能。移动互联网客户端作为一种新型网络社交平台，对大学生的人际交往产生了巨大影响。可以说，手机已经成为大学生社交网络文化的重要工具。高校德育工作者必须重视发挥移动互联网客户端的德育作用，熟悉和了解各类网络社交平台的功能，通过与大学生建立平等的社交网络关系，进入大学生群体的人际社交圈，成为他们的好友或粉丝，与德育工作对象保持紧密的交流互动，密切关注大学生的日常生活、人际交往、精神状态、心理健康等各方面的内容。

第三节　网络德育工作体系

一、建立和健全网络德育课程体系

当前，我国许多高校并未设立专门的网络德育课程，网络德育的内容只在思想政治理论课中有所体现。这既无法满足大学生网络德育的需求，也不匹配网络德育在现有德育体系中的地位和作用。第一课堂作为宣传和传播网络道德规范、传播网络德育知识的重要阵地，必须加快建立和完善良好的网络德育课程体系。

教师作为高校德育工作的重要主体，既是传播和宣传网络道德规范的责任人，也是传播网络德育知识的权威者和表率者。教师作为高校德育的主导者、组织者和建设者，要不断提高自身网络素养和基本技能，开展适应当代大学生特点的网络德育教育活动，包括网络德育教材的编写、开展网络德育知识讲授以及通过第二课堂进行网络德育训练等等。以美国高校为例，杜克大学开设了“伦理学和国际互联网络”课程，麻省理工学院开设了“电子前沿的伦理与法律”课程，普林斯顿大学开设了“计算机伦理与社会责任”课程，等等。高校思想政治理论课是高校德育的主渠道，可以借此开设网络道德课程，开展网络道德和法制教育，提高广大学生的网络道德意识和网络道德水平。[①]

---

① 朱凤云，张立艳. 互联网效应及大学生的价值取向研究[M]. 北京：中国社会科学出版社，2016：137.

高校思政教师(包括辅导员)作为高校德育工作的骨干力量,要积极探索加强网络德育课程体系的构建。除了课堂德育之外,大量德育工作需要依托第二课堂、第三课堂等实践环节来实施,这些也是高校德育课程体系的重要组成部分。思想政治工作队伍需要有意识建立健全网络德育工作体系,包括建立囊括新生入学的始业教育、人才培养环节的实践教育和毕业教育等各个环节,加强对大学生网络德育知识、理念和价值观的教育引导。同时,要利用互联网等技术手段,开展形式多样的网络德育课堂,通过网络技术来开展网络德育课堂教育。

二、制定和完善网络道德规范

网络道德规范是网络德育的重要他律要素。在网络社会中,网络道德法律法规和相关道德规范对于维护良好的网络秩序具有十分重要的作用。高校教师直接面对学生,了解和熟悉网络时代大学生的特点,具有专业的理论水平,在制定和完善网络道德规范过程中可以发挥积极作用。

许多国家学界高度重视网络道德规范建设,研究制定了一系列网络道德规范。以美国为例,南加利福尼亚大学提出了六大网络不道德行为类型,即:(1)有意地造成网络通信混乱或擅自闯入网络及相连的系统;(2)商业性地或欺骗地利用大学计算机资源;(3)偷窃资料、设备和智力成果;(4)未经许可而接触他人的文件;(5)在公共场合做出引起混乱或造成破坏的行为;(6)伪造电子邮件信息。另外,美国相关学术机构和学者十分重视建立和弘扬健康的网络道德价值。例如美国计算机伦理协会相关学者制定了"计算机伦理十诫":(1)你不应当用计算机去伤害他人;(2)你不应当干扰他人的计算机工作;(3)你不应当偷窥他人文件;(4)你不应当用计算机进行偷盗;(5)你不应当用计算机作伪证;(6)你不应当使用或拷贝没有付过钱的软件;(7)你不应当未经许可而使用他人的计算机资源;(8)你不应当盗用他人的智力成果;(9)你应当考虑你所编制程序的社会后果;(10)你应当用深思熟虑和审慎的态度来使用计算机。美国计算机协会引导会员遵守以下伦理道德和职业行为规范：(1)为社会和人类做出贡献；(2)避免伤害他人；(3)要诚实可靠；(4)要公正并且不采取歧视性行为；(5)尊重包括版权和专利在内的财产权；(6)尊重知识产权；(7)尊重他人的隐私；(8)保守秘密。①

三、净化网络德育的外部环境

高校作为开放性的德育社区，需要重视德育的外部环境要素和条件。不可否认，当前网络德育的整体环境不佳。对高校大学生来说，网络上充斥着大量过载、不健康的无用信息，通过网络传播的特点发挥着极其不利的影响，严重影响了当代大学生的健康成长。如何净化网络德育环境成为当前高校网络德育的一个重要课题。只有营造健康有序的网络道德环境，才能进一步优化校园文化和育人环境。

一方面，网络社会的建设者、管理者致力于建设健康有序的网络秩序，打造有利于网络道德发展的良好生态环境。例如通过网络立法、树立网络价值观、宣传教育等途径，并通过一系列网络技术手段净化和梳理网络德育的生态环境。另一方面，网络时代是一个技术取胜的时代，技术无往而不胜。为治理和净化当前网络德育生态环境，可以从人与技术的关系中去寻求解决问题之道。要克服当前网络社会带来的负面影响，必须回到技术的源头去解决这一问题，发挥技术本身的力量。归根到底，“人类依靠技术才能控制技术”②。互联网技术在维护网络安全方面发挥了重要作用，例如，利用网络安全技术开展网络舆情监控、进行大数据分析、维护网络安全(防止黑客入侵、病毒和犯罪等)、过滤过剩信息等等。在网络德育环境的净化上，同样需要依靠网络技术手段，发挥网络技术的净化作用。当前，网络技术在网络防范、网

---

① 朱凤云，张立艳. 互联网效应及大学生的价值取向研究[M]. 北京：中国社会科学出版社，2016：124.

② 朱凤云，张立艳. 互联网效应及大学生的价值取向研究[M]. 北京：中国社会科学出版社，2016：124.

络监督方面尚不健全，特别是高校需要发挥网络技术的防范、监督和引导功能，实现依靠技术、发展技术来净化网络道德环境的目标。

作为当今世界互联网社会中的一个国家或区域性网络社会，在治理区域性网络生态环境时，也不能忽视全球网络社会的整体生态环境。网络社会已然将我们紧密地联系在一起，我们共同分享网络技术带来的进步的同时，也共同遭受着网络社会所带来的困扰。这种困扰体现在网络伦理生态环境上，在伦理道德价值上必然有着求同存异的需求存在。这也是当今全球互联网文化所追求"开放、共享、创新、自由、平等"共同价值观的核心要义。①

① 国家互联网信息办公室，北京市互联网信息办公室．中国互联网20年·网络大事记篇[M]．北京：电子工业出版社，2014：3.

案例三：浙江大学微讯社开展网络德育的实践探索

新媒体作为网络资源的集合体，是高校开展网络德育工作的重要平台。如何利用新媒体资源，发挥新媒体工作的网络育人功能，已成为高校思政工作和新媒体工作的重要课题。为适应新媒体工作的育人使命，浙江大学微讯社（以下简称“微讯社”）应运而生，讲好浙大故事，传播浙大声音，将新媒体工作和德育工作结合，创新网络德育新模式，成为高校网络德育工作的闪亮品牌与实践育人的重要基地。

一、以媒介素养培育为基础，增强网络道德意识

微讯社作为学生社团，对社员的网络道德意识培养十分重要。针对新媒体新闻宣传采编工作实际需求，一方面对社内成员按期开展内容丰富、形式多样的新闻宣传技能培训课程，提升成员专业化能力和基本素养；另一方面，强化学生的网络道德意识，通过新媒体职业素养课程，进行网络德育知识培训，增强学生骨干的网络道德自觉。在日常的新闻采编中，明确要求社员学生守住网络底线，不触碰“红线”，将自身网络道德养成与日常实践活动紧密结合起来，在实践中强化道德观念、网络规则意识和法律意识。

除了增强网络道德意识之外，微讯社要求学生骨干遵守网络道德规范，严格规范新闻记者的采访报道礼仪行为和新闻工作规范。例如，参加由浙江大学党委宣传部（新闻办）开设的新闻采访礼仪培训；配制学生记者工作证，定制学生记者工作衫，给予明确的身份标志；要求学生记者在报道现场遵守秩序，不独占摄影席位，不抢占提问优先权；要求采访学生与受访者事先做好沟通，尊重受访者的肖像权、隐私权与知情权；无论是即时的新媒体线上报道抑或是传统新闻式报道均需取得受访者的审阅同意后再行发布，等等。通过参与新闻采访过程和报道实践，学生骨干进一步了解了新媒体工作的道德要求，提升了网络礼仪行为和道德规范。

在网络德育工作开展过程中，微讯社有意识地遴选了一批政治素质过硬、网络敏感度较高的学生骨干进入团队，建设舆情引导的学生网评员队伍。学生网评员充分利用互联网技术，充分发挥网络德育交流性、互动性、对话性特点，在各类网络德育平台的留言区与大学生进行主动对话，积极交流，引导师生正确发声，弘扬正能量。同时，通过由专业教师定期为微讯社骨干开展舆情搜集与分析培训，负面舆情应对方法与评论技巧等课程，提升成员发现舆情、分析舆情、引导舆情的应急处置能力和综合素质。微讯社学生网评员队伍在“G20 峰会”“校庆巡游”等重大网络事件中，通过网络渠道，及时发声，批驳不当言论、开展正面引导，发挥了很好的舆论引导作用。

二、以德育内容为核心，建构校园网络德育氛围

微讯社坚持正确的舆论方向，大力弘扬社会主义核心价值观，密切关注学校发生的重点新闻事件、重大活动，迅速有效地开展一线报道和先进人物的重点采访。在新闻报道中，注重通过网络宣传，有意识地构建良好的校园网络德育氛围，形成积极健康向上的德育场。微讯社立体化、全方位的网络报道，使之成为学校德育的集中示范区和重要的德育共同体，在广大师生的道德意识引领、道德价值形成和弘扬优秀道德中产生了重要影响。

微讯社以内容报道为基本载体，重视发现典型人物，挖掘育人价值内涵，传播校园正能量，构建良好的校园网络德育氛围。例如，微讯社 2016 年重点报道了“G20 进校园”浙大专场活动、2017 年重点报道 120 周年校庆等重大时事新闻。通过重点选题，重视内容报道，挖掘了一批如“一生一师一课堂”物理系教师应和平、最年轻博导陆盈盈、高颜值学霸双胞胎、轮椅博士叶沈俏、作息表精确到分的浙大学霸胡一捷等校园先进典型代表，在广大师生中起到了很好的道德引领作用。

微讯社积极构建网络德育工作的整合平台，通过连接校内新闻网、广播电台、微博、微信等媒体，建立系统化、多层次、高效率的网络全媒体阵营。从

媒体的属性来看,微讯社就像是连接校内各级网络平台之间、传统德育平台和网络德育平台之间的一个汇聚点,形成一个覆盖全校、面向社会的网络矩阵。它既打通"学校—学院(系)"两级的纵向媒体平台,也联通校内各职能部门的横向媒体平台,彰显了媒体融合优势,成为引导校园新媒体发展的趋势。在微讯社的主导下,通过主题网站、微信、微博、电视等媒体齐发力,线上活动、线下路演、校园采风等形式共占用,在学校内部形成了一个具有强大影响力的新媒体平台。

三、整合网络全媒体平台,发挥整体育人功能

微讯社通过系统化、多层次、高效率的网络全媒体平台,为推进全校网络德育工作提供了多重途径,有效发挥了新媒体在高校德育的整体育人功能,扩大了德育工作的联动效应。微讯社重视德育信息和教育资源的分享,积极挖掘各大新媒体平台的信息资源,实现德育资源的网络共享,能够很好地发挥网络德育平台的育人作用。微讯社密切关注校内外各大新媒体的最新动向,充分利用校内新媒体平台的信息资源,各部门、各单位有引领价值的重要的网络德育信息都可以通过这个平台发声和传播。

在新媒体网络平台中,微讯社尤为重视研究网络平台的工作机制和特点。手机、个人电脑等移动客户端是微讯社发布网络德育信息的重要载体,通过微讯社这一连接点,充分利用互联网的互动性、交流性,将学校师生连接在一起。例如,通过网络留言区、交流区,鼓励不同德育主体之间的平等对话和互动交流。在微讯社报道中,宣传报道不是目标,有效开展德育工作才是终极目的。可以说,微讯社将高校网络德育工作推向网络最前端,不同德育主体在这一网络德育场中形成了良好互动。

微讯社注重聚焦重大德育问题、挖掘重要德育主题、宣传重点德育典型,积极打造具有重大影响力的育人成果。微讯社的多篇人物采访文章获得全国高校"五个一百"网络正能量精品稿件,多个故事被新华社、人民日报、央视

新闻等中央级媒体转载报道。据统计，2016年至今，仅人民日报官方微博报道浙大128次，微信报道浙大16次，在全国高校中处于领先。通过媒体融合，微讯社在网络德育工作中取得了突出成绩。2015年，微讯社工作案例《汇聚网络力量育人传承创新》获得教育部2015年度全国高校网络宣传思想教育优秀工作案例一等奖。微讯社依靠互联网技术不断进行创新，积极开展网络德育工作，形成了一系列的网络德育育人成果。

第六章　角色德育

社会生活中角色无处不在、无时不在。德育共同体的多元主体也是社会生活中的个体，他们所承担的角色并不是孤立存在的，而是与其他角色联系在一起，从而形成一个完整统一的角色集合。角色德育是德育功能更直接、具体的客观反映，也是德育科学化、体系化发展的趋势体现，更是实现高校德育共同体目标的主要路径。一定的身份、地位，就会形成特定的权利、义务、规范和行为。对大学生而言，在社会化的浪潮中，外部环境对高校人才培养提出了更多更高的角色期望和要求。体现在角色身份上，对高校大学生和社会生活中的社会人的角色期望是不同的。在角色场域中，无论是在公共生活领域、职业生活领域还是婚姻家庭生活领域，都要求大学生具有不同的角色担当。在高校德育共同体中，角色德育通过对大学生现在及将来要承担的社会角色进行引导教育，引导大学生达成情感共识，唤醒主体参与意识，实现思维共存，进而帮助大学生在角色实践中掌握角色规范、树立角色认同，力求使大学生成为知、情、意、行相统一的社会主义事业建设者和接班人。

第一节　角色德育的教育价值

一、“社会角色”的应势而为

社会生活主要由公共生活、职业生活和婚姻家庭生活构成，个体在其中被赋予了各种角色担当。每个社会人承担的角色规范和角色行为形成运转良好的社会生活。在市场经济模式下，市场配置成为主导性社会要素，传统意义上的社会生活以及被赋予的社会角色有了更新的时代意义。

应该说，高校德育工作在大学生的道德建设方面从未缺位，但是社会转型期所带来的角色冲突在大学生中屡见不鲜。社会对角色的要求，之于公共生活，需要明辨是非、理性包容、文明有礼、遵纪守法的角色担当；之于职业生活，需要勤奋好学、爱岗敬业、诚信友善且具有工匠精神的职业形象；之于婚姻家庭生活，需要尊老爱幼、夫妻和睦的家庭形象。然而在大学生群体中，普遍存在着重技能轻德行、重个体轻集体的现象：在理想信仰上，具体问题认识迷茫、政治判断力弱、缺乏责任感和同情心等；在职业发展领域，学习能力低下、职业角色迷茫、职业规范失范等；在婚姻家庭生活中，错误的恋爱观和婚姻观、自我中心的家庭相处模式、性别角色失范等。大学生的社会化过程是人的一生中社会化发展的关键时期，如何培养一名合格的社会公民，培养出既有广博知识、又具有心理层面和情感层面自我成长能力的人，使之成为一位目标清晰明确，能够应对各种挫折和挑战的向上的、积极的人，学校教育责无旁贷。

二、主体内在诉求的必然选择

当前，高校德育对象大多数是“95 后”“00 后”，德育对象发生较大变化。“跨世纪”的新一代大学生大多作为独生子女长大，成长在优渥和便捷的信息化社会，呈现出新的特点——现实感强历史感弱、自我意识强社会观念弱。具体表现为：一是在思想领域上，富有朝气活力、敢于挑战和创造，容易接受新生事物，具有较强的开拓创新精神，但又缺乏对现实的认同，追求自我的轻松享乐、缺乏忧患意识，让人感觉“组织观念淡薄”“个人主义横生”；二是在价值取向上，呈现自我、多元、复杂和矛盾的特征，表现为价值主体高度自我、价值评价标准趋向双重、信仰选择呈现多元、内在实现与现实外部环境冲突——既注重个体之间的平等、自我个性的张扬，又喜欢自由轻松的学习氛围和各抒己见的沟通平台；三是在行为态度上，崇尚个人主义、趋向功利主义，表现为行为选择标准务实、个性张扬独立自信、泛功利化和本位倾向明显；四是在接受教育过程中，带着一种审视和批判的态度，希望平等参与、互动交流。总体上，这一代的大学生从“乖乖孩”向“叛逆孩”转变，从“规矩型”向“自由型”转变，从“组织型”向“个人型”转变。在他们身上，家长朋友、网络的影响在不断强化，老师和同学的影响在逐渐弱化，更多时候他们相信自己的感觉和感受，对现实的外部世界领悟不强，外界对其说服力在不断地减弱。高校需要正视这一事实，创造条件、找准机会对学生进行角色规范教育，帮助其进行角色扮演，树立角色认同，体悟社会的真实。

三、高校德育理念的发展延伸

人的全面发展应是人的体力和智力结合的劳动能力、人的社会关系和人的自由的全面的发展，这种全面发展通俗来讲就是“个体能力、社会关系和个性诸方面的全面、自由、充分的发展”①。角色德育就是拓展人的全面发展理论的一次有益尝试。

传统德育理念中存在一些问题，比如过于突出“灌注”为主，重视第一课堂，忽视第二、第三和第四课堂建设；重视教师的教，忽视学生的学；重视认知，忽视身体、认知和情感的全面和谐发展；片面追求升学率的应试教育等教

① 万光侠. 思想政治教育的人学基础[M]. 北京：人民出版社，2006：454.

育教学方法。[①] 在新形势下，这些教育的理念、手段、方法和措施必须得到全面的、深刻的改革。具体而言，高校德育理念的发展和延伸主要体现在三方面：一是高校德育理念人本化走向，即尊重教师、学生之间的主体性，尊重教师和学生的能动性和创造性，注重学生知识、能力、素质和人格的综合培养，注重师德师风建设，关心和关怀学生的成长。二是高校德育理念个性化走向，尊重人的独特性，因学生的需求而不断完善德育发展环境，通过对德育场域和途径的不断探索，实现学生接受教育和自我教育的和谐统一，从而培养学生良好的个性品质，促进学生的和谐发展。三是体现高校德育理念的科学化走向。高校德育不仅是面对当下，也要不断地预测未来、面向未来。社会就是检验德育成果最好的熔炉。要根据现实环境的需求，科学地、合理地凝练德育理论和设置德育实践方式，以满足学生和社会发展的需要。而高校角色德育，就是高校德育理念的拓展和延伸，以实现大学生的社会化进程为突破口，帮助大学生树立角色认同，了解并遵行角色规范和角色伦理，促使高校与社会实现有序衔接。

第二节　角色德育的理论视角

一、马克思主义人学观

长期以来，我国高校德育一直围绕“人”这个主体展开，“培养德智体美劳全面发展的社会主义事业建设者和接班人”是高校德育的核心使命。马克思主义人学观所蕴含的“人的本质学说”“人的全面发展学说”和“人的主体性学说”为高校开展角色德育工作提供了坚实的理论基础。

---

① 王泽农，龙琪．校长的教育理念：思想观念与行为实践[M]．长春：东北师范大学出版社，2014：34．

“人的本质学说”是角色德育成为可能的根本理论。马克思认为:“人的本质不是单个人所固有的抽象物,在其现实性上,它是一切社会关系的总和。”①这说明人的本质“不是人的胡子、血液、抽象的肉体的本性,而是人的社会特质”②,“人是最名副其实的政治动物,不仅是一种合群的动物,而且是只要有在社会中才能独立的动物”③。这种社会属性是人之为人的根本原因。同时,人的本质是具有历史性的,是随着社会关系的变化而变化的,“不管个人在主观上怎样超脱各种关系,他在社会意义上总是这些关系的产物”④。这就要求教育者在思想政治教育过程中,必须注意人的社会性、历史性和社会关系对人的影响。从嗷嗷待哺的新生儿,到成长为一个适应社会发展需要的人,意味着个体在成为“人”的角色过程中,通过对历史的借鉴和与社会的交互,掌握各种技能、规范、道德、语言、知识和价值观等,逐渐培养起“社会人”的角色能力。

“人的全面发展学说”是检验角色德育实施效果的指导理论。马克思主义关于“人的全面发展学说”,既重视人的自由发展,也注重人的全面发展。在第一层次,人的体力和智力获得充分统一发展,从而导致人的劳动能力的全面发展。要消除人本质的异化,在任何时候,“任何人的职责、使命、任务就是全面地发展自己的一切能力”⑤。在第二层次,是人的社会关系的全面发展。“个人的全面性不是想象的或设想的全面性,而是他的现实关系和观念关系的全面性。”⑥人只有在全面的社会关系互动中才能发展自己,最终实现人的全面发展。在第三层次,是人的自由全面发展。马克思主义承认天赋的存在,也承认天赋的差异性。正是这种天赋的差异性,强调了人的自由个性,

① 马克思,恩格斯. 马克思恩格斯选集:第1卷[M]. 北京:人民出版社,1972:501.
② 马克思,恩格斯. 马克思恩格斯选集:第1卷[M]. 北京:人民出版社,1956:270.
③ 马克思,恩格斯. 马克思恩格斯选集:第12卷[M]. 北京:人民出版社,1962:734.
④ 马克思,恩格斯. 马克思恩格斯选集:第23卷[M]. 北京:人民出版社,1979:12.
⑤ 马克思,恩格斯. 马克思恩格斯全集:第3卷[M]. 北京:人民出版社,1960:330.
⑥ 马克思,恩格斯. 马克思恩格斯全集:第46卷下[M]. 北京:人民出版社,1980:36.

而“不是在某一种规定性上再生产自己，而是生产出他的全面性”[①]，展现了丰富多彩的人性。教育是实现人的全面发展的重要途径之一，它“使年轻人能够很快熟悉整个生产系统”，使得人“能够全面发挥他们的得到全面发展的才能”[②]。因此，在角色德育中，要用好“教育”这把“开山斧”，既尊重人的自由发展，也尊重人的全面发展，两者相辅相成，和谐统一。

马克思主义高度重视“人的主体性”作用，从“现实的人”出发，既尊重人的个性充分发展，还注重人的主体性的发挥。马克思指出“主体是人，客体是自然”[③]，作为主体的“人”所体现出的主体性特征中，“能动性是人的主体性的最基本的内涵，创造性是以实践活动为基础的现实的超越，自主性则是人的主体性的最高层次”[④]。因此，在高校德育中，要充分尊重教育者和受教育的主体性，体现个体角色的特殊性和社会角色的共同性，不断培养人的主体意识、培育主体精神、开发主体能力、塑造主体人格，从而使得人得以全面发展，更好地适应和改造世界。

二、人的社会化理论

马克思提出“人的本质”理论的同一期间，人与社会的关系得到越来越多学者的关注和探讨。社会学先驱者孔德、实证主义哲学家和社会学家斯宾塞都曾有过研究，这些研究为人的社会化理论发展奠定了基础。孔德首次用实证的方法研究人与社会的关系，他认为社会学是“唯一研究人的理性及其心理在社会生活的影响下如何完善起来的科学”[⑤]，社会是一个有机的整体，各部分相互联系且只有在统一中才可被认识，而认识只有通过经验观察，最终目的是为了改造社会，以此对抗形而上学和思辨哲学。孔德的思想掀起了轰

① 马克思，恩格斯. 马克思恩格斯全集：第 30 卷[M]. 北京：人民出版社，1995：480.
② 马克思，恩格斯. 马克思恩格斯文集：第 1 卷[M]. 北京：人民出版社，2009：689.
③ 马克思，恩格斯. 马克思恩格斯文集：第 2 卷[M]. 北京；人民出版社，1995：3.
④ 袁本顺. 高校人本德育研究[M]. 广州：中山大学出版社，2015：27.
⑤ 刘豪兴，朱少华. 人的社会化[M]. 上海：上海人民出版社，1993：11.

轰烈烈的实证主义运动。斯宾塞继承了孔德的实证主义思想，但对人与社会之间的关系有不同的解释，他以生物进化论来研究社会与个人，他认为“社会固然是由个人组成的，但不等于若干个人的总和，社会一经组成，就有了自身的性质”，研究一代人首先需要研究当下的社会条件。[①]

1895 年，德国社会学家 C. 齐美尔在《社会学的问题》一文中使用了人的“社会化”概念，引起了更广泛深入的探究。在学术界，“人的社会化”是指：人是社会的人，人在一生中都处于动态的学习过程。人既作为“社会学习者”不断掌握社会知识、技能和规范，又作为“社会参与者”将这些社会知识、技能和规范内化为个人品格和行为并进行社会再创造。[②] 社会化既是人的全面发展的过程，也是人的社会性形成与发展的过程。简单概括，人的社会化主要包括彼此相互联系和相互影响的两方面的内容：第一，人通过在社会互动过程中学习，掌握知识、技能和规范等能力和品质，获得社会人的资格；第二，人在适应社会的过程中，积极改造和创造新的社会文化和生活，促进社会发展。[③]

大学阶段是人生承上启下的一个重要阶段，它帮助个体由依赖原生家庭的非成熟状态发展到可以自食其力、适应社会各种要求的独立成熟的社会人，实现人的社会化的“质”的飞跃。人的社会化理论认为，一个人在充当某种社会角色之前，必须做好有效扮演这种角色的所有准备，学校就是一个“预备社会化”的重要场所。[④] 因此，大学教育在人的成长成才中起到关键性作用，实现其从高中生角色向大学生角色的转变，从大学生角色向社会人的角色转变，是大学生“预期社会化”的重要过程。在这些角色转变过程中，社会对大学生不同角色的期待和要求，也有着一整套与其角色身份相对应的权利、义务、规范和行为模式。有学者指出，角色德育就是要在青年大学生社会化过程中，帮助他们完成知识技能的社会化、道德的社会化、政治的社会化、

① 刘豪兴，朱少华. 人的社会化[M]. 上海：上海人民出版社，1993：11.

② 刘豪兴，朱少华. 人的社会化[M]. 上海：上海人民出版社，1993：8 - 9.

③ 奚从清. 角色论——个人与社会的互动[M]. 杭州：浙江大学出版社，2010：140 - 141.

④ 车文博. 心理咨询大百科全书[M]. 杭州：浙江科学技术出版社，2001：91.

法律的社会化、心理素质的社会化、角色的社会化和个性的社会化这七个方面的内容。①

三、角色理论多维度发展

(一) 社会学中的角色理论

角色理论在社会学中的研究范围是非常广泛且复杂的。角色理论的研究主要有两种传统观点：一是人类学和结构功能主义的观点，代表人物是R.林顿。这一派是从角色在社会结构中所处的位置出发，认为“社会是一个由各种各样的相互联系的位置或地位组成的网络，其中个体在这个系中扮演各自的角色。对于每一种，每一群，每一类地位，都能区分出各种不同的有关如何承担义务的期望”②，强调的是个人行为会遵循与其社会地位相符的规范。二是符号互动论的观点，代表人物有G.米德和E.戈夫曼。这一派又称之为过程角色理论学派，是以社会互动作为出发点，围绕互动过程中的角色扮演，探讨角色期望、角色冲突与角色紧张等问题。它与结构角色理论中的宏观社会分析法相比，则是从微观出发，讨论角色与角色之间的互动和为更好地与他人进行互动而学会的内省式角色扮演。③

这两种传统观点各有所长，结构功能主义强调角色规范，后者更强调互动过程中产生的角色问题。后续众多学者在此基础上不断发展着角色理论，角色理论也从一开始研究个人与社会、个人与个人之间的关系逐渐发展到研究集体组织的行为特点，促进了心理学中角色理论的发展。

(二) 心理学中的角色理论

社会心理学探讨了有关角色理论，侧重于从心理学的视角讨论人格发展问题以及角色扮演等问题。在讨论人格的形成与发展时，角色理论奠基人美国社会心理学家米德用“主我”和“客我”讨论自我。其中：“主我”就是人自发

---

① 陈锡敏. 当代大学生社会化探析[M]. 北京：首都经济贸易大学出版社，2012：36－41.

② 特纳. 社会学理论的结构[M]. 杭州：浙江人民出版社，1987：431.

③ 秦启文，周永康. 角色学导论[M]. 北京：中国社会科学出版社，2011：4.

的、独一无二的自然特征；"客我"是自我社会化的部分。美国学者戴维·波普诺在论证儿童的心理成长时，讨论了从"重要他人"到"一般他人"的角色实现完成"客我"社会化的过程。

在讨论角色扮演问题上，心理学将其作为一个技术手段，"将人暂时置身于他人的社会位置，并按照这一位置所要求的方式和态度行事，以增进人们对他人社会角色、自身原有角色的理解，从而学会更有效地履行自己角色的社会心理学技术"①。后来，该技术被大范围应用和推广，在提高人们的社会理解能力、改善人际关系等方面表现出色，而且人们还发现"较长时间的角色扮演，可以改变人们的心理结构，角色扮演中的直接情感体验，所扮演角色的某些特征，最终可以被固定在人们的心理结构中，使其个性发生实质的变化"②。

可以说，心理学中的角色理论为角色德育中的角色行为培养提供了具体的技术性指导，特别是出现角色转换、角色紧张、角色冲突、角色错位和角色失败等情况时，有针对性地破题，有针对性地寻找方案重塑角色行为，为角色德育的实现奠定了技术基础。

（三）伦理学中的角色理论

角色伦理是社会学和伦理学的交叉研究成果，是新兴的研究方向。学术界对于角色伦理的系统性探讨，主要见于田秀云所著《角色伦理——构建和谐社会的伦理基础》一书。作者指出，角色伦理主要"是以社会角色的权责关系为核心问题、以角色扮演为中心内容、以角色道德为基本范畴、以社会和谐互动为指归的一种角色理论"③。它与角色道德的立足点不同：角色伦理立足于社会伦理之上，角色道德更关注个体道德的发展和完善。因此，研究角色伦理可以从人的公共生活、职业生活和家庭生活等各方面入手，对角色的权责关系、道德担当、角色责任进行分析，最终对失范、失调或者冲突的角色伦理进行自我和社会调试，以此构建一个和谐的社会。

① 全国 13 所高校《社会心理学》编写组. 社会心理学[M]. 天津：南开大学出版社，2008：76.

② 全国 13 所高校《社会心理学》编写组. 社会心理学[M]. 天津：南开大学出版社，2008：76－77.

③ 田秀云，等. 角色理论——构建和谐社会的伦理基础[M]. 北京：人民出版社，2014：30.

伦理学中的角色理论对当代德育工作具有重要的价值引领作用。从市场经济的有序发展而言，它迫切需要社会人能够正当求利、平等竞争、诚实守信，从而构建一个以自由、平等和以契约关系为基础的和谐的市场经济运行环境。从和谐社会发展而言，人作为角色扮演的实体，在社会互动中要承担不同的角色行为，履行不同的权利和义务，遵守相应的角色伦理要求，只有人的角色扮演与社会和谐发展的需求相适应，人才能将自己的个人成长和发展转化为社会发展的动力。因此，在高校角色德育实施过程中，角色伦理是对角色行为进行具体指导的指向灯，也是培养大学生精神内涵、解决道德冲突的必然选择。

综观以上的论述，高校角色德育是指高校在培育人的过程中，尊重人的人本性、实践性和社会性等特征，通过有意识地运用科学的、系统性的角色教育活动，对德育对象所要承担的社会角色进行引领和指导，使其在角色实践中掌握角色规范、遵守角色伦理、树立角色认同的“内化式”德育模式。这是高校德育共同体的重要路径。

第三节　角色德育的建构

一、大学生的角色分析

（一）同一性与差异性并存

从身份上来说，大学生都是 20 岁左右的新生力量，都包含着既是“成人”又是“学生”的角色，迫切需要汲取知识、锻炼能力、提升素质和塑造健全人格以适应社会。不过作为一名学生——“准社会人”，大学生在角色认知方面普遍存在着理想色彩浓郁、看待问题容易片面单一、艰苦奋斗精神淡化等共性问题。

大学生角色的差异性主要表现在两方面：一是大学生个体之间角色认知

发展具有差异性。这种差异性来源于个体本身发展速度和发展水平的高低，也来源于外界环境变化或者突发事情对个体的影响。二是指不同年级的大学生角色认知发展的情况也有明显的差异性。比如，大一新生对于角色身份的认知，主要在于辨别“大学生”和“高中生”的区别，以此来更好地适应大学新环境；而大四的学生对于角色身份的认知，更多的关注是成为一名合格的“社会人”，顺利走向职场、走向社会。

（二）独立性与依赖性并存

大学生自从进入校园之后，就要打破过去对父母、师长和亲友的依赖，走上“独立自主”生活的道路。他们表现出很强的独立性，具有明显的自主意识，喜欢接受新兴的事物，能够认识到自己的角色对于社会实践、职业成长、家庭生活和个人成长的重要性。所以，他们有主动通过学习和实践去取得某种社会角色的资格的愿望。

当然，大学生的角色认知表现出的依赖性特征也较为明显。因为年纪轻阅历浅，个人成长在过程中仍有很多不成熟的地方，尽管努力地脱离“埋头苦读”式教育对自己的影响，积极投入大学生活中，但是依旧在学业进步、职业成长、人际关系和情感处理等众多角色因素中缺少实际经验，在角色认知、角色规范上期望得到更多的指导和帮助。

（三）相对稳定性与变化性并存

大学生角色身份的相对稳定性与变化性主要表现在三个方面。(1)当大学生处于某一身份角色时，若自己对承担的角色的认知和期待与社会的要求是一致的，则会表现出稳定性；若发生不一致的情况，大学生则会重现角色冲突，冲突的后果则会带来变化的可能。(2)大学生的角色身份不是单一的，而是与其他身份角色是联系在一起的。比如说大学生既是学生，也可能是某学生社团的负责人，亦可能是校外某实践活动的项目负责人等等。若这些不同的角色身份对大学生提出不同的期待和要求，学生满足各方面的需求，则能保持相对稳定性；反之，则会有变化性的可能。(3)当大学生的角色身份出现新旧变化的时候，如果不能及时从原来的角色中顺利转变为新角色，则会出现强烈变化的可能，但是一旦新的角色能够被大学生很好地适应，那么这一角色将进入相对稳定的状态。

二、角色德育组成要素

角色德育主要包含四个要素：设定角色德育目标、强化角色意识、组织角色学习和树立角色认同。

（一）设定角色德育目标

《普通高等学校德育大纲（试行）》提出，高校德育的目标为："使学生热爱社会主义祖国，拥护党的领导和党的基本路线，确立献身于有中国特色社会主义事业的政治方向；努力学习马克思主义，逐步树立科学世界观、方法论，走与实践相结合、与工农相结合的道路；努力为人民服务，具有艰苦奋斗的精神和强烈的使命感、责任感；自觉地遵纪守法，具有良好的道德品质和健康的心理素质；勤奋学习，勇于探索，努力掌握现代科学文化知识。并从中培养一批具有共产主义觉悟的先进分子。"①角色德育是高校德育探索实践的一种模式，角色德育的目标更注重角色适应，与高校德育目标没有根本的冲突。因此，角色德育的目标是从强化角色认知、树立角色认同等角度，将高等德育的目标更具体化、社会化，而杜绝了泛政治化倾向。换言之，角色德育的目标是作为高校德育目标与德育实践（效果）的载体性因素，是从学生的社会属性出发，贴合学生的实际发展需要，帮助学生成为一个适应社会发展的"社会人"。

角色德育的目标具有理论与实践的双重属性。一方面，作为高度抽象化的德育目标以相对具体化的概念形态存在，是高校德育可衡量的标尺，是对高校德育目标整体解构后的一次模块整合，具有一般意义上的理论特征；另一方面，它作为具有层次性、可实践性的角色德育的重要组成部分发挥作用，具有特殊意义上的实践性特征。可以说，角色德育在本质上是属于实践性

① 欧少亭．教育政策法规文件汇编[M]．吉林：延边人民出版社，2001：745．

的，但是只有对角色德育的目标进行深入探讨与挖掘，才可以将角色德育的实践性落在实处，才可以体现角色德育的育人的成效。

（二）强化角色意识

何谓角色意识？根据奚从清教授的解释，角色意识亦称为角色观念，是指个体在特定的社会关系中对自己所扮演的角色的关系、地位、作用、规范、权利、义务、形象和行为等方面的认知、态度、情感的综合反映。[①]

如何界定大学生的角色意识？目前的相关论述不多，有探讨从中学生到大学生身份转变过程中的角色意识，有探讨大学生转变到准社会人过程中的角色意识。本书所指的角色意识是从中学生到大学生身份转变、大学生身份确立和即将步入社会的社会人的过程中，学生对所扮演的"大学生"和即将扮演的"社会人"角色的关系、地位、作用、规范、权利、义务、形象和行为等方面的认知、态度、情感的综合反映。具体来说，就是指大学生能够很好地完成中学、大学和社会的良好过渡，并对中学、大学和社会的区别有清晰的认识，具备重新认识、评估自己、完善自己并使自己能够成为一名合格的社会人的自觉意识。

在这样的自觉意识中，大学生能够：对自己或他人所扮演的角色有所认知；对自己或他人在角色扮演过程中对角色规范有所认知；对自己或他人的角色行为有所认知；对社会、组织、团体及其成员对自己或他人所扮演的角色期待有所认知；对自己或他人的角色扮演评价的认知。[②] 在角色德育的实施过程中，只有强化这五种认知能力，学生们才可以衡量、判断自己是否能够胜任某个角色，是否能够恰如其分地扮演某个角色，是否能够良好地适应社会。

（三）组织角色学习

组织角色学习是角色德育实践的手段和途径，是搭建各种平台为学生创造条件，让学生掌握理想的社会角色行为准则、技能，提高角色认知水平，缩

① 奚从清. 角色论——个人与社会的互动[M]. 杭州：浙江大学出版社，2010：91.

② 奚从清. 角色论——个人与社会的互动[M]. 杭州：浙江大学出版社，2010：94.

短与理想角色的差距的过程。[①] 它是实现真正“角色扮演”的基础，也是实现学生社会化的重要途径。

首先，需要清楚地认识到这是一个从模仿到真正认知的过程，是角色意识不断深化的过程，也是锻炼角色辨析能力的过程。在组织角色学习的时候，学生可能只是认为自己是在模仿，没有融入社会角色中，不能体悟到角色的分量。只有不断地实践，才会逐渐了解角色，才能从模仿过渡到角色的认知和辨析。

其次，需要清楚地认识到这是个体自发参与到自觉的过程。实施角色德育的教育主体虽然是通过教育手段，让学生自发参与学习并获得技能、准则，提高角色认知，但是角色德育的对象会在整个参与的过程中逐渐发展成为自觉学习行为。心理学的研究表明，一个人一直以理想的社会角色的态度和行为去生活，那么这个社会角色的态度和行为最终会影响或固化到角色扮演者身上，从而实现自觉的过程。

再有，需要清楚地认识到这是一个整体到局部且是终身学习的过程。学生在对角色去了解时，首先是对其整体轮廓进行掌握，只有随着学习的深入，才会对具体的细节进行把握。而且需要认识到这种学习是终身的，高校组织的学习只是角色学习的一部分，进入社会后的角色学习是在社会这个大熔炉中进行的，只有形成终身学习的意识，才能真正地扮演好社会角色。

(四) 树立角色认同

树立角色认同是实现角色德育的终极目的，也是角色扮演能否顺利成功的核心内容。目前学术界主要从社会学、心理学的角度，对角色认同的界定进行探讨，主要集中在三个方面：(1)将角色认同视为是一种知觉，即我们如何看待在一个特定社会位置上行动的自我；(2)角色认同是个体对特定社会角色的承诺；(3)角色认同是个体(成人)人格中一个复杂和多侧面的特征。[②]

① 林晶，邱德亮，张澍军. 思想政治教育中角色道德问题研究[M]. 北京：人民出版社，2015：45.

② 周永康. 大学生角色认同实证研究[D]. 重庆：西南大学，2008.

综合上述观点，角色德育过程中的角色认同是一个心理过程，是角色德育对象对自己所承担或即将承担的角色关系、地位、作用、规范、权利、义务、形象和行为等方面的认同并内化为自身角色扮演的过程。可以说，角色认同的形成也是对角色的知、情、意和行的统一发展的过程。

需要特别说明的是，角色德育中的树立角色认同，最终是为了达到个体同一性、角色同一性和社会同一性和谐同步的发展。这三者实则是从不同维度对自我概念的探讨。其中，个体同一性是个人按照自己的知识、能力和人格的特质实现自身全部角色的和谐同一；角色同一性是个人对某一个具体的特定的角色的认同和内化；社会同一性是个人对社会群体或类别的认同，是调节自我和广大的群体类别的社会关系的建构。① 这三者，是相互补充、相互联系的，并且实时修正自己的角色认同，避免在社会互动中出现的负面的、消极的角色行为，比如角色冲突、角色错位和角色失败等。

三、要素之间的内在联系

上述的四个要素之间相互影响、相互联系，构成了角色德育的实施模型。总体来说，四者之间的关系主要有如下特点。

（一）要素的系统性

角色德育是一个系统工程，它是由相互联系、相互影响的角色德育各要素所组成的，是具有一定发展规律和功能的德育模式。具体而言，角色德育就是通过重新整合德育的各方力量，对教育过程进行优化，构成具有系统效应的角色德育结构，是实现“立德树人”根本任务的一种创新性尝试，这也是德育效果可视化的一种努力。其系统性主要表现在：角色德育四要素之间是一个有机整体，且整体功能大于组成它的各部分功能之和，它们之间不是孤立的、分散的、无条理的，是按照过程方法论和德育发展的内在规律实现系统性。角色德育目标的设定是角色德育得以实现的框架和纲领，是其他三个要

① 周永康. 大学生角色认同实证研究[D]. 重庆：西南大学，2008.

素的先导和基础；强化角色意识是实现角色德育的方式和方法，组织角色学习是践行角色德育的手段和途径，两者相互融合构成了角色德育的中间环节，这也是角色德育内容互补、功能衔接的关键性环节；树立角色认同是实现角色德育的终极目的，也是角色扮演能否顺利成功的核心内容。

(二) 要素的可逆性

角色德育的实施可以按着四要素依次向前发展，但是实践过程中也是可以逆向发展的。角色德育的目的，是通过组织角色学习强化参与者的角色意识，进而帮助参与者实现角色认同，最终达到实施角色德育的终极目标。在角色德育的实践环节、具体组织角色学习时，学校在设置的角色扮演模块中用具体的角色扮演深化参与者的角色认识。由于每一个个体的独特性，思想认识水平、领悟水平不尽相同，在回答“这个角色是什么？需要怎么做？如何去做？我是否有能力去承担这个角色？等等”问题时，“一百个人眼中就有一百个哈姆雷特”。需要强调的是，角色德育总的目标是不变的，只是在后三个要素之间实现可逆。因此，在参与者对角色意识的认识程度不一、角色认同不匹配的情况下不断调整和修正自己的角色意识，重新设定组织角色学习的模式，最终实现角色认同是符合受教育者成长需要的。

(三) 要素的人本性

角色德育是以马克思主义“人的全面发展理论”为基础的，是在“以学生为本”的基础上提出的，是学生由自发参与到最后产生自觉角色行为的过程，是为了引导学生成为一名适应社会发展的社会人。角色德育倡导主体间性，让教育者与受教育者双方都在场，特别重视受教育者即德育对象的主体地位。发挥德育对象的主体作用，这才能促进学生的全面发展，才能使教育成为“把一个人在体力、智力、情绪、伦理各方面的因素综合起来，使他成为一个完善的人”①。这也表明，角色德育本质上是一种关照受教育者的人本性的实

---

① 联合国教科文组织国际教育发展委员会. 学会生存——教育世界的今天和明天[M]. 北京：教育科学出版社，1996：195.

践模式，是一种对受教育者的综合素质的全面培养过程。教育者只有尊重人本性，才可使得角色德育得以全面构建，这也体现了角色德育各要素之间是系统的、科学的整体性特征。

（四）要素的实践性

“实践是检验真理的唯一标准”，角色德育就是在具体情境中进行实践的德育模式。四要素的实践性特征，是来自社会生活的实践性，是角色德育的重要特性。角色德育无论是从本质上还是从德育目标实现的过程而言，都是为了生成主体的道德实践能力，促进学生将道德认知、角色所要求的社会权利、义务、社会期待、行为模式等内容内化为自己的社会适应能力，成为一名合格的社会人。换言之，教育者与受教育者共同活动的过程，只有在实践过程中才能统一。[①] 角色德育目标的设定归根到底是通过实践活动将角色认同的效果得以显现；强化角色意识是需要通过组织角色学习等实践活动才可以进一步深化，同时也在强化角色意识的过程中不断检验和调整角色学习活动；树立角色认同最终目的也是为了受教育者更好地适应和践行社会实践活动。四要素之间的实践性贯穿角色德育的始终，缺一不可。

第四节　角色德育的实践路径

一、进入课堂教学环节

用好课堂教学主渠道，引导大学生认识角色、熟悉角色，这是强化角色意识和组织角色学习的一种有力的方式。角色德育内容进入第一课堂，符合大学生角色成长过程中的“同一性”和“相对稳定性”的特点。用好课堂教学主渠道，通过课程内容的设置，将大学生职业规划、情感与人际关系、心理健康

① 詹万生．整体构建德育体系总论[M]．北京：教育科学出版社，2001：166.

等社会化课程引入第一课堂，帮助大学生认识角色、了解角色规范、熟悉角色所需要的能力和技能。

在课堂教学的过程中，需要重点关注三个方面：(1)课程内容需要有机整合社会主义核心价值观、中华民族优秀传统文化、职业发展规划与技能培养等内容。角色德育从本质上来讲，就是帮助大学生顺利完成“角色身份”的转变，做好现在和将来的社会化过程，做一名符合社会对其期待和要求的成员。而核心价值观是总开关，优秀传统文化是指明灯，职业技能是金钥匙。因此，对于教师而言，要创新课堂的教学方式和内容，多途径、多渠道地开展社会化课程。(2)课程内容设置需要遵循分层分类引导的方式，遵循大学生角色特点中的“差异性”和“变化性”。可以针对大学生不同群体的需求，开设职业生涯规划与指导、心理与情感、社团指导、领导力等分门别类的社会化课程，并按照大学生不同的成长阶段，设计不同层级的课程，逐步形成“认识—适应和定位—稳定和形成”的角色认知过程。(3)课程要设计监督和反馈机制，通过角色规范的学习和应用，参加的学生要定期结合课程内容进行自我监督、组织监督，内化课程内容并指导自己的实践。同时根据课程内容的反馈情况，适时地调整课程内容，以便更好地指导和引领学生的角色成长。

二、打造角色行为平台

角色行为平台通过个性化服务和引导，强化大学生的角色选择和角色辨析能力，是服务于学生个人成长的“私人订制”。这种“私人订制”可采取“主动出击”和“因难而上”两种策略。

“主动出击”是指在高校内部成立各类社会化培训平台，比如职业发展平台、领导力训练平台、情商训练平台、口才训练平台等。这些平台通过教师引导、朋辈式学习、专题型研讨等方式，侧重于对学生日常能力发展、人格养成和情操锻炼中的角色认识、角色体验和角色训练，使之具备成为社会化“人”的必要模拟经历，培养角色所需要的技能和素养，增强角色选择和角色辨析的能力，从而能在走出校园走向社会的过程中，习得正确的角色行为。

“因难而上”是指帮助学生掌握角色辨析和角色调整的能力，培养角色扮演过程中应对挫折和困难的能力。这里有四种状态可以关注，即大学生角色紧张、角色冲突、角色错位和角色失败。角色紧张是指大学生因受时间、地点、精力和义务分配上的冲突而产生的心理不适应的状态；角色冲突是指大学生扮演一个或者多个不同角色时，甚至是承担相互矛盾的角色引发的冲突；角色错位是指大学生的实际表现与社会、群体、组织、他人的期待和要求不符合；角色失败是指大学生在角色扮演中遭到障碍，甚至遇到失败，典型的就是恋爱失败、大学生因为学业不达标而退学等情况。[①] 在这四种状态中，教育者要因事、因时、因地做好角色指导和引领工作，可以通过一对一谈话、心理咨询和辅导等方式，以角色行为错位为切入点，深入问题，帮助其完成角色调整，树立正确的角色意识。

三、拓展角色扮演渠道

合理、合情的角色扮演方式和活动，是大学生在行动中去体悟、感受和评价角色认知形成的有效过程，有利于大学生感受某种角色的预演，增加大学生顺利转换角色身份的热情。

拓展角色扮演渠道时，既要关注传统方式的角色模拟，也要结合信息时代的网络力量。在传统方式的角色模拟时，可以指导大学生参与各种类型的社团活动，去感受职业群体的特点和要求。比如，可以通过参加学术类的社团活动，通过竞赛、交流、研讨等学术类的实践活动，加深对专业的深度和广度的了解，“模拟法庭”“模拟联合国”等活动就是很好的角色扮演。在信息时代，机遇和挑战并存，网络力量在一定程度上造成了大学生沉浸于虚拟世界中，但是教育者依旧可以用“以子之矛攻子之盾”。比如，通过实时转播国家或者学校的大事要事，增加网络互动，激发大学生正确的网络角色扮演的热

① 奚从清. 角色论——个人与社会的互动[M]. 杭州：浙江大学出版社，2010：127－138.

情；有效运用“角色扮演”类的游戏，使之融入日常的教育教学过程中，使学生在游戏的角色扮演过程中潜移默化地实现角色规范和认同的树立。总之，要让大学生有针对性地去扮演角色，在角色的体验中感悟个体的成长、社会的进步和国家的发展，更好地将个人理想与国家、社会梦想相结合，实现角色身份的适应和转换。

四、强化社会实践环节

社会实践活动是帮助大学生认识国情、社情和民情的重要渠道，也是培养大学生树立受教育、长才干、做贡献意识的有效载体。在社会实践活动中，大学生直接与社会接触，与不同的角色进行交往和互动，在参与的过程中对自己承担的角色进行认识、了解和内化。在较长时间的角色扮演过程中，将角色行为和角色认同朝固化方向发展，促使其提高未来角色扮演的能力。

在社会实践实施环节中，需要注重实践活动的顶层设计和对实践环节的细节把握。在顶层设计过程中，组织者要明确社会实践作为一种有效的角色教育载体，要善于利用成员分工、小组轮岗和每日总结分享日记等具体实践活动，挖掘团队成员的领导力、团队合作能力、竞争力等综合素养，使得大学生的行为规范符合社会的期待，最终培养对某一角色或某类角色的认同。在实践环节的细节把握方面，教育者要善用社会实践的各个关键点，与实践共同体一起抓典型、讲规范，通过良好的角色形象树立，强化大学生的社会责任和规则意识，帮助大学生直接了解社会公认的法律、行业的职业操守和规范，提高大学生专业理论联系实际的能力。只有两者的有效结合，才可以帮助大学生最直接地了解社会，了解自己在社会化进程中不仅要做一名学习者、服务者、创造者，也要承认自己是一名不完美者。同时，对自己不同的角色所承担角色的权利、义务、地位等有更客观的认识，进而促进角色认同的深入。

五、完善角色文化氛围

树立典型的角色形象，推动角色认同的树立。在此过程中，校园文化在角色德育实施过程中作为一种隐性的、有益的方式存在。从有形到无形，从直接的行为模式到潜移默化的文化氛围，完善角色文化氛围，可从以下四个方面入手。

建设健康向上的校园氛围，营造角色德育目标环境。高校作为一个小型社会，有着其独有的文化特性。通过优秀典型角色形象的树立、各种行业的优秀人物的宣传、各种优秀文化的诠释、各类知识的荟萃和碰撞，将大学校园塑造为知识的殿堂、人才培养的高地，为大学生成长为“勤学、修德、明辨、笃实”的准社会人营造环境。

建设公正平等的校园制度，强化角色意识。人无论在何种环境下，扮演者何种角色，都具有相应的角色意识。在高校中，建设公正平等的校园制度，使得高校的每一个个体和部门都有章可循、有章可依，在既定的规则中，履行着自己的权利、义务和规范等内容，正是对高校制度的认同和执行，才会帮助人们形成对社会规范的认可和适应，在无形中强化个体的角色意识。

活泼生动的校园生活，增进角色学习。校园生活充满着青春和活力，通过不同学生骨干的锻炼、不同社团和组织的平台培养，大学生在行为互动过程中，从观察到模仿到自觉行为，不断地进行角色学习，自动向身边的优秀成员学习，自动向社会期待的标准靠齐，使得自己自发的行为习惯符合社会的认同，促进社会化进程。

高度凝练的校园精神，可以提高角色认同。健康、向上、高雅的校园文化，富含学校精气神的校园文化，在推动大学生在适应社会化的过程中，隐性地帮助大学生培养了高雅的情操、稳定的气质，这些气质正是社会伦理所需要的精神，也较大程度地可以促使大学生实现某一或某类的角色认同进程。

案例四：浙江大学青年马克思主义者培养中的角色德育应用

青年兴则国家兴，青年强则国家强。党的十八大以来，习近平总书记尤其重视青年工作，对青年的发展给予厚望。党的十九大报告指出："青年一代有理想、有本领、有担当，国家就有前途，民族就有希望。中国梦是历史的、现实的，也是未来的；是我们这一代的，更是青年一代的。中华民族伟大复兴的中国梦终将在一代代青年的接力奋斗中变为现实。"在这样的背景和社会希冀下，以培养"进一步坚定跟党走中国特色社会主义道路的信念，成长为中国特色社会主义事业的合格建设者和可靠接班人"为目标的青年马克思主义者培养工程（下文简称"青马工程"）变得更有积极意义。

2007 年 5 月以来，在团中央、全国学联的号召下，各地群团组织纷纷实施了以大学生骨干、团干部、优秀的青年知识分子等青年群体为培养对象的"青马工程"。在"青马工程"的实施中，浙江大学各级团组织聚焦于培养"青年马克思主义者"这一明确的角色德育目标，通过各种角色德育的路径设计，着重提升大学生的思想政治素质、政策理论水平、创新能力、实践能力和组织协调能力等，培养青年一代的"佼佼者""先锋者"和"引领者"。

一、设定明确的角色培养目标

实施"青马工程"就是为了培养"青年马克思主义者"，使之"进一步坚定跟党走中国特色社会主义道路的信念，成长为中国特色社会主义事业的合格建设者和可靠接班人"。"青马工程"角色培养目标的设立与这一初衷并不冲突，只是更聚焦于"青年马克思主义者"的政治属性和社会属性，聚焦于"青年马克思主义者"的角色实践。依此设想，"青马工程"的角色培养目标可定义为：在政治信仰上，使青年马克思主义者成长为不断学习、不断成长、尊重历史、尊重知识的具有丰富政治理论知识储备的坚定的马克思主义信仰者；在社会期许上，使青年马克思主义者成长为全心全意为人民服务的理论和实际相统一的践行者，以天下为己任的社会推动者，恪尽职守、遵纪守法、道德引领的职业形象者。

设定明确的角色培养目标后，还需要有分层分阶段的小目标，以此对角色培养目标进行跟踪和反馈。成为“青马工程”学员后，需要根据自身的特点，将总的目标分解为阶段性的短期小目标去加以实现。在此过程中，组织者要定期通过有效的“师长指导”“朋辈互助”的方式，使学员们进行自省式的目标调整，不断从师长、身边的学员和自身设立的目标上，去发现问题、寻找差距，进而去解决问题、缩短差距，实现自身角色的质的变化，最终保证“青马工程”角色培养目标得以实现。

二、设计知行合一的角色学习体系

按照角色培养目标的要求，在实施“青马工程”角色德育中，强化“青马”学员的角色意识和组织角色学习是密不可分的，是设计知行合一的角色学习体系的重要因素。在强化“青马”学员角色意识方面，组织者需要重点强化且明确“青年马克思主义者”与一般大学生的角色区别。具体来说，组织者要帮助学员们清楚地了解“青马工程”的角色培养目标，明白自己要成长为怎样的青年马克思主义者；了解如何成长为青年马克思主义者；了解在这成长过程中如何重新认识自己、评估自己、调整自己的能力，并将这种能力转化为个人成长的自觉意识。

首先，注重对第一课堂的建设，占领课堂教学主渠道。在课程设计过程中，可以依据学员的实际发展需求，有机融入社会主义核心价值观、正确的人生观、世界观和价值观教育内容，开展国情类、党史类、世情类、民情类等课程。如开设“当前中国经济社会发展形势分析”“领袖人格与领导力开发”等课程，让学员们在课堂学习过程中，既能对当下的时事国情有系统性和深入性的认识，也可以从授业者、其他学员以及自己身上认识到马克思主义者应担当的角色行为、角色规范、角色期许等角色内涵。同时，在第一课堂建设过程中，注重分层分类的课堂化建设，既让学员在短板化的课程中可以进一步充实理论知识、指导实践，也可以进一步挖掘学员的自身优势和特长，实现组织培养和自主教育的有机结合，实现有意识地教育引领和学员个体的成长需求相结合。积极拓展角色扮演渠道，深化第一课堂的成果。组织开展时政研讨会，让学员们提前对近期国内外时事热点进行解读，形成各自观点后，通过角色扮演、焦点辨析等形式组织研讨；组织经典品读会，对指定的经典书目进行认真阅读、学习，再通过学员之间的交流、汇报、与导师进行问答互动等形式加强对经典作品的认识；邀请名师专家对时政大事、国情世情进行专题解读的专家座谈会或者名师论坛，紧跟时事热点，围绕信仰、人生、责任等话题开展理论先锋对话，等等。这些方式都是通过加强学员之间、学员与导师之间的角色沟通和角色扮演，强化学员们青年马克思主义者的政治角色意识。

其次，拓展对“青马”学员的个性化指导和服务。着重从三方面考虑设计：(1)从学员本身特点出发，依据不同学生的性格特点，分成理论学习组、实践交流组、发展联络组、组织秘书组等不同组别，借此引导学员们对青年马克思主义者和社会主义事业的可靠接班人的角色身份的地位、作用、规范、义务、形象和行为等各方面的认识。(2)对角色德育的实施者而言，进行“专业导师团”和“成长导师团”的角色树立，加强对学员们的个性化指导。专业导师团主要由从事马列主义相关理论研究的专家学者组成，着重指导学员理论学习与成长成才；成长导师团则由资深的思想政治教育学者、行业专家、政府官员等组成，着重指导学员的实践活动和社会认知。通过两个导师团，让学员们认识到专门从事马列主义相关理论研究的专家学者与各行业专家、政府官员的形象特质，并在团体互动的形式中，让学员的知识储备、组织领导、合作协同等综合能力得到提升。(3)从角色扮演的团体特性来看，设置不同的角色团体，如职业发展规划组、文化体育与社团活动组、科技创新与理论调研组、社会实践与志愿服务组等，通过不同性质的团队建设，设置不同的角色内涵，为学员们提供个性化发展服务。

最后，实践外化为坚强骨骼，深入社会实践和必要的角色扮演。从线上实践而言，青年马克思主义者要敢于在新媒体平台中主动发声，真正将青年马克思主义者的身份亮出来，成为时代引领的“弄潮儿”。从线下实践而言，分为交流型实践和深入型社会实践两种。交流型实践组织学员们进行海内外的素质交流，拓宽国际视野，不断取长补短，实现自身素质、能力和品格更好的发展。深入型社会实践主要通过红色寻访、围绕青年学生关注的学习和成长问题以及社会的焦点问题以课题调研、政府挂职等方式组织角色学习，让“青马”学员们对社会、对民情有着最直接的了解，在深入社会的过程中得到磨炼，在磨炼中培养社会责任意识、服务意识和担当意识。

三、树立角色认同的反馈机制

为了检验角色德育在“青马”学员培养中产生的实际效果，还需要建立青年马克思主义者角色认同的反馈机制。在建立此机制过程中，可以重点考察“青马”学员阶段培养的质量和“青马”学员在学校和社会的全过程中的培养质量。

在对“青马”学员阶段培养中，对全程参与的每期学员进行调研。比如通过学员参与“青马工程”的系统培训前后对比，重点考查学生骨干的政治素养、理论基础、国际视野、战略思维等方面是否有明显的变化。以浙江大学的第九期“青马”学员的调查访谈为例，在系统接受“青马工程”培训之后，学员们普遍反映：原来对“青年马克思主义者”这一身份懵懂无知，但是经过系统理论学习和社会实践后，笃定自我要成长为这一群体的一分子；原来从政治课上被动接受授课教师讲解国家大政方针，到现在日常生活中会主动去关注时政新闻，了解国家大政方针。虽然这些变化很细微，影响也是点点滴滴，但是通过这样的角色教育，学员们思想认识的改变不自觉中影响周边的学生群体，带来了很好的榜样示范作用，也吸引了更多的学生愿意且主动成为“青年马克思主义者”。

在对“青马”学员全过程培养的跟踪中，建立“青马工程种子库”，在种子库中动态跟踪每一位“青马”学员的成长曲线。截至目前，浙江大学青马学院共举办九期，培育学员 290 余名。据不完全统计，“种子库”中产生高校辅导员 22 人、研究生支教团成员 41 人，绝大部分考研出国再深造，一些已经毕业走上社会的学员，逐渐成为单位的工作骨干和岗位能手，他们成为“青马”人学习的榜样，砥砺着后继者继续朝着理想前行。

总体而言，角色德育应用于青年马克思主义者的培养，具有明显的可操作性和效果反馈。浙江大学通过设定明确的角色培养目标、设计知行合一的角色学习体系和树立角色认同的反馈机制，为“青马工程”的建设注入了新颖的工作思路，不但尊重“青马”学员自身成长的需要，也体现了社会对“青年马克思主义者”的角色期许。

第七章　团队德育

长期以来，集体主义和单位观念在人们的日常生活中占据着主流意识。然而，随着改革开放的不断深入和生产力的逐步解放，“人多力量大”的集体主义观念逐渐被“船小好调头”的市场行为所冲击。本质而言，作为社会生活中的“人”，离不开赖以生存的组织（或者是团队），也离不开“集体”的生活。大学生群体正确利义观的形成、良好人际交往的相处、竞争合作关系的处理等，都会在某种组织形式中出现。对大学生而言，无论是在一个班级，还是在一个社团，或者一个临时组织中，团队无处不在。团队是有共同理想目标、愿意共同承担责任、共享荣辱的个体成员所组成的共同体，团队德育是高校德育共同体的重要实现路径。高校团队德育通过其内部一个个团队将德育内容融入学生学习生活之中，从主体培育、情境营造、手段改进等方面影响学生个体的道德行为。团队德育的实施有助于增强大学生的集体意识和团队观念，激发大学生主体的主动性和创造性，更好地实现从校园人向社会人的转变，使之成为合格的社会公民。

第一节　团队德育的现实意义

一、丰富完善高校德育的理念

现代大学主要有四大功能，即人才培养、科学研究、服务社会和文化传承创新，其核心是人才培养。长期以来，我国高等教育遵循马克思主义关于人的全面发展的理论，确立了高等教育的使命是通过教育促进学生的全面发展，为国家培养德智体美劳全面发展的人才。高校要实现人才培养的目标，关键在于要坚持把“立德树人”作为中心环节，这事关中国特色社会主义高校的性质，事关中国高等教育发展的方向。在第二十三次全国高等学校党的建设工作会议上，习近平同志指出：“办好中国特色社会主义大学，要坚持立德树人，把培育和践行社会主义核心价值观融入教书育人全过程；强化思想引领，牢牢把握高校意识形态工作领导权。”

团队德育在高校日常生活中承担着重要的育人功能。高校德育，除了要向学生传授道德知识外，更重要的是培养学生健全的人格、健康的情感、积极的行为，而后者往往在课堂上难以完全实现。团队以其目标一致、利益共享、自主管理、结构扁平、内外开放等特点，在课堂之外，成为重要的高校德育载体。

与课堂相比，团队不仅仅是德育空间的转换，更是一种价值取向的变革。团队德育更注重为学生创设良好的德育环境，为学生提供综合的能力拓展平台，用团队“柔性管理”的方式，促进学生在道德、情感、社会、职业等方面的和谐发展。[①] 团队德育注重整体发展的价值取向，与高等教育立德树人的目标、培养学生集体主义的价值观、提升学生社会化能力的理念相一致。

---

① 冯培. 关于高校学生事务管理转型的若干思考[J]. 经济与管理研究，2007(9)：45.

二、满足学生成长成才的需要

当下高校学生的主体是“95后”“00后”，他们生活在市场化、信息化、全球化的时代，在学习、生活、性格和思维方式等方面较以前的学生发生了明显的变化。一方面他们充满活力、追求个性、崇尚自由，接受新事物能力强，富有创新精神和探索能力，但另一方面他们还不够成熟，抗压能力较弱，容易受外界的影响，喜欢从虚拟世界、同龄人群中寻求共同语言。这些新的特点，让学生自觉或不自觉地以团队作为基本的行动单位，在团队中寻求自我价值和归属，受到他人思想、情感、行为的影响，并反之也影响到他人和整个团队。

团队的灵活性与当今大学生求新求变、勇于尝试的个性特征相吻合。团队越灵活，对外部变化所带来的机遇响应就越灵敏，能够给予学生更多尝试的机会，带给学生更大的激励和成就感，反过来也加强了团队的合力、稳定性和凝聚力。团队的自主性与大学生渴望独立、崇尚自由的需求相一致，他们渴望在思想、人格、行为上早日独立，渴望在一个全新的空间里展现自己，这是学生从“生理成人”走向“心理成人”的必然过程。团队的合作性满足了大学生追求平等、渴望合作的要求，团队中的成员具有相同或相似的身份特征，以同一目标为导向，注重个体的个性与才能发挥，以协作对话、沟通交流为主要方式，形成团队解决问题的合力。

三、顺应学生组织发展的趋势

组织作为社会运行的基本单元，作为人与人之间进行交往互动的环境与基础，正在发生着深刻的变化，其传统的沟通要素、内外边界、内涵特质、构成形态等都发生了较大改变。传统意义上层级复杂、集中管理、精细分工的刚性组织，逐渐被具有“生命体征”的团队组织所取代。团队化能够让团队成员打破原有的界限，直面团队目标，以群体和协作的优势，赢得团队的高效运行。团队德育正是在高校中实现德育团队化的一个过程。

高校中存在着传统的以班级、党团组织、学生会等为代表的正式组织和不断涌现的非正式组织，两种组织将长期共存。团队德育需要充分发挥两种组织形式的优势，借鉴组织理论发展变革的大趋势，依据学生诉求、教育要求和团队需求，对现有的学生团队进行优化重构，使之成为真正具有生命力的团队。团队德育借助于团队所创设的特有的组织环境氛围，借助于以任务为导向的目标实现过程，学生在共同的目标驱使下，在具体的环境、事件、活动中去用心体验合作、创新、学习等曾经认为抽象的价值概念，在亲历个人成长和团队成长的过程中去认同教育的价值理念，不断调整甚至改变自己原有内在的价值观念，适应个人和团队发展的需要，从而提高自身“社会化”的程度。

第二节　团队德育的理论视角

一、马克思主义的集体观念

集体主义是团队德育的出发点和落脚点。集体主义道德源于个体与集体的关系，无论是亚里士多德提出的城邦理论，还是中国传统的齐家治国平天下，无不体现了集体主义的思想。而个体与集体的关系随着经济基础的变化在不断地发生改变，从传统社会注重血缘地缘关系，“人们习惯于‘大我’甚至‘无我’的群体化生活”，到计划经济时期重集体利益轻个体利益，再到市场经济下，“个人主体性增强，集体意识的组织基础发生变迁”。①

作为共产主义道德范畴的集体观念，是调节人们集体活动和个人活动的行为准则。在马克思主义看来，人发展的三个阶段即人对人的依赖、人对物的依赖、人的自由全面发展，都是与社会集体联系在一起的。人是社会性的动物，是各种社会关系的总和。人作为个体性存在和社会性存在，必然需要

① 谢加书，李怡. 集体主义的新阐释及其社会作用方式[J]. 学术论坛，2009(1)：99.

处理个体与集体的关系。它的一个重要原则是当个人利益同集体利益发生冲突时，个人利益要服从集体利益。但这并不像个人主义者和自由主义者误解的那样是抹杀了个人利益、个人自由。事实上，集体主义非但不否定个人利益，反而恰恰保护了绝大多数人的利益，即使对少数人利益的限制，也是有限的，它只是限制个别人的过分要求。正是适当的、自觉的纪律，才能保证和完善个人施展其才能的社会环境，促进个人价值在集体中的实现，保证个人的自由和利益不受损害。

党的十九大报告提出要加强思想道德建设，特别提到要加强集体主义教育，可见集体主义已经成为中国特色社会主义建设的制胜法宝之一。在新形势下，我们发展团队德育，为集体主义注入了新的活力，是一种有效的德育手段。团队德育不能排除集体主义，因为集体主义是团队德育的精神基础，集体主义有助于团队德育的实现，在发展人的个性同时，强调团队成员为了一个统一的目标，自觉地认同必须担负的责任并愿意为此而共同奉献。

二、学习理论的主动建构

学习理论是用来描述或说明人类学习的类型、过程和影响学习的各种因素的学说，是探究人类学习本质及其形成机制的心理学理论。人的学习是一种有目的的、自觉的、积极主动的过程。人类自诞生之日起，学习就构成了人类生活的一项基本活动。人类通过学习认识和改造自然，了解和适应社会，完善和发展自我。学习理论发展至今，学习被定义为是人主动建构知识的过程，学生从外部刺激的被动接受者转变成为知识意义的主动建构者，通过与周围环境进行交互作用，最终实现意义的建构。

人的学习内容包括三个方面：知识、技能和学习策略的掌握，问题解决能力和创造性的发展，道德品质和健康心理的培养。这三类学习都需要通过个体的直接实践活动即直接经验学习或者间接经验学习，即通过观察他人行为而学习。“学习者通过参与广泛的共同活动并将共同活动的结果内化，获得了有关生活与文化的知识和策略。”[①]

团队是人类学习的基本单元，是实现学习的良好社会情境。以团队成员原有的知识经验为基础，运用团队合作学习、共同发展，实现新旧知识经验之间的双向作用，主动地实现意义建构。团队既包括同学、小组、班级、学校，也包括家庭。学生在团队中开展学习，互相帮助，互相沟通。每个学习者都有自己独有的知识经验背景，对某一问题有着不一样的假设和看法，因此教师与学生、学生与学生之间的多项交流、讨论和合作，更有助于知识的有效建构。[②]

时代的进步、学校的发展、个人的成长赋予学生学习以全新的内容与意义。学习也不再停留于知识的获得与掌握，更多的是一种能力的培养与素质的提升。在课堂上，我们创新教学方式，提高教学质量，完善学生知识体系；在课堂之外，开辟学习新阵地，搭建德育新平台，为学生提供直接的体验与参与机会，塑造完善的人格，培养综合能力，注重全面发展。

三、组织行为学的新动向

组织是社会运行的基本单位。组织行为学主要研究组织中人的行为与心理，研究重点从早期人如何适应机器向现在机器怎样适合于人转变，其研究结论为德育团队路径选择、团队成员分工合作、团队目标有序实现等提供了运行基础和结构依据。

学科发展为团队德育提供了社会原动力。进入 20 世纪 90 年代以来，组织行为学展现出一些新的发展动向，其中组织变革成为全球化经济竞争中组织行为学研究的首要问题。组织的构成要素、既有边界、内涵特质、组成形态等都在发生深刻的变化，组织呈现扁平化、横向网络化、开放化等特点。这种变革趋势有助于启发我们重构高校德育的新局面。

无论在社会、企业，还是在学校，能够在多变的环境中具有竞争活力的组

---

① 麻彦坤. 社会建构论心理学对维果茨基思想的继承和发展[J]. 心理科学进展，2006(1)：34.

② 刘保，肖峰. 社会建构主义——一种新的哲学范式[M]. 北京：中国社会科学出版社，2011：227.

织，都是那些愿景相同、分权决策、自主管理、结构扁平、组成灵活、内外开放的工作团队，它们是具有“生命体征”的组织。高校除了以班级为代表的传统学生组织外，以团队形式组成的非正式组织，如学术型团队组织、网络虚拟组织、交往型互助组织等正在兴起。① 与前者相比，这些非正式组织的共性表现为：目标的多变性、结构的扁平化、边界的模糊性、管理的柔性化以及成员的平等化等。虽然这些非正式组织存在时间长短不一、规模不大，但表现出极强的发展势头，易被学生所接受，它所发挥的动员作用和协调能力有时甚至超过了一些传统组织。由此可见，顺应组织行为学相关理论发展变革的大趋势，立足学生多样化的选择和需求，依据教育理念、学生诉求和团队需求，建构团队德育势在必行。

另外，团队建设理论为团队德育提供了路径选择与理念支撑。组织行为学对团队的内涵、构成要素、类型、特征、发展阶段等进行了界定，团队建设的相关理论，如基于“人性假设”的团队建设理论、人格理论、团队角色理论、实践活动理论等，为团队德育的实践提供了理论指导，为团队德育的建构指明了基本的路径和方法。

四、团队德育的概念形成

斯蒂芬·罗宾斯首次提出“团队”概念。他认为，团队是为了实现某一目标而由相互协作的个体所组成的正式群体。正式群体成员的许多心理需要是在非正式群体中得到满足的，比如，自我实现、归属感、安全感等需要。团队可以为了一个共同的目标相互支持、合作奋斗，这就是团队合作。它可以调动团队成员的所有资源和才智，并且会自动地驱除所有不和谐和不公正现象，同时会给予那些诚心、大公无私的奉献者适当的回报。

可以说，有多少本相关内容的教科书，就有多少种关于团队的解释。现在较为常用的定义有两种，一种是“组织起来，团结为一体”，另一种则是指

① 冯培. 从班级到团队：高校学生组织模式的重构[J]. 首都经济贸易大学学报，2009(4)：67.

"目的和志趣相同的人们以一定的组织形式所组成的集体"。对后者的引用较为广泛。在现有的高校德育研究中，提到团队一词的不在少数。团队辅导、团队心理咨询、朋辈心理互助组织等心理帮扶团队，社团、协会等文化建设团队，课程、学术、项目等学习团队，这些都是团队建构的有效途径，这些研究都可以看作是对团队德育建构的一种尝试。

在高校德育的语境中，本文研究的团队既包括传统意义上的班级、党团组织、学生会等较为正式的团队，也包括社团、实践团队、实习团队等非正式团队；可以是长期存在可延续的团队，也可以是只存在于某段时间内的团队；可能是既定的由学生角色本身自带的团队，也可能是为某一共同目标而创立的团队。这个团队存在于课堂之外，是由学习者及助学者主动参与、共同构成的，他们通过沟通、交流、协作，实现共同的目标，同时又与周围环境进行互动，具有开放性和灵活性，最终实现个体的提升以及团队整体的发展。

综观以上的论述，团队德育是指高校在实施德育过程中，在课堂之外，依托团队这种组织形式，借助团队建设的系统方法，以学生的情感、归属、社交、自我实现等心理需要为前提，通过主体培育、情境营造、活动设计等手段，搭建学生互动协作平台，引导学生主动建构意义，从而实现知识传授、人格塑造、能力培养等目标的德育模式，是高校德育共同体的主要路径。

第三节　团队德育的建构

一、团队德育的主体

传统的教育注重以知识为中心，道德教育亦是以学生掌握相关知识的多少来衡量的。教师是德育的主体，传道授业解惑。教师的主要工作是尽可能多地提供现成的知识，尽量使学习者获得更多的知识，学生的任务就是接受知识、掌握知识、反馈学习成果。然而，时代的进步、学校的发展、个人的成长赋予了德育以全新的内容与意义，德育不能再停留于知识的获得与掌握，而更多地需要关注学生能力的培养与素质的提升，关注学生的成长与发展。

大学生的价值取向决定着未来整个社会的价值取向。大学生处在人生观、价值观形成和确立的关键时期：一方面他们还不够成熟，容易受外界的影响，另一方面他们又渴望独立、崇尚自由。大学生要承担起中华民族伟大复兴的使命，就必须在大学阶段培养和树立正确的人生观和价值观，这是大学生学习的重要内容和最终目标。习近平总书记在“五四”青年节讲话中对青年学生提出了希望:“青年要从现在做起、从自己做起，使社会主义核心价值观成为自己的基本遵循，并身体力行大力将其推广到全社会去。”除了“要勤学，下得苦功夫，求得真学问”外，他更希望青年学生“要修德，加强道德修养，注重道德实践”，“要明辨，善于明辨是非，善于决断选择”，“要笃实，扎扎实实干事，踏踏实实做人”。而所有这些仅靠教师的传授和课堂的学习远远不够。学生在课外的学习与发展也应成为现阶段大学生德育的重要内容。

团队德育强调以学生为主体，学生从外部刺激的被动接受者和知识的灌输对象转变成为意义的主动建构者；教师则从知识的呈现者变成德育过程的组织者、指导者，意义建构的帮助者、促进者；学校的作用是提供资源和平台，营造良好的德育氛围；德育的内容不仅仅是课本知识，而更趋向于学生直接的体验和参与，激发学生的积极性和创造性；课堂不再是唯一的德育场所，校园、宿舍甚至校外都是德育的平台；德育目标不再是为了学习而学习，更注重学生的全面发展。当然，以学生为主体，并不意味着过分强调学生个体而忽视他人、环境对其的影响，过分局限于学生需求而放弃高校德育发展的总体目标与思路，过分追求能力素养的提升而轻视基本理论与知识的传授。团队德育的主体是学生，但要实现团队德育的目标，需要社会、学校、教师等多方力量共同努力，利用现有资源，发掘潜在资源，营造共同建构高校团队德育的良好氛围。

二、团队德育的目标

目标是团队存在的基础，没有目标，团队就没有存在的价值。目标为团队成员指明努力的方向，引导成员形成统一的行动；目标能够激励成员不断前进，调动和发挥其潜能；目标将团队成员团结在一起，增加组织的凝聚力；目标也是衡量团队成员行为的一个重要标准。设定合理的目标，使其能够充分发挥团队成员的才能与个性，调动团队成员的积极性，符合个人和团队发展的需要。

团队德育的目标与新时期高校发展的理念相一致——培养全面发展的人才。除了帮助引导学生树立正确的理念和价值观外，高校更有责任培养学生走出学校走上社会后的认同与适应能力，实现个体内部道德的建构。而学校中的各个团队正是学生实现社会化和价值学习的重要载体。要利用高校团队力量呈现上升趋势的有利形势，将高校德育渗透在团队建构过程中，以间接的、隐蔽的、渗透的方式影响学生，使得大学生在团队活动中得到思想的提升、情感的升华和行为的落实。要让学生在团队中学会理解、适应，学会包容、合作，通过内化、外化的过程，实现个体和团队道德水平的良性互动发展。

三、团队德育的方法

在高校中，利用团队进行德育，已经较为常见。例如，团队辅导、团队咨询，偏重于心理辅导；公正团队法，注重道德认知的发展；情境教学法，在于激发学生的情感，等等。这些方法都是基于这样一个共识：人是在社会交往中通过社会互动、相互协商和共同意识来提升道德认知，培养道德情感，养成道德行为的。无论何种方法，都可以概括为活动与社会交往两种类型之一。

（一）活动——满足个体发展需要

活动是由共同目的联合起来并完成一定社会职能的动作的总和，由目的、动机和动作构成，具有完整的结构系统。人的心理、意识是在活动中形成和发展起来的。通过活动，人认识周围世界，形成人的各种个性品质；反过来，活动本身又受人的心理、意识的调节。活动总是由需要来推动的，人通过活动改变客体，使其满足自身的需要。活动又可以分为外部活动和内部活动，外部活动是原初的，内部活动起源于外部活动，是外部活动内化的结果，内部活动又通过外部活动而外化，这两种活动具有共同的结构，可以相互过渡。

德育亦需要通过活动来实现。道德的建构，是一个社会微观文化、宏观文化与自我价值体系之间相互作用的过程，它们是不可分离的、循环发生的、彼此促进的社会文化过程。[①] 这个过程，需要个体通过广泛地参与共同活动并将共同活动的结果内化，从而获得有关道德的知识和策略。

人的活动的基本形式有三种：游戏、学习和劳动。这三种形式的活动在人的不同发展阶段起着不同的作用，其中由一种起着主导作用。例如在学龄前，儿童的主导活动是游戏；到了学龄期，游戏活动便逐步为学习活动所取代；到了成人期，劳动便成为人的主导活动。高校学生处在学龄期，主要以学习活动为主，辅之以其他形式的活动。团队德育围绕高校德育目标，结合团队中学生的特点与需求，设计学习活动，鼓励学生参与活动，实现将活动结果内化的目的。

社会实践活动、社团组织活动、校园文化活动等都是高校实现团队德育的重要活动载体。社会实践活动是高校进行德育教育的第二课堂，大学生通过参与社会实践活动，“更好地了解社会及其对自身的要求，准确地内化社会的意义系统，更好地强化自己的道德情感、道德能力，丰富自己的道德经验，养成自己的良好道德行为习惯”[②]。大学生的思想、政治、道德素质，以及日常行为问题都能在学生组织的活动中显现。作为学生参与活动的主要形式，此类活动的影响力最直接最持久，互动性和可塑性也较强，是团队德育的重要途径。校园文化活动，涵盖物质、精神和制度层面，贯穿于大学生活的方方面

---

① 王文静. 社会建构主义研究[J]. 全球教育展望，2001(10)：64.

② 彭定光. 高校德育的困境与提高德育效力的对策[J]. 高等教育研究，2002(5)：89.

面，它是一个学校特色的体现，对大学生的品德、思想、情感、行为等的形成等具有潜移默化的深刻影响。

（二）社会交往——寻求自身意义

个体的道德素养有一个习得的过程，总是在一定的社会文化环境下，在社会交往中，结合已有的道德认知进行积极建构的结果。个体自身意义的寻求并非个体内在水平的建构，而是由社会互动、相互协商和共同意识决定的，这些社会过程决定了知识的标准和知识产生的方式。

高校德育的目标，从一定程度上来讲，可以说是帮助大学生实现社会化，懂得社会观念和社会规范并认为有责任在行动上坚持不懈地遵循它们，此外，还理解这种社会化的正确性和价值。人是无法脱离社会而独立存在的，而现实中，人首先处于一个个团队当中，团队对个体的影响，也可以从纪律规范到情感影响，从而内化为每个团队成员自身对道德的理解。学会按社会交往要求的方式行动，同时认识自己行动的意义并以之为乐，这正是高校德育的初衷和归属所在。

在团队德育的语境中，社会交往既指个体与个体的交往，也包括个体与团队、团队与团队之间的交往，一般表现为协商、合作、互动等形式。团队中的社会交往，是一个涵盖交往主体、交往能力、交往需要、交往情感等在内的有机整体。

四、团队德育的氛围

理想的团队德育氛围应当包括情境、协作、交流和意义建构四个部分。情境必须有利于学习者对所学内容的意义建构；协作贯穿于整个德育活动过程中，包括教师与学生之间，学生与学生之间的协作等形式；交流是协作过程中最基本的方式或环节；而意义建构则是德育过程的最终目标。

情境带有较强的情感色彩。团队德育就是努力创设一种情感氛围，充分调动学生学习的主动性和积极性，使得学生通过进行社会互动主动参与德育过程，主动建构知识和意义。此时，教师就需要起到较好的引导作用，对社会和生活现实进行提炼和加工，创设有利于德育过程的情境。例如，发挥榜样的作用，因为人的行为可以通过观察学习过程获得。因此，榜样的声望和能力、榜样行为的结果、榜样与观察者的人际关系等都会影响观察者的行为表现。应用榜样的作用，包括成人榜样和同伴榜样，能够促进学生在德育团队的行为。

协作可以理解为合作。个体的品德形成是在与其社会道德环境的积极交互作用中逐渐发展或建构起来的，而这种作用是要在同伴之间或者与成人的协作中，在道德实践过程中实现的。团队德育，要努力营造团队成员间交往合作的良好氛围，促进团队成员整体道德认知水平的提高，同时也体现为道德行为能力的提升。

交流是通过沟通交谈，使得信息得以流动的过程。通过交流，个体与他人进行信息共享，从而建立起关系，是一种情感的纽带。语言、文字、表情、动作等都是交流常用的形式。团队德育过程中，每个人都有自己独有的知识经验背景，对某一问题有着不一样的假设和看法，为交流的进行提供了良好的基础。教师与学生、学生与学生之间的多项交流、讨论和互动，引发学生结合自身已有经验，对道德进行新的思考和感悟，内化为自身新的体悟，有助于德育的有效建构。

意义建构是个体主动进行知识建构的过程，在不同的情境中进行信息寻求、互动并解决问题，根据自身所处情境、之前的经验及未来可能面临的情境，最终形成不同的意义建构过程。学生学习的意义建构过程有三大环节，即学习信息的获取、学习信息的内部加工、学习信息库的形成。对于德育过程亦是如此，学生基于原有的道德水平，在互动协作中获得新的体验，不断建构和修正原有的道德结构，新经验被同化到原有经验结构中，形成更深层、更丰富、更灵活的认知结构，完成意义建构的过程。在团队德育中，要着眼于这个最终的目标，注重倾听学生、了解学生、引导学生，创设情境，促进协作，保证交流，帮助学生完成生成意义、建构理解这一过程。

第四节　团队德育的实践路径

一、德育主体的培育

团队德育就是要以发展学生的主体性为目的，培养主体意识，激发主体动力，挖掘主体潜能，发挥主体作用，使德育成为学生的内在需要，成为学生自主建构的实践活动。

（一）培养主体意识

需要和兴趣在很大程度上影响着学生主体意识的发展水平。需要是个体心理活动和行为的基本动力，不同年龄段不同时期的学生表现出不同的需要。大学生除了日常学习外，较之前增加了更多的群体需要，如自我实现、尊重、参与等需要。兴趣则是人们对某种事物、某项活动的一种积极的情绪反应，表现为一种选择性的态度，心理学中就认为兴趣是学习动机中最现实、最活跃的成分。高校拥有更加开放的空间与氛围，学生有更大的自主权来根据自己的兴趣选择自己的学习生活。

团队德育旨在关注学生的需要，培养学生的兴趣，引导学生在团队中树立起主体意识，将外在需求转化为内在发展需要，激发学生主动学习、主动参与到团队的运行过程中，在各类活动和社会交往中发挥自己的主体作用，实现自主完成意义建构的过程。同时，外部环境也会对学生的主体意识产生较大影响，开放、轻松的德育环境，良好的师生关系，合作、互信的同伴关系，多样、灵活的德育形式等，都是团队德育建构过程中需要全盘考虑的因素。

在班级建设中，班主任或者辅导员可以了解班级同学近期关注的校内外热点或急需解决的问题，利用主题班会的形式，事先定好主题，确定发言同学，现场引导讨论方向，鼓励每位同学参与其中，最终由学生自己总结得出结论，发表活动心得体会。以团队中学生的需要或兴趣为切入点，合理设计活动主题和形式，创造轻松平等的交流氛围，鼓励学生积极参与，有效提升学生在团队中的主体意识。

（二）激发主体动力

动力来源于目标，个人目标与团队目标一致，就能激发个人较强的行动能力。很多时候，学生拒绝或者不喜欢德育这个话题，往往是因为他们觉得德育和自身关系不大，或者说被灌输的德育目标都过于抽象。在团队德育过程中，德育目标的设立需要具体、可行、恰当，要保证学生有动力作为主体来完成自我的提升。对学生党员进行理想信念教育，可以将共产主义的理想信念与学生的学习生活联系起来，具体化为认真科研、努力学习、踏实工作、服务同学等，更有利于学生党员明确自身的责任，发挥党员的模范作用。

动力来源于自信和鼓励。对学生的表现及时予以反馈，对学生的成绩恰当给予肯定，赋予他们成就感，提高他们对团队的认同感和归属感，能有效激发学生作为德育主体的动力，并保持作为主体的可持续性和稳定性。团队德育，要保持持久性和有效性，激发学生作为德育主体的动力，就需要保证参与其中的同学能从活动中不断有所收获，不断获得肯定和反馈，获得对自我道德的养成的信心。在学生组织中，要注重活动过程中的细心观察，适时给予肯定，活动结束后总结回顾，反馈每个人的表现及需要改进的地方，让学生体会到自我的成长，在情感上对团队产生认同，形成主体动力。

动力来源于同伴。同伴是一个人成才过程中的重要环境因素，尤其是在青少年时期，同伴的影响甚至可能超过父母和老师的影响。良好的同伴关系，有助于学生满足社会交往需要，获得生活经验，明确人生目标，懂得责任担当。在团队中，形成良好的同伴关系，鼓励学生合作、互动，自由交流，发挥特长，学会体谅，相互信任，赢得其他成员的认同和尊重，成为团队中不可或缺的一员。

（三）挖掘主体潜能

在团队中，要达成目标，除了成员要有主体意识，对团队有认同感和责任感之外，成员的能力也是至关重要的。除了主体自身要善于发现自身的潜能之外，更重要的是要在团队内营造开放式的学习氛围，制造多种可能的选择机会，同时要善于观察和合理利用。

在团队德育过程中，作为主体的学生，能在团队中发挥什么样的作用、发挥到什么程度、作用发挥多久，在很大程度上取决于团队是否给他提供了这样一种环境。我们要避免用传统的、固定的思维方式，这不仅禁锢了学生的思想和创造力，也减少了诸多团队可能生发的惊喜。在社会实践团队中，我们除了按照时间列表分工实施外，也可以采用一些新方法，例如给每个人一次设计方案的机会，综合起来就能成就一份更完善更全面更富创意的方案，也更能从中发掘每个人的专长和兴趣点，最大程度上实现每个人的自我价值和对团队的价值。

大学校园为学生提供了多种可能性的选择，学生可以根据自己的兴趣和能力选择加入不同的团队，也可以在团队中扮演不同的角色，结识不同的人和其他的团队。正是在这种对于团队的选择过程中，主体实现了对自我潜能的一种激发，真正认识到自己拥有的潜在能力。团队德育的理念与此不谋而合，我们认可不同的团队形式、不同的德育方法，注重培养学生开放的视野和开阔的眼界，着眼于学生的全面发展。高校中的社团文化就是最好的印证，学生可以自由地加入不同的社团，甚至可以成立自己的社团，正是在这样的选择过程中实现了自我成长。

二、德育情境的营造

在团队德育中创设情境，意在通过经加工优化的情境，引起学生积极的、健康的情感体验，从而调动学生原有的道德认知结构，经过思维的内部整合过程，达到新的体悟，产生新的认知结构。情境一方面能够陶冶学生的情感，让学生体会到轻松、愉快、平和的氛围，促进学生心理活动的开展和深入，起到净化和升华的作用；另一方面，还能为学生提供暗示或启迪，从形象的感知达到抽象的理性的顿悟，锻炼学生的创造性思维，激发学生主动参与德育过程的兴趣，使德育活动成为学生主动的、自觉的活动。团队德育中，对于情境的营造，一般会采用引入或创设具有一定情绪色彩的、形象生动的具体场景的形式，引起学生的情感体验，帮助学生结合已有认知进行自我教育，激发学生自我建构意义的动力。

（一）情境展现

这是一种最直接的方法，就是把学生带入社会带入现实生活，从生活中选取某一典型场景，作为学生观察的客体，并通过教师的语言描绘，鲜明地展现在学生眼前。事实上，这种方法在大学德育课程的实践教学环节已经在应用，但由于人员、时间、场地等的限制，应用范围并不广。在高校党员教育培训过程中，以小班形式进行分组，由一至两名教师带队，到之前选取的某一场景进行现场教学，教师结合场景中的人、物、事、景等进行讲述，学生结合自己的观察、体悟发表看法、展开讨论。在现场互动中，学生获得更直接更深刻的体验，在探究的乐趣中持续地激发思考的动力，变被动学习为自我需要。

情境的选择并非随性而为，需要充分的事先准备，结合德育目标、内容进行设计，才能使情境与内容完美结合，达到德育效果，教师的现场引导也至关重要。情境展现比较适合团队德育建构的初级阶段，以轻松直观的方式，让学生亲身体会感悟，引发学生的求知欲和好奇心，促使学生形成一种努力去探究的心理。在探究的过程中，激发学生的主体意识，引导学生不断深入思考，强化德育效果。

（二）场景再现

这种方法在现实中应用最为广泛，因其受客观因素限制较小，也易于操作。教师一般会利用实物、图片、音乐等手段，为学生再现某种场景，通过视觉、听觉的刺激，激发学生的联想与想象，注重学生的自我体验和感悟。在高校团队辅导中，经常会应用这种方法。沙盘游戏从某种意义上分析就是一种场景再现。小小的沙盘，正如我们面对的现实生活环境，需要面对者学会调整自己以适应环境，通过玩具的摆放，展现自己内心最真实的想法。学生通过自我体悟，反思自己生活中的言行，将沙盘世界中获得的人际互动经验迁移到现实生活中，促进其社会性的成熟和人际关系的改善，而教师在其中是一个见证者和促进者，是团队所需要的安全与受保护的心理空间的营造者。

场景再现的方法更易实现，也能为学生提供更多想象和发挥的空间，学生在审美的乐趣中，获得形象的感染、情感的体验、智慧的启迪，动机在其间不断被强化，主体性不断增强。但场景再现的手段选择，需要考虑与团队德育目标是否一致，与学生特点是否契合，这就要求教师花更多时间和精力对情境加以优化设计，合理运用各种工具，达到对资源的合理利用，调动学生主动参与的积极性和可能性。

（三）情境表演

在团队德育中，模拟真实的场景，为每位学生安排不同的角色，与其他角色的学生进行各种互动交往，处理团队中可能出现的问题，发现学生在心理素质、情感表达、行为能力等方面的潜能，以此来帮助学生加深内心体验，发展和提高自己的知行能力。在德育课堂上，教师也会运用角色扮演的方法，给出一个法律案例，由学生扮演案例中不同的角色。学生根据案情的发展进行表演，基于所学的知识，以案例中的角色进行对话和行动，逐渐进入案例的情境，不仅做到学以致用、理解案例，更重要的是在角色扮演中培养了兴趣，增加了直观的体验，有所感悟。

情境表演参与度较高，具有较大的灵活性和随机性，对团队成员提出了更高的要求。较之前的几种方法，它更需要有主体参与的意识，需要有合作的精神，需要主体调动原有的认知结构。当然，这也能对学生产生更深刻的影响。学生能够在角色扮演过程中学习知识、理解知识，学会生活、学会交往、加深体验、提升认识，从而建立更完善、更合理的意义结构系统。

三、德育方法的改进

(一) 活动设计

团队德育需要通过学生参与共同活动来实现。学生在活动中,与周围的人、事、环境等相互作用,通过外部活动和内部活动,一方面促进自身内部道德认知的建构,另一方面,活动本身又受到个体认知、情感、行为等的影响。在这个过程中,个体通过参与广泛的共同活动并将共同活动的结果内化,从而获得有关道德的知识和策略,学生的心理、意识在活动中形成和发展起来。

学生在高校中的主要活动形式就是学习,包括课堂上的学习和课外的学习。无论是被动学习还是主动学习,都需要高校围绕德育目标,结合团队中学生的特点和需求,设计学习活动,鼓励学生参与其中,实现将活动结果内化的目的。

设计学习活动需要兼顾两方面的内容,一方面是对新信息的意义的建构,另一方面又包含对原有经验的改造和重组。学习活动不是简单地积累信息,更重要的是包含新旧知识经验的冲突,以及由此而引发的认知结构的重组。学习过程不是简单地输入、存储和提取信息,而是新旧知识经验之间的双向的相互作用过程,也就是学习者与学习环境之间互动的过程。

(二) 自由讨论

通过教师本人的言传身教影响学生品德,一直是学校德育的传统手段。自团队教育形式实施以来,学生团队也是影响学生个体品德发展的重要因素。教师组织和指导学生以班级或小组为单位,围绕一定的道德主题展开讨论,就是一种通过学生团队教育学生个体的方法。

讨论大致可分为两种。一种讨论的目的在于,经学生团队自由讨论决定团队的公约、规则,有助于学生个体态度的改变,每个成员需要承担执行规定的责任,会对个体产生约束力;另一种讨论并不是为了达成某种规则,而是团队成员就某个问题展开道德讨论。在讨论中,个体各抒己见,同时也听取别人的想法，讨论结束进行观点的总结，讨论本身就是一个不断改变个体原有道德认知，形成新的道德认知的过程。前者可以应用于班级、社团、支部的组建，给予学生充分发挥个人意见的空间，讨论班级规章、班委会组成、班级活动方式等等，由学生自己决定团队的运行方式，按照他们乐意参与的方式运作。一方面能够提高他们的参与度，另一方面也提升了学生自我管理、自我服务、自我教育的能力；后者应用范围更广，在学生中开展对时事热点、校园管理、班级活动等方面的讨论，引导学生深入思考、改变道德认知、促进道德发展。

案例五：浙江大学学生党支部建设中的团队德育

党支部是党组织的基本单元。党的十九大报告明确指出，党支部建设“要以提升组织力为重点”。这一提法为学生党支部加强自身建设提供了新的目标和方向。组织力是一种合力，是设计组织结构和配置组织资源的能力，是学生党支部凭借自身的组织体系和组织资源，对社会力量进行引导、整合和动员的能力。

高校学生党支部是各类正式或非正式学生组织中的“先进组织”，在高校党组织结构中处于“终端”位置，是联系师生、服务师生的桥梁和纽带，是保证党的路线方针政策切实落实的具体执行者。只有抓好党支部的建设，党才能发挥在学校的政治优势，才能实现对青年学生的思想引领作用，才能实现人才培养的目标。学生党支部具有明确的目标性、行为的规范性、道德的崇高性、组织的纪律性等特点，可以基于团队德育的目标、要素分析以及路径设计进行尝试。

一、发挥党员主体性

学生党支部建设中呈现出一个不容忽视的现象，学生党员对于党员身份的认同感、对党支部的归属感、对党组织各类活动的兴趣度不高。造成这一现象的原因有很多，但归根到底是由于党员主体意识的缺失。党支部建设过程中，要清楚地认识到党员主体身份认同的重要性，一方面加强对党员的日常教育，培育党员的主体意识，明确自身责任，另一方面为党员搭建平台，关注党员发展需要，将理想信念教育与党员个人发展相结合。

党员的身份要亮出来。不仅仅是在支部活动过程中，更重要的是在平时的学习生活中，具体化为某项任务或目标，将学生党员先锋模范作用落到实处。设立党员先锋岗，在实验室安全管理、学生助理、志愿者服务等领域可以进行尝试，以党员的身份规范他们的行为，无形中增强他们的责任感。新党员入党时举行入党宣誓仪式，佩戴党徽，毕业离校时为毕业生党员设计特别的组织生活会，以仪式感促进认同感。

鼓励党员主动参与支部建设，设立支部信箱，随时接受党员建言献策。围绕党员关注的热点问题开展支部活动，充分发表意见。鼓励党员结合自身现实、学科发展特点、社会热点问题讲党课，成为真正的主体。对于在日常活动中涌现的各类先进事迹和先进个人及时给予肯定和反馈，这不仅是对党员本人的一种激励，对支部中的其他党员和群众也会起到良好的同伴效应和榜样作用。建立一支党建骨干队伍，加强对党建骨干的培训力度，充分发挥他们在党支部建设中的带头作用，骨干的行为和想法会直接或间接地影响其他成员。

二、明确共同的目标

党员在入党时动机端正、目标明确。但部分党员入党后却出现了信念不坚定的问题，表现为支部生活无序化、党员活动参与度低、支部发展缓慢等现象。虽然有个人的原因，但却和党支部发展目标缺失、支部目标与个人目标不一致等原因紧密相关。

党支部是团队的一种存在形式，共同的目标是形成组织的基础和保障，有利于调动党员积极性，引导党员朝着共同的方向，形成统一的行动，与组织同呼吸共命运，促进个人和支部共同发展。确定党支部的共同目标可以有多种方法，比如头脑风暴法，在支部成立之初或者新党员加入组织时，由支部书记主持，开展团队建设活动，党员分组讨论支部发展目标，以明确、具体的词语加以形容定位，保证每位党员发表意见，讨论结束后汇总意见寻找共同点，充分考虑党员的个人发展目标与支部发展目标的一致性，最终形成党支部发展的共同目标。此目标是全体党员付出努力后能够实现的，并且有利于支部和党员自身发展的。

确定共同目标后，还需要有实施和评估调整的过程。支部党员可以签订承诺书，将目标细化为一个个具体的落到实处的行动，阶段性地加以实现。在此过程中，要定期召开支部大会或支委会，对党员目标实施的情况进行检查和评价，给予过程和结果监控，以民主评议、批评与自我批评等形式，不断对比自身行为与目标之间的差异。针对目标的落实情况，要及时发现问题、解决问题，逐渐向共同目标靠拢，保证共同目标的最终实现。

三、创新工作方法

党支部的共同目标需要通过开展各类活动来实现，党员通过参与支部的共同活动并将共同活动的结果内化，同时在活动中发挥自己的作用，从而形成不断清晰明确的价值体系。党支部现有的许多活动缺少吸引力，只是停留于单纯的理论学习、文件诵读，走过场、轻内容，支部活动很难提高党员的参与度，活动效果亦不佳。

党支部建设过程中可以借鉴团队德育的建构方法，合理设计活动，强调共同参与。如在保证“三会一课”正常开展的情况下，定期召开主题党日活动，结合最新学习文件精神、社会热点视角、学生关注问题等，以参观、讲微党课、知识竞赛、征文比赛等形式，鼓励党员共同策划、共同组织，实现党员的主动学习与互相学习，保证学习的效果；支部活动可以采用讨论的形式，比如就十九大报告某个观点展开讨论，每个人提前准备，会上表述自己的观点，同时听取别人的想法，在讨论中对自己原有的认知进行重构，形成较为完善的认知体系，这比单纯的知识灌输更易被接受。

党员除了要努力实现支部的共同目标，还需要明确自身的社会责任与担当。这就需要党员不仅仅参与到支部的活动中，有机会更要走出去，打破支部的界限，到其他支部、其他学院、其他学校去学习借鉴，突破固有的思维方式与工作理念，探索交互式的学习方式，形成更完善更全面的建设方案。同时在活动中，学会按社会交往的要求行动，在行动中不断调整自己的认知、情感与行为，逐渐寻找到自己的意义与价值。

四、营造互动氛围

党支部建设除了完善党员的认知、规范党员的行为之外，更重要的是要引导党员形成积极健康的情感体验，引发情感共鸣，增强党员的情感认同。团队德育除了要发挥主体的作用，运用创新手段之外，也要十分注重良好氛围的营造，学生党支部建设亦是如此。

党支部可以组织党员开展现场教学，如赴嘉兴南湖重温红船精神，赴上海一大旧址回顾共产党的历程，赴新四军苏浙军区旧址缅怀与发扬革命精神等，通过亲身体验历史与文化，直观展现图片、视频、实物等，激发党员主动思考学习，自然地融入教学过程当中；上支部党课时，可以利用照片、影像资料等，为党员再现历史场景，引发党员联想，同时就资料相关问题展开讨论，结合现实发表观点，以客观的眼光看待历史问题，以全面的眼光看待未来发展；支部活动可以直接以表演形式进行主题学习，将问题带入表演之中，比如十九大提出的一些民生问题、高校教育问题等，由党员来发现来解答，加深学习印象，强化平时学习的重要性。

五、团队德育成效

团队德育不仅仅是学生为主体的德育，更是社会、学校、教师等多方力量共同努力建构的德育。对于基层党支部建设亦是如此。专业的教师队伍、顺畅的交流渠道、完善的发展平台、良好的校园氛围，共同形成了高校党建的合力，为党支部提升组织力，党员发挥先锋模范作用，提供了良好的外部条件和保障机制。

团队德育应用于高校学生党支部建设，明确党员主体身份、设定支部共同目标、改进支部活动形式、营造积极主动氛围，不仅在理论层面丰富和完善了学生党支部建设体系，为支部加强凝聚力、战斗力和生命力提供了有力的保障和支持，更是在实际应用上凸显成效，提升了支部整合资源、发挥党员作用的能力，满足了党员自身成长成才的需要，适应了支部发展的新趋势。在学生党支部组建、培养、发展的过程中，在不同类型、不同层面的学生党支部中，都可以利用团队德育的建构方式和实践路径，通过以上四个方面加以尝试，提升学生党支部的组织力，真正实现其战斗堡垒作用。

第八章　实践德育

实践是认识的来源，是推动人类认识发展的动力。实践不仅是高校德育的有效手段，还为道德知识的内化和外化提供了转换的中介。社会实践对促进大学生了解社会、了解国情，增长才干、奉献社会，锻炼毅力、培养品格，增强社会责任感具有不可替代的作用。高校德育共同体是主体交互、集体实践生成的实践共同体，主张将社会实践作为高校德育的重要途径和过程特征，强调高校育人主体的自主参与、共同参与、交互协同。实践德育以指导学生社会实践为目标，将来源于实践的知识作为教育资源，通过创设理论学习型实践、体验感悟型实践、公益服务型实践、探索创新型实践、自我成长型实践等形式，将教师的“教”与学生的“学”有机融合，让师生在实践体验中增长知识、培养德性、健全人格。实践德育的主旨是将实践贯穿于德育的方方面面，更加注重对大学生社会实践的目标、内容、过程、评价等进行系统整合、整体设计，注重对其全过程把握和效果追踪。

第一节　实践德育的背景意义

一、实践受到广泛重视

在我国高校的德育体系中，实践是始终存在的，并被党和国家所重视。1987年，国家教委、团中央就下发《关于广泛组织高等学校学生参与社会实践活动的意见》，引导广大高校学生投身社会实践，在实践中学知识、长才干、做贡献。中央16号文件明确指出："社会实践是大学生思想政治教育的重要环节，对于促进大学生了解社会、了解国情，增长才干、奉献社会，锻炼毅力、培养品格，增强社会责任感具有不可替代的作用。"中央31号文件也明确，开展高校思想政治工作要"注重理论教育和实践活动相结合"。高校中社会实践、志愿服务等实践活动也开展得如火如荼，实践育人的研究和探索也从未停止。在学术界，有的学者指出人的思想道德行为能力和模式是在实践活动中逐渐养成的，大学德育的本质属性是实践性。① 有的学者主张道德在本质上是实践的，道德教育只有根植于实践，让学生在生活和实践中自由生长，才能形成良好的道德习惯和行为方式。② 有的学者认为实践育人是马克思主义德育思想的基本原理之一："马克思主义认为，实践是主观见之于客观的过程，是理论联系实际的过程，是改造主观世界与改造客观世界相统一的过程，实践可以有效地影响人的思想和行为，培育和提高人的思想道德素质，促进人的全面发展和健康成长。"③应该说党和政府、学术界、高校德育工作者对实践重要性的认识是充分的，加强德育实践环节，让德育回归实践，成为高校德育

---

① 倪娜，刘菲菲. 大学德育的实践本性[J]. 现代教育管理，2012(9)：94.

② 黄一珊，罗永莉. 浅谈学校德育路径实践化[J]. 教学与管理，2011(11)：37.

③ 骆郁廷，史姗姗. 论马克思主义实践育人的德育思想及其现实价值[J]. 马克思主义研究，2013(10)：136－145.

工作的共识。

二、知性德育效果欠佳

把德育内容转化为知识体系、教材体系、课程体系，将德育作为一种知识教育来实施，以对知识掌握的多少为尺度来评判德育效果，是一段时间以来高校德育的常态。这种被称为“知性德育”的模式实际效果不佳，使德育变得教条化，不仅使学生失去了学习的兴趣，也使德育工作者在一定程度上处于尴尬的局面，造成了学生的“知行分离”，被学界广泛批判。赵志毅认为知性德育的极端化导致了德育理论与实践的“两张皮”，使德育走向抽象化、虚假化和失范化。[①] 知性德育从本质上割断了生活与教育的一体性，割断了理论与实践的融合性，使得德育就像自然科学一样，被简化为程序和公式，德育的过程就变成一个人被程序化、知识化和技术化改造的过程。于是，知识化、理论化、操作化的知性德育与人的实际道德行为产生了分离，在真实的道德情景中收效甚微，甚至让人不知所措，从而渐渐导致德育走向抽象化、虚无化和失范化，导致大学生群体“知道”与“行道”的不统一。当然，知识教育并不是一无是处，知识是在实践中产生的，它本身也是前人“实践”的总结和提炼，知性德育主要的问题并不在于强调知识，而在于忽视实践。

三、实践育人体系不完善

学界对德育实效性不佳的原因分析，主要集中在缺乏实践性或者实践性不科学方面，存在形式化、功利化等现象。但是该如何应对这些现象，则有许多不同的说法，其中比较集中的有生活德育观、生态德育观、参与式德育观、实践理性德育观等等。这些观点的共同之处在于，突出实践在德育中的重要地位，突出学生的主体地位及其在德育全过程中的参与性。应当指出，虽然“知性德育”和“灌输教育”广为学界所批判，但客观地讲，当前高校德育工作

---

① 赵志毅. 德育的“意志”转向——兼论走向“实践理性”的学校德育[J]. 教育研究，2012(2)：53.

中，整体和纯粹的知性德育是不存在的。实践一直是高校德育的重要方式，大学生志愿服务、社会实践、各类教学实践、创业实践、参观实践、科技创新实践等形式丰富多彩，深受广大学生的欢迎。高校德育实践的主要问题并不是实践缺位，而是缺乏整体性，在对实践的整体设计、全过程把握、效果运用等方面做得还不够。造成实践育人体系不完善的原因主要有：一是德育队伍的分离，授课教师主要负责思想政治理论课的理论教学，以辅导员为主的思政工作者主要负责大学生的日常教育和管理，理论教学和实践活动从实施队伍上的分离对实践的整体性带来影响；二是实践的工具化，实践往往被当作一种单一的工作手段甚至是附加的手段，总是以理论教学、主题活动、培训项目的实验、作业等附属品的形式出现，组织相对松散、随意性较强，导致各类实践活动似乎风风火火，却不成体系。

四、借鉴西方德育实践

当前，西方发达国家在德育生活化、渗透性、实践的体系化方面做得卓有成效。许多美国学者认为，道德伦理规范的灌输无益于学生道德水准的提高，真正的教育途径就是实践和生活，让学生在实践生活中增强道德认识，提高道德责任感，培养道德情感。[①] 欧美国家十分讲究途径的多样化和渗透性，即通过课堂教学、学科渗透、各类活动、大众传媒等途径，对学生进行道德教育。日本则将德育教育的内容渗透到各类课程的教学中去，通过无意识的、偶发式的方式对学生进行全方位的思想教育。瑞典十分重视依据学生的实践经验，把有关的价值理念和日常生活知识放在突出地位，并充分利用社区作为知识的源泉，对学生进行工作生活实践教育，使他们受到更为全面的基础教育。[②] 西方发达国家在动员社会力量、运用新技术开展德育生活化、实践化方面有其先进经验，是值得我们借鉴的。但需要指出的是，隐性教育、志愿

---

① 冉小先. 美国、加拿大等北美国家德育生活化、实践化的基本做法及启示[J]. 前沿，2007(4)：92.

② 叶婷，王超. 国外实践德育对我国思政实践教学模式的启示[J]. 求实，2010(1)：287.

服务、社会服务、合作精神、新媒体等德育方法和途径，在我国也是存在并且经过了大量的实践的，其规模之大、手段之新也并不比西方落后，但为什么还是会造成我国德育的实效性不够强的印象呢？其根由恐怕不是出在手段和途径上，而是出在整体设计上。

五、继承中国德育传统

在中国传统德育体系中，实践育人思想是十分丰富的，具体的实践形式和途径也多种多样。孔子主张“学而知之”，荀子在孔子的基础上强调“知之必行”，提出“故不登高山，不知天之高也；不临深溪，不知地之厚也”（《荀子·劝学》），强调实践对于认知的必要性。墨子强调言行一致，主张言和行的相互检验和修正：“言足以复行者常之，不足以举行者勿常。不足以举行而常之，是荡口也”（《墨子·耕柱》）。朱熹主张“论先后、知为先，论轻重，行为重”（《朱子语类》），提出实践对于知识的重要性。王阳明主张“知行合一”，王夫之主张“知行始终不相离”，等等，这些主张都诠释了中国传统德育教育中实践的重要地位。此外，中国传统德育思想在日常生活中的实践也是丰富具体的。一是化礼成俗，将德育思想融入丧、祭、射、御、冠、婚、朝、聘等礼仪实践之中，使之指导人们的日常生活，使德育思想直接实践化。二是在小事上进行规训，从日常小事入手培养品德，把大道理化为洒扫应对、待人接物等日常行为，便于操作、便于考察，如成书于清康熙年间的《弟子规》就是一部标准的学生日常行为规范，以《颜氏家训》为代表的中国传统家训也为实践提供了直接的指导。更进一步的，中国传统德育体系还根据不同的年龄层次开展不同的行为规训，小学教育小节小义，大学教育大节大义。中国传统德育体系中对实践的认识，以及将实践化到日常生活中的做法，可以为当前高校德育提供有益借鉴，需要我们在实际运用中继承和发扬。

第二节 实践德育的理论视角

一、实践的基本功能

(一) 认识功能

实践是认识的来源,人类的认识最初来源于实践,并在实践中不断发展。马克思在《关于费尔巴哈的提纲》中指出:“从前的一切唯物主义(包括费尔巴哈的唯物主义)的主要缺点是:对对象、现实、感性,只是从客体的或者直观的形式去理解,而不是把它们当作感性的人的活动,当作实践去理解,不是从主观方面去理解”[①],强调要从实践出发去理解现实世界。马克思主义认为,实践是感性的人的活动,认识对象世界是它的基本功能,可以说人类的一切认识,本质上都是来源于实践的。实践还是人类认识发展的动力,认识的发展也同样来源于实践的发展。毛泽东在《实践论》中指出,人们通过实践形成大量的零散的感性认识,再对这些感性进行消化和整理,通过概念、概括、推理等逐步认识了事物的本质,将感性认识上升为理性认识,这些理性认识进而指导人们新的实践,解决出现的新问题。[②] 这说明实践能够通过不断产生“新”的认识来更新“旧”的认识,通过“认识—实践—再认识—再实践”这个循环往复过程,不断推动人类认识的发展。

(二) 中介功能

实践是主体和客体发生联系的中介,是连接主观世界与客观世界的纽带,人们要认识和改造客观世界,必须通过一定形式的实践来实现。人的一切实践活动,无论是劳动、社会调查、科学实验、社会交往等,都是以一定的形

① 马克思,恩格斯. 马克思恩格斯文集:第1卷[M]. 北京:人民出版社,1991:499.

② 毛泽东. 毛泽东选集:第1卷[M]. 北京:人民出版社,1991:285-286.

式和手段体现出来，离开了实践这一中介功能，主客体之间的双向联系和作用便不可能发生。不仅人的认识，人的情感、交往等也需要通过实践的中介来实现，人类的情感、体验，不可能从知识之中直接产生，而必须在实践之中产生。另外，人的认识是不断向前发展的，它需要通过实践来不断反馈、修正、发展。建构主义学者让·皮亚杰在阐述其发生认识论的认知结构时也指出了“实践”的突出作用。他认为，人类的“活动”是区分最初的主客体的关键因素，人类最初的认知结构是“一个既无主体也无客体的客观实在的结构，提供了在以后将分化为主题和客体的东西之间唯一一个可能的连接点——活动”[①]，并进一步指出，人类认知结构的更新，就是源于人类对实践活动的反馈与调整，即皮亚杰认为实践是促进主体和客体分化的重要中介。

（三）检验功能

众所周知，实践是检验真理的唯一标准，真理需要不断在实践中加以检验和提升。实践虽然能够产生认识，但每个人通过实践产生的最初的认识是一种感性认识，还需要人们通过不断地实践加以提炼和总结，将感性认识上升为理性认识。无论是感性认识的梳理过程，还是理性认识的提炼过程，实践都起到至关重要的检验功能。随着人类历史的发展，新的问题不断产生，前人的认识不一定能解释现在的世界，需要人们通过实践去甄别哪些认识是正确的，哪些是不正确的，哪些是需要进一步发展的。另一方面，人的认识还具有个体差异性，他人实践的结论是否可行，最终也要通过自身的实践去检验。正如马克思所说：“人的思维是否具有客观的真理性，这不是一个理论问题，而是一个实践的问题。人应该在实践中证明自己思维的真理性。”[②]毛泽东也在《实践论》中指出：“只有在社会实践过程中，人们达到了思想中所预想到的结果时，人们的认识才被证实了。”[③]需要指出的是，实践的中介功能和检验功能是有区别的，中介的作用主要是让主客体之间发生联系，检验则主要

① 皮亚杰. 发生认识论原理[M]. 王宪钿，等译. 北京：商务印书馆，1981：23.
② 马克思，恩格斯. 马克思恩格斯选集：第1卷[M]. 北京：人民出版社，1995：55.
③ 毛泽东. 毛泽东选集：第1卷[M]. 北京：人民出版社，1991：284.

是有意识地对既定认识或理论进行验证。

(四) 创造功能

实践不仅能认识世界、验证既有理论的正确性、修正道德认知的功能,它还具有改造世界、创造新事物的功能。创造功能是实践得以推动社会向前发展的基本功能。一方面,人们为了生存和发展所需,通过生产劳动不断创造出新的物质,形成人类社会丰富多彩的物质世界,现代社会食物、建筑、汽车等都是通过实践创造的;另一方面,人们在社会交往实践中还创造出宗教、艺术、审美、社会制度等精神世界。人类社会在发展过程中,会出现各种各样的新问题、新需求,实践通过发现新问题、探索新问题、解决新问题,不仅能够创造出新的物质、还能促进旧的认识向新的认识转化,产生“新”的认识,进而创造出新的理论。此外,人们通过不断实践,还能提高自身实践能力,创造出自身认知世界、探索世界的“新”的能力,还能通过发现自身的不足,创造出“新”的需求。总而言之,当前人们赖以生存的科学技术、社会文化、人文艺术等等都是通过实践创造出来的。

二、实践德育的建构依据

(一) 实践德育的路径价值

马克思说:“全部社会生活在本质上是实践的。凡是把理论引向神秘主义的神秘东西,都能在人的实践中以及对这个实践的理解中得到合理的解决。”[①]高校德育作为社会生活的一种,在本质上也是实践的,高校德育中的知识、思想、情感等也都是实践的,都可以在实践以及对实践的理解中得到解决。可见,实践贯穿于高校德育实施的全过程,实践之于德育,有获取知识、转化认知、检验理论、指导行为的功能。但从认知发展的角度,从学生思想品德形成、发展的全过程来看,这些不同阶段的功能可以归纳为一个功能:路径功能。实践德育中的实践是指在学校德育过程中,作为主体的学生在自身道

① 马克思,恩格斯. 马克思恩格斯全集:第 3 卷[M]. 北京:人民出版社,1960:211.

德需要的推动下自主参与，以自我道德意识作为调控机制，能动地、现实地与道德客体发生相互作用而实现双向对象化，以促进个体道德整体发展和社会进步的过程。也就是说，实践德育就是以指导实践为德育目的，以来源于实践的知识为教育资源，以参与实践为教育手段，以最终实践行为为评价标准，使实践贯穿于德育的全过程，涵盖德育的各个方面。在德育中，实践有五个方面的特征：主体客体对象化的双向性，促进道德内化与外化相互转化的中介性，目的与手段的统一性，道德认知、道德情感、道德行为的整合性，个体活动与群体交往的统一性。[①] 无论是从德育的施加角度、内化、转化角度，还是建构角度，实践德育都是德育建构极其有效的路径。

（二）实践德育的合目的性

指导人的实践是德育的最终目的，中国古代思想家荀况认为学习的最终目的是实践："不闻不若闻之，闻之不若见之，见之不若知之，知之不若行之，学至于行而止矣，行之，明也。"（《荀子·儒效》）按照陆庆壬提出的德育过程"三阶段论"，教育过程的关键是发生两个转化，即将社会要求的思想转化为受教育者个体的思想，再将个体的思想转化为行为。完成了两个转化，德育过程的任务就完成了。因此，德育的最终目标并不是让学生掌握道德知识，而是通过引起学生道德情感的共鸣，最终指导学生的道德实践。只有当我们教育的学生最终实践了德育要求，德育目标才可以算实现。另一方面，正如毛泽东在《实践论》中指出的那样，人们认识客观世界的规律性，能够解释世界不是最重要的，重要的是能动地改造世界。中央 31 号文件指出"为实现'两个一百年'奋斗目标、实现中华民族伟大复兴的中国梦，培养又红又专、德才兼备、全面发展的中国特色社会主义合格建设者和可靠接班人"的大学生思想政治教育目标，最终也是指向奋斗和建设的这个伟大的实践中去。

（三）实践德育的合规律性

实践德育不仅符合认识论规律，还符合德育规律。马克思说："人的思维

---

① 范树成. 实践德育论纲[J]. 教育理论与实践，2006(26)：56－57.

是否具有客观的真理性，这不是一个理论的问题，而是一个实践的问题。人应该在实践中证明自己思维的真理性。”[①]实践是验证理论正确性的手段，对认识起决定性作用。实践是促进认知转化和吸收的重要手段，人的道德情感、道德判断等也是在实践中产生的，德育知识要内化于心、外化于行，需要在实践中能动地实现，不通过实践，内化、外化之说就无从谈起。实践还促进了学生的社会交往，他人的实践同时也是自我学习的资源，学生通过实践，必然地与教师、同学，以及社会各类人员发生联系，交换彼此的思想，检视彼此的行为，并在交流、碰撞中升华自己的认知。实践在德育中还能起到激励学生的作用，实践的过程不仅是检验认知的过程，也是探索一定未知领域的过程，是学生肯定自我、产生新认识、新需求的过程，激励着学生不断完善道德自我。

（四）实践德育的现实需求

伴随着政治、经济、社会的迅猛发展和大学生群体特征的变化，在高校德育的具体实施中，实践德育的内在需求也越来越强烈。改革开放 40 年来，经济飞速发展的同时，也扩大了贫富差距，社会分配和区域发展不均衡的现象凸显，人们对经济利益的追求导致了部分人道德追求的异化，社会道德失范现象逐渐增多，不时引起“社会道德滑坡”的争论。在互联网时代，个别官德失范、价值错位、善行恶报等相关典型事件的聚光灯和放大效应，对大学生的道德认知形成了强烈的冲击，引起他们对学校德育的质疑。这需要通过整体的实践来还原社会整体道德水平的认知，使他们的道德判断回归本真。随着基础教育投入不断加大，高等教育日渐大众化，大学生的主体意识日渐增强，对自我价值的肯定和对学习生活的主导意识也变得更加强烈，行动更加直接，对传统德育模式则表现出更多的不认同感、漠视甚至抗拒的态度，“一场说走就走的旅行”之类反而能引起很大程度的共鸣。此外，高校办学环境也越来越开放，信息技术的发展催生了“慕课”等网络课堂，知识的传播更加迅

---

① 马克思，恩格斯. 马克思恩格斯选集：第 1 卷[M]. 北京：人民出版社，1995：55.

速、理论的学习更加便捷，以知识教育为主的传统德育对大学生的吸引力逐渐减弱，以实践为主的参与性、体验性德育变得更加迫切。高校办学国际化程度也不断提高，社会力量对大学生的影响力也逐渐增大，使得学生自发的实践活动越来越多，如社会兼职，学生自组织、虚拟组织的影响力逐步扩大，需要进一步加以规范，实践德育的顶层设计需求越来越强烈。

第三节　实践德育的建构

一、实践德育的类型

马克思认为生产实践是最基本的实践活动。毛泽东认为除了生产活动之外，阶级斗争、政治生活、科学和艺术的活动也都是实践的形式。① 在高校德育中，实践类型也多种多样，包括教学实践、社会实践、创业实践、科技实践、主题活动等，结合高校德育工作的实际，按照实践的性质、目的，大致可以分为以下五种类型。

(一) 理论学习型实践

毛泽东同志指出："真正的理论只有一种，就是从实际抽出来又在实际中得到了证明的理论。"②理论来源于实践，又需要靠实践去证明。促进大学生理论学习，实践是十分有效的方式。理论是对前人实践的总结和凝练，在知识爆炸的时代，理论体系十分庞杂，理论的提炼和研究也是复杂的系统性工程。在大学这个特定的学习阶段，大学生很难通过自身的实践总结出完整的理论。在理论学习中，知识教育仍然是快速而有效的主渠道。但在完成理论教学的基础上，还需要通过一定的社会调查、案例分析、参观学习、知识竞赛

---

① 毛泽东. 毛泽东选集：第 1 卷[M]. 北京：人民出版社，1991：283.

② 毛泽东. 毛泽东选集：第 3 卷[M]. 北京：人民出版社，1991：817.

等实践形式，来加深对理论的理解，提高理论学习的效果。理论学习型实践以教学实践最为典型，在思想政治理论课的教学中，为了加深大学生对政治理论、革命传统、爱国主义等内容的理解，通过组织参观爱国主义教育基地，采用现场教学等形式，能够提高大学生的积极性和体验性，取得较好的效果。此外，自然科学、工程技术、社会科学等课程，需要通过科学实验、工程建模、田野调查等形式获取一手资料，验证理论或方案的可行性。因此，理论学习型实践在教学工作中的应用非常普遍。

（二）体验感悟型实践

耳闻不如目睹，实际的体验比文字的传播更有亲和力，自身的感悟要比他人的传授更有说服力。先进人物事迹、文化艺术体验、重要人物走访、参观学习、社会调查、生活体验等都属于体验感悟型实践。理想信念教育、国情地情教育、历史文化教育等都适合组织体验感悟型实践。只有在与具体的人或物的直接接触中，在现场氛围的感染中，大学生产生的情感才往往是真挚而丰富的；只有在和他人的生活交往中才往往能真正体会到什么叫“己所不欲，勿施于人”。大学生走出国门，亲身到国外学习、生活一段时间，有助于对国外的经济水平、社会制度、风土人情、道德水平产生实际的了解，有助于发现各自的优势和不足，有助于感受到国家富强、民族复兴的重要意义，增强对爱国主义的认同感，提高自身历史使命感；只有深入实际的区县、乡村去考察，才能深刻体会到习近平总书记提出的“绿水青山就是金山银山”；只有到环境污染严重的地区去调研，才能体会到保护环境、开展生态文明建设的迫切性。体验感悟型实践往往以走走看看为主要形式，组织工作相对简单，具有较强的新鲜感，较受师生的欢迎。

（三）公益服务型实践

参与社会服务能够培养大学生社会责任意识和奉献精神，使大学生尽快融入社会，完成自身的社会化。在公益服务中，大学生运用自身学到的科学文化知识和技术技能，直接地帮助他人，为个人和社会组织服务，能够通过服务活动感受到自身的社会责任和社会价值，增强自我认同，从而树立自身良好的道德品质。当前大学生发挥自身才干、服务社会的主动性是比较强的，公益服务型实践普遍地受到大学生的欢迎，它是开展大学生理想信念教育、社会责任教育，营造良好社会风气的有效途径。在高校中，公益服务实践的类型有大型赛事和活动的志愿者服务、支教支农支医活动、社区文化志愿服务、科普教育、关爱离退休老同志，以及大学生结对帮扶等多种类型。公益服务活动不仅能够锤炼大学生的道德品质，还能够通过社会服务，解决一定的社会需求，创造了一定的社会价值，同时还可以促进大学生和社会的互动，扩大大学生的社会影响力，并促进大学生在服务中加深对相关理论的理解，是一种一举多得的实践类型。

（四）探索创新型实践

大学生要学习现有知识，也要探索未知领域，探索创新型实践活动的主要任务是引导大学生就自己感兴趣的“未知”领域开展探索性、研究性、创新性的活动，通过实践发掘“未知”的领域，创造“新”的事物，并在实践过程中提升自身认识水平和实践能力。在高校中，各类科研训练、学科竞赛、课外学术科技活动、创新创业活动、模拟演练等都属于探索创新型实践类型，高校德育工作者要通过整体性地设计，将德育贯穿其中，让这类实践活动具备德育的功能。探索创新型实践活动能够激发大学生的创造活力，增强大学生学习知识的主动性，提升他们获取知识、探索新世界、创造新事物的能力。大学生追求新鲜事物、挑战未知领域的兴趣和激情较高，这类实践形式能够极大地调动大学生的参与热情，往往场面火爆，成果展示性强，具有良好的引领示范作用。另一方面，这类实践活动主题明确、持续时间较长，各类软硬件投入较多，指导教师和学生的参与面广、参与度深，容易取得高层次的实践成果。

（五）自我成长型实践

在高校中，还有一类实践类型。即使不通过学校组织，大学生为了满足自身成长和发展的需要，也会主动寻求资源，主动参与其中，这类实践可以称之为自我成长型实践。它的主要形式有勤工助学、挂职锻炼、社会兼职、社团组织活动等，其主要特征是实践的组织不一定通过学校有关部门，实践的参与主要源于学生的自主自发，实践的资源多有社会力量的支持等。自我成长型实践活动中，大学生的主体性发挥是最好的，但同时存在着一定的隐患，比如大学生参与勤工助学过多会影响学业成绩，因寻找兼职而遭受诈骗的案例时有发生，各类瞄准大学生的社会组织也层次不一，相关“市场”存在一定程度的混乱，需加以甄别和规范。对学生自发成长的需求，高校要高度重视，在充分肯定学生实践主动性的同时，要积极加强教育引导，学校各德育相关部门要积极争取各类社会资源的支持，加强联动和资源共享，加强和规范管理，将其有效纳入学校的实践育人体系之内。

二、实践德育体系建构

高校德育工作中，实践形式多样、载体多元、层次鲜明、资源丰富，为构建实践德育体系提供了重要的保障。但我们也应该清楚地看到，当前的实践德育管理和实施体系还存在一些问题，主要表现为实践德育整体设计不强、实践德育目标过于宽泛、实践德育管理队伍分散、实践过程管理松散、实践效果评估不足等。需要对实践的目标、内容、过程、评价等进行系统地整合，以形成一个有效的高校实践德育共同体。

（一）加强实践的整体协同

当前，实践德育的组织体系是松散的，不同的实践类型分别由不同的部门来组织实施，部门相互之间的协同不足，导致实践德育体系的整体感不强。高校的教务管理部门、学生工作部门、共青团组织、就业指导部门、专业院系和相关课程负责人等都在组织不同类型的实践。但是各类实践的组织相对独立，随意性较强，资源分布不均，因而整体感较弱。构建实践德育体系，加强各要素之间的整体协同是第一位的。首先是要树立科学的实践德育理念，充分认识到实践在大学生教育中的重要作用，从整体育人的角度对实践德育进行科学设计、科学规划。其次是要加强实践德育的组织和实施，职能部门各司其职，形成整体推进的实践德育组织体系，围绕总的育人目标分线推进。第三是要合理分配各方面资源，加强实践德育工作的保障。实践活动要取得良好效果，基本的人、财、物是必不可少的。第四是要加强整体协调。其一是实践参与主体之间的协调，包括学校各部门之间、学校和学生之间、学生和学生之间的组织协调。其二是实践目标和内容的协调，实践内容要紧扣主题，围绕目标开展，加强实践的科学性和针对性。

（二）立足实践的德育目标

指导大学生的道德实践是实践德育的最终目的，因此德育目标必须立足实践。当前，高校实践德育存在目标不清，追求形式化、大而全，不关注个体差异性的问题，导致实践呈现出功利化、虚无化、混乱化的特征。德育目标必须立足实践，要遵循大学生思想品德形成、发展的一般规律，充分考虑学生成长个性，立足实践的德育目标，要体现层次性。首先要有体现国家意志的总体目标，符合中国特色社会主义人才培养的总体目标。其次要有符合学生培养的团体目标，要充分结合学生群体的年龄、学校、专业、社会阅历等群体特征，从团体成长的角度出发设计实践环节和实践目标，不脱离实际追求假、大、空。再次，实践德育更要充分考虑学生的个体特征和近期发展任务，设定个性化的实践目标，以促进其综合能力的全面提升。只有构建这样指向明确、层次鲜明的目标体系，具体的实践才有章可循，学生的道德认知、道德情感和道德行为才能够通过实践有机融合在一起，最终使学生在掌握道德知识的基础上愿意实践道德生活，真正成长为一个“道德人”。

（三）反映实践的德育内容

实践德育体系的德育内容要贴近社会实际，能够指导学生的现实生活。实践德育的内容包括理论知识、间接经验和直接经验三种形态。在实践过程中，这三种形态的实践内容都应当能够反映实践和呈现实践，能够指导实践、解释实践，把实践的丰富内涵展现出来。首先，实践德育的内容包括文本形态的理论，中央31号文件对强化思想理论教育和价值引领的内容做了非常具体的规定，这些都要体现在实践的内容设计中。当然，这并不是说要将相关理论原样照搬，整体、直接地作为实践的内容，而是要根据实际，选取其中的一部分进行整体设计。其次，实践德育的内容要包括其他学生实践的间接体验，还要通过一定的分享会、交流会、研讨会等形式呈现出来，以促进相互之间的交流。再次，实践德育的内容还必须包括大学生直接参与实践的体验和感受，并进行一定的加工和整理，在促进自身思想品德提升的同时，作为一种间接经验展示给他人。为了把这些不同层次的德育内容系统地保留下来，德育工作者还要有意识地组织编写教材或案例，开发出相应的德育课程，体现出德育内容的传承性。

（四）支撑实践的德育过程

实践德育体系还要能充分体现育人的全过程性。德育过程中存在的环节、使用的手段和方法要能够支撑实践内容的呈现和实践目标的达成，体现出过程的实践性。在实践过程中，还要达成“知”和“行”的辩证统一，既要用理性认知去分析感性认知，运用已有的道德知识去指导实践，又要将实践中感性认知上升为理性认知，在实践中验证已经掌握的道德知识，达到整体认知水平的提升。德育工作者还要结合相应的实践目标，选取和运用好不同类型的实践方法，使实践方法有利于学生直接实践经验的获得、间接实践经验的传播和理论实践内容的消化吸收，真正发挥学生在实践中的主体性。在实践的实施中，还要加强过程管理，一方面要对实践过程中可能出现的问题提前预判，早做预案，及时发现问题，及时排除隐患，增强教育的主动性；另一方面要不断加强过程反馈，对学生进行合理地疏导，使实践按照预定目标有序展开。此外，还要善于整合社会资源，充分发挥社会组织、新闻媒体的作用，扩大实践的影响力。

（五）促进实践的德育评价

德育的评价直接影响德育的效果，评价方法不当会让实践功亏一篑。评价要求过低，则实践可能流于形式；评价要求过高，则容易引起学生抗拒甚至作假，最终导致实践的虚化。高校实践组织过程中出现的“盖章实践”就是因为提出全员参与实践的要求，但又不能提供相应的资源支撑而造成的。当前高校实践德育评价存在的问题主要有不评价、评价形式单一、评价反馈不及时等。德育评价要定位于反映学生参与实际情况，以实际的行为表现为主要评价依据，以促进学生道德实践和良好品行发展为目标。首先，要对实践的目标定位、内容设计、实施方法、组织管理、实践效果等开展多层次的德育实践纪实评价，既要实施组织者对参与者的评价，也要开展参与者对组织者的评价，还要视情况开展第三方评价，形成多角度、全方位的纪实评价体系。其次，要形成公开透明的多样化评价体系，做到定性评价和量化评价相结合，重点评价和系统性评价相结合，提高评价结果的科学性和可信度。最后，要强化对评价结果的反馈与运用，重视发挥评价的激励功能，突出个性化评价和发展性评价，促进大学生对自我道德价值的肯定。

三、构建实践共同体

实践是德育活动的根本特性，德育的最终目的是作用于实践。实践德育不能从理论到理论，要内涵于生活之中，并最终为生活服务。实践德育不是教师的“教”和学生的“学”的简单结合，教学环节与实践环节不应当分离，而应当有机融合为一体，构建一个多部门参与的、多元互动的实践共同体。所谓实践共同体，是指瞄准德育的总体目标，立足实践这一德育的重要路径，整合多方面力量，发挥整体协同作用，使实践贯穿德育全过程，以促进大学生成长的可持续的育人平台。中央 31 号文件指出：“要强化社会实践育人，提高实践教学比重，组织师生参加社会实践活动，完善科教融合、校企联合等协同育人模式，加强实践教学基地建设，建立健全国家机关、企事业单位、社会团体接收大学生实习实训制度，开设创新创业教育专门课程，增强军事训练实效，建立健全学雷锋志愿服务制度。”为实践德育共同体的建构指明了方向，学生、学校、社会、家庭、教育管理部门构成了这个共同体的重要参与主体。

学生是实践德育的参与主体，是实践活动的参与者、实施者和创造者。因此，要充分尊重学生的主体性，想方设法调动学生的主动性和积极性，唤醒其主体意识，激发其参与热情，引导其主动地参与实践过程，鼓励其与其他学生相互合作、共同成长，最终促进全面发展。学校是实践德育的组织者，起到组织、管理、评价、保障的重要作用。当然，具体参与实践组织的，是学校中各个相关部门和学生组织，要把这些部门和组织整体统合起来，形成一定的共识，朝着一个共同的德育目标，既各司其职，又相互配合，协同推进实践德育的实施。社会是实践德育的重要支持力量，社会各组织不仅为实践提供了重要的物质保障，为大学生提供了广阔的实践舞台，也是大学生实践的服务对象，社会组织和个人与学生的有效交互也是实践得以推进的基础。家庭是社会重要的单元，是人生的第一学校，对大学生世界观、人生观、价值观的形成具有至关重要的作用，在实践中，提高家庭的支持和参与程度，培养大学生参与家庭生活的能力，有利于培养大学生健全的人格。此外，政府教育管理部门为实践提供了宏观政策支持和良好的社会环境，是大学生实践活动的重要推动力量。总而言之，构建高校实践体系，需要把这些要素整体协调起来，为大学生参与实践提供高质量服务和有力保障，构成一个追求共同目标、拥有共同事业、促进共同学习、推动共同提高的具有生命力的实践共同体。

在实践共同体当中，各个参与主体之间是平等的，他们围绕着共同的人才培养目标，整合各种资源，积极发挥自身作用，相互学习、相互促进、相互帮助，使实践活动从施加型向建构型转变，从包办型向自选型转变，提高大学生参与实践的积极性，把所有类型的实践都转变为自我成长型实践，并通过德育实践活动，促进大学生思想品德的提高和良好行为的养成。当然，实践德育体系还有一定程度的理想化，它的主旨是将实践贯穿于德育的各个方面和各个环节，是对现有德育体系和实践体系改造性融合，而不是另起炉灶，推翻现有德育制度和工作体系。

案例六：浙江大学“红色寻访”主题社会实践活动

习近平总书记在十九大报告中寄语全国青年“青年一代有理想、有本领、有担当，国家就有前途，民族就有希望”。浙江大学始终坚持将强化青年大学生理想信念教育作为大学生思想政治教育工作的重要内容。近年来，浙江大学利用中华人民共和国成立60周年、65周年，中国共产党建党90周年、95周年，喜迎党的十八大、十九大等重大历史契机，组织数万名大学生寻访全国革命教育基地，返校后又进行一系列深化举措，用红色革命激情坚定信仰，树立起牢固的社会主义核心价值观，为十余万名大学生上了理想信念教育的生动一课。经过多年的实践和努力，“红色寻访”主题教育实践活动已成为特色鲜明、深受大学生喜欢、教育成效显著、社会反响强烈的思想政治教育品牌活动。

一、实践教育的全新模式

浙江大学在一次调研中发现，一些大学生对课堂中学党史缺乏兴趣，剖析原因，主要有四个方面：第一，当代大学生在优越环境下成长，个性突出，价值取向呈现多元化和分散化的趋势；第二，大学生对理想信念、传统道德等方面关注较少，特别是对于党史国情教育认同度在减弱；第三，一些学生因为受到西方不良思潮的影响，出现了政治信仰迷茫、理想信念模糊等问题；第四，思政理论课、入党积极分子培训班所采取的灌输式教学方法，很难激起大学生学习党史的兴趣。结合调研结果，学校及时召开专题座谈会，就新时期如何加强大学生理想信念教育开展讨论。浙江大学团委大胆提出了将大学生理想信念教育与社会实践、校园文化建设、学生干部培养、入党积极分子培训班等多项工作相结合的全新模式——“红色寻访”主题教育实践活动。学校以“寻访红色记忆，勇担强国使命”为主题，组织大学生利用寒暑假以社会实践的形式，走访嘉兴南湖、井冈山、延安等全国重点红色基地，开展“参观一个革命教育基地，寻访一位老革命、老党员，采访一位典型人物”的“三个一”实践活动。确立了“一个核心、两条主线、三个引导、四个结合”模式，即坚持以强化大学生理想信念教育为核心目标；以寻访体验和传播感悟为主线；在前期报名、寻访过程和后期深化中进行不同形式的引导；将“红色寻访”主题教育实践活动与大学生思政教育、社会实践活动、校园文化建设以及服务社会相结合。多年来，学校精心遴选了全国“12 个重点红色基地区域，30 条红色精品线路，308 个红色教育基地”的重点区域，通过专题宣讲会，宣传活动理念，做好精心组织指导工作，引导学生自主申报。自活动开展以来，参与红色寻访实践活动的学生规模逐年上升，从 2011 年寒假的 210 个小分队，1014 名大学生，发展到每年寒暑假都有 800 余支队伍，近万名大学生到全国各地开展“红色寻访”社会实践活动，数千名学生党员和入党积极分子作为骨干，也深入各个团队中，积极发挥先锋模范作用，“红色寻访”主题教育实践深受学生喜爱，成为一种实践教育的新模式。

二、震撼人心的精神洗礼

在具体的寻访活动中，参加寻访的同学以“参观一个革命教育基地，寻访一位老革命、老党员，采访一位典型人物”为主要内容，通过资料查找、实地调研、人物采访、参观学习等方式，倾听红色故事，追寻革命足迹，重温党的历史；开展农业技术推广、法律普及、医疗卫生服务、义务支教、环境保护等形式的实践活动，在实践中亲身感受革命老区的变化，用自己的青春服务老区的建设和发展。在寻访实践中，学生们亲临嘉兴南湖、井冈山、延安等革命老区感悟红船精神、井冈山精神和延安精神等革命精神，领略红土地在党领导下发生的沧桑巨变，感受革命老区的建设与发展，体验老区百姓生活的改善和树立起对祖国繁荣发展的信心。建工学院的皇甫晓菲在参观南湖革命纪念馆后这样感慨：“‘红船精神’点燃了中国革命的星星之火，感召着一代又一代共产党人为党的事业不惧风吹雨打、穿越惊涛骇浪、甘洒热血为人民，成为指引我们不断前进的强大思想武器。如果没有亲身体验，很难体会其中的丰富内涵。从课本到实地走访,我们有了全新的感悟。”浙江大学马克思主义学院的段治文教授认为,“这种知行合一、贴近实际的寻访,是当代大学生难能可贵的一课,是最好的理想信念教育”。在此次活动的影响下,许多大学生主动向党组织递交了入党申请书,数百名优秀“90后”大学生党员与退休老党员结了对子,同学们还自发地结对革命老区中小学,开展定点帮扶活动。通过红色寻访活动,同学们追寻革命足迹,重温红色历史,不仅仅是参加了一次简单的实地参观和体验生活,而是接受了一次震撼人心的精神洗礼。

三、深入基层的国情教育

参加寻访活动的同学从城市深入基层,走进农村,了解国情,对当前社会发展有了更直观的认识与体会,感受到了青年大学生所肩负的历史使命。在青年一代获取信息便捷化、多元化、立体化的背景下,只有让大学生深入实地去观察社会、感悟历史,才能有效加强大学生的“四个自信”。在结束寻访活动后,每个实践团队都会进行活动总结和交流,引导同学们书写红色感悟,传播红色精神,在记录寻访红色足迹的同时,每位同学撰写调研报告和个人红色感悟,即时通过“红色微博”与大家分享交流。学校还适时组织优秀成果感悟分享交流会和座谈会,邀请思想政治教育专家开展活动点评,让“红色寻访”成员的心得体会和所思所悟向更多同学传递,唤起同学们对党史国情的深刻认识以及传承红色精神的决心。丹增珠杰是一名藏族学生,他用一个寒假几乎走遍了拉萨的每一处爱国主义教育基地。“每年回家,当我看着西藏的发展繁荣,都有很深的感触,看着西藏发生了翻天覆地的变化。我发自内心地感谢党,感谢祖国!”在临近大学毕业时丹增珠杰光荣地加入了中国共产党,他说,这是他人生中最重要的一件事情。毕业后的丹增珠杰毅然回到西藏,投身祖国西部的建设。其他同学返校后也纷纷表示要更加努力学习,为今后报效祖国打下扎实的基础。在参观了梁家河村史馆、知青窑洞、沼气池等旧址后,信电学院的李洋这样感慨:“在这里听石春阳老书记给我们讲习总书记在梁家河插队时带领村民们艰苦奋斗的种种事迹，从一件件习总书记当时为村民改善生活、促进发展的实事中，从一个个习总书记敢于创新、勇于实干、勤学读书、平易近人的细节中，大家感受到了领袖丰满高尚的精神世界，也暗暗下定决心要向总书记学习，将来为民办实事、为社会做贡献，真正承担起青年一代的社会责任和历史使命。”

四、反响强烈的红色教育

为了深化寻访活动，学校通过多项深化举措，丰富实践活动的宣传形式，增强实践活动的影响力，巩固红色教育成果。一是依托各类媒介，拓宽宣传渠道。学校积极主动开展“红色寻访”主题教育活动的宣传，将同学们在寻访中的真实故事、生动情节传播给没有参加活动的师生，并通过开展图片展、优秀论文展示等形式，营造浓郁的红色校园文化氛围。二是组建校院两级“红色寻访”报告团，开创同伴教育新模式。学校成立“红色寻访”报告团，以专题报告会、感悟分享会、座谈会、进团支部上党课等形式带动同学们，以同伴教育的形式促使大学生将社会主义核心价值体系内化为自身的精神风貌和道德品格。报告团还受邀走出校园，走进其他高校、企事业单位、社区、中小学进行宣讲，传播党史和革命精神。三是开辟网络教育平台，抢占新媒体传播平台。通过同学们自主设计制作的“红色寻访”专题网站，及时地将活动成果、感悟心得、图片资料等信息在网上发布，同时通过举办网络图片展、红色Flash等活动，扩大宣传辐射范围；此外学校还依托“红色寻访”微博举办了红色微博创作大赛等活动，吸引同学们积极参与，微博关注度和影响力也在不断提升。四是举行优秀调研论文和感悟评比活动，将寻访大学生的青春思考传递给更多的人。学校组织专门人员对同学们上交的文稿进行评选，出版优秀文稿集《信仰点亮青春——90后大学生的红色追寻》，并发放给大学生进行学习感受。“红色寻访”主题教育活动形式新颖、影响广泛、效果深入，得到了各级领导、社会各界的充分肯定和高度评价。活动也得到了新华社、人民日报、光明日报、中国教育报、中国青年报、浙江日报等新闻单位的持续关注，累计报道180余次，超过20万字。央视《新闻联播》、人民网、新华网、光明网、中国教育网、中青在线、浙江在线等网络媒体也做了大量的报道。浙江大学“红色寻访”主题教育活动入选中组部《组织工作改革创新案例》，被评为全国高校校园文化建设优秀成果特等奖、浙江省教育系统创先争优主题案例和浙江省共青团工作创新奖。

第九章　德育共同体：未来中国特色高等教育的新认知

德育工作是教育生态体系中的重要环节，关系着学校人才培养的质量和水平。党的十八大以来，将"立德树人"作为教育的根本任务，坚持智育和德育一起抓，培养全面发展的社会有用之才。全面建成高等教育强国、加快"双一流"建设的历史征程，对高校德育工作提出了新的更高的要求。如何把握好"肩负着培养中国特色社会主义事业建设者和接班人"的光荣任务，如何坚持"把培育和践行社会主义核心价值观融入教书育人的全过程"的教育要求，如何在新时代构建有别于西方模式的中国特色高校德育工作体系，是当前高校德育工作面临的重大课题。积极推进"高校德育共同体"的建设，进一步强化当代大学生的道德认同和价值认同，不仅是高校德育工作的现实诉求，也是立德树人根本任务的迫切需求，更是对未来中国特色高等教育的一种新诠释。

第一节　德育共同体的基本理论逻辑

中国特色社会主义大学就是要坚持马克思主义的指导思想，坚持中国共产党的领导，坚定社会主义的办学方向，积极培育和践行社会主义核心价值观，培养又红又专的社会主义建设者和接班人。作为德育共同体，中国特色社会主义大学不仅具有学术共同体和学习共同体的根本属性，更是将立德树人作为大学人才培养的中心环节，这是由中国特色社会主义大学的本质属性所决定的。德育共同体立足于“共同善”的伦理诉求，强调价值目标的一致性，通过价值选择、价值认同和价值信仰达成价值共识。德育共同体不仅强调教师和学生双主体的道德责任，更强调大学内部多元主体的道德责任以及多元主体在不同场域的道德责任。德育共同体的内在逻辑就是集体协同，强调共同体内部个体的自主参与和德性的主动生成，最终实现共生共赢。

一、共同善：德育共同体的伦理诉求

“大学作为学术共同体，是由它产生的历史因由和固有使命决定的。大学必须以学术为目的，以科学精神为核心凝聚力，并具有某种对绝对精神的追求。[①] 西方大学大都倡导价值中立，反对价值判断。价值中立“是一种主张将事实与价值对立起来的哲学认识论立场，是一种宣称捍卫公民精神自由的政治自由主义立场”[②]。这种立场认为，大学应该在多元化的价值观之中保持中立态度，不应该用伦理、道德和价值观来塑造大学生，更不应该教人信仰，将教师的价值观灌输给学生，只需向学生教授知识和技能。在价值中立的立场下，“理智的诚实”成为大学应该培养的唯一特殊美德，因为，“唯有以诚实的学术分析为中介，学生方能不断认清自己的角色，懂得自己的追求和目标之间的本质，获得自如地驾驭责任来把握自己的人生问题的能力”[③]。学生凭借所获得的知识、方法和“理智的诚实”，遵循个人的意愿去追求个体善的实现，“追求人格完整、私人利益和幸福生活形成了这个世界特殊的个体善”[④]。可见，西方大学在价值中立原则下强调个体善的实现，强调人之所以为人，源

---

① 黄达人.大学是一个“学术共同体”[N]. 中国教育报，2009-03-23(5).

② 杨威.当代美国高校价值观教育的关键议题与基本原则[J].黑龙江高教研究，2015(10)：64-68.

③ 韦伯.韦伯论大学[M].孙传钊，译，南京：江苏出版社，2006：32-34.

④ 王金礼. 公共善、个体善与新闻伦理——新闻传播与人类普遍善之关系论略[J]. 中国地质大学学报(社会科学版)，2013(5)：90-97.

自个体的理性、自由和人格尊严。包括亚里士多德在内的许多学者在学理层面论述了个体善与共同善的关系，提出个体善应该从属于共同善，共同善应该优先于个体善，或者像英国哲学家托马斯·希尔·格林提出的个体善和共同善应该协调平衡，但西方大学在实践层面更多的还是践行价值中立原则，强调个体自由，个体尊严，个体“理智的诚实”以及个体价值的实现，这与西方的功利主义和道德个人主义息息相关。

中国特色社会主义大学不同于西方大学，(后者倡导的是所谓价值中“中立”和“个体善”的追求)在强调传授知识、科学研究、服务社会和文化传承的同时，倡导培育和弘扬社会主义核心价值观，并要求高校将社会主义核心价值观融入人才培养的全过程。社会主义核心价值观从根本上来讲就是要实现人民的共同幸福或公共利益。格林认为：“公共福利就是人们设想与他人共有的东西，与他人共享的善，实际上就是共同善。”①从这个意义上来讲，社会主义核心价值观就是共同善。因此，格林的共同善理论可以为德育共同体的伦理诉求提供理论支撑。格林所提倡的个体的自我满足和自我完善，其本质就是共同善，因为“人本质上是一种追求共同善的道德存在，他只能在与他人平等互助的关系当中，在推动社会共同善实现的过程当中，实现自我的真善”②。要实现自我的真善，就需要个体主动置身于国家和社会当中，并积极为实现共同善做贡献。而“为了保障有利于共同善的权利得到实现，还需要国家对各种权利进行协调和维护，它因此成为推进共同善的工具”③。在德育共同体中，共同善是个体善在自我建构、集体协同基础上产生的，是基于个体善主动生成、同频共振而形成的善的“最大公约数”。由此可见，个体善和共同善是和谐统一的。社会主义核心价值观所倡导的自由、平等、公正等理念，正是社会个体所追求的价值目标的集体体现。同时，社会主义核心价值观为个体美德的形成和实现提供了良好养分。因此，只有以共同善为目标的德育

① 徐大同.20世纪西方政治思潮[M].天津：天津人民出版社，1991：26.

② 邓振军. 个体性与共同善：格林的财产权话语[J].学术研究，2016(12)：127-134

③ 邓振军. 自由和共同善：格林的国家话语[J].浙江学刊，2016(6)：131-136.

共同体才能真正培育大学生的个人美德，也只有保证德育共同体的价值目标导向于共同善，才能够使德育共同体内部各要素实现相对稳定和良性运转。

德育共同体的基础是共同体内部生命主体的价值共识，即实现共同善的目标。共同善作为德育共同体的伦理诉求，也是中国特色社会主义大学的必然选择。它不仅在学理层面具有科学性，在实践层面也具有可操作性。共同善的实现，除了要依靠个体的努力，还要依靠作为道德力量的国家，国家是实现共同善的重要保障。具体来讲，一方面要依靠内部的力量，通过个体的认知、体验和自我建构来接受和内化社会主义核心价值观，进而通过彼此间的交往、合作、对话来实现群体的共识，最终实现共同体对共同善的价值共识。另一方面，需要国家积极干预，以马克思主义为指导，自上而下开展意识形态教育和思想文化宣传等工作，最终使得德育共同体内的每一个个体通过价值选择、价值认同和价值信仰，达成共同善的价值共识。中国特色社会主义大学，正是基于这种共同善，以共同的道德信仰和价值追求将不同个体凝聚在一起，将共同善贯穿于大学教育的全过程。在学术精神上，除了要培养科学精神和理性精神，还应当强调人文精神，尊重基本的人类道德，承担基本的社会责任。在教育目标上，中国特色社会主义大学除了传播知识、能力培养和服务社会以外，还具有更为丰富的目标，那就是人的自由的全面发展和德性的主动生成，而个体的自由只有在追求共同善的德育共同体当中才能实现。这就意味着，我们要跳出大学作为学术共同体的“为学术而学术”的狭隘定位，将个体自由的全面发展融入共同善的总体目标当中。在教育内容上，中国特色社会主义大学除了教授基本的知识技能、科学理论之外，更要构建基于生命、生活、生存的德育知识体系，引导大学生进行主动建构，从尊重生命开始，进而去反思自己以及自我的生存状态和生存价值，最终实现共同善。在管理理念上，中国特色社会主义大学除了强调大学作为学术共同体的“管理即服务”职能以外，更强调在价值层面尊重教师和学生权利，坚守公平公正的理念。在对共同体的态度上，中国特色社会主义大学更有可能跳出工具理性，基于道德信仰和价值共识去培育共同体成员的共同善。

二、道德责任：德育共同体的本质要求

作为学术共同体的大学自其诞生之日起，就是一个由教师和学生所组成的，相互尊重、相互联系、相互影响，以学术为志业，以真理为追求，遵守共同的道德准则而形成的师生关系共同体。作为共同体内部的两个主体——教师和学生，不论是教师向学生传授知识的教学活动，还是师生共同努力去探求真理、发现新理论、探寻新方法、解决新问题的科学研究活动，抑或是为满足社会需求而培养高级专门人才的社会服务活动，都承担着一定的道德责任。所谓道德责任是指“具有一定自由和能力的个体或集体，以社会客观道德价值为评价标准，履行一定社会所赋予的对自我、他人、社会和自然的责任。”①作为学术共同体的大学主要在学术自由和正常运行过程中履行大学的道德责任，其基本职能的实现都需要一定的道德指引。“道德性已经根植于大学的天性，渗透在大学的各种关系和各种活动中，大学开展教学、科研和社会服务等活动的过程也就是履行道德责任的过程。”②在学术共同体中主要强调教师和学生作为个体的道德责任，强调道德责任主要适用于个体的行动。教师道德责任的履行主要是用自己的价值观念和道德观念影响学生的德性和价值观；学生的道德责任主要表现为在师生交流、互动、合作的过程中，耳濡目染，经过自己的情感体验，将在大学中接受的道德准则和价值原则进行反思与内化，做出道德判断和道德选择，不断完善自己的德性，调节自己的道德行为。

中国特色社会主义大学不仅强调教师和学生主体的道德责任，更强调大学内部各个主体的群体道德责任和大学作为一个共同体的本体道德责任。在共同体内部，重视教师、管理人员、服务人员、学生等群体对自己的行为及

① 郭金鸿.道德责任论[M].北京：人民教育出版社，2008：52.

② 王向华. 论大学的道德责任[J].教育研究，2018(1)：50－58.

其后果承担道德责任。多元主体在德育共同体中通过交流、互动、对话、合作和自我教化，践行道德责任，最终实现共同成长与发展。首先是教师群体的道德责任。所有教师都承担着教学育人的任务，他们不仅教人学识，更要育人品格，塑造灵魂。在德育共同体中，他们通过课堂德育和实践德育，发挥教育引导、价值引领和道德示范作用，践行大学的创造精神、批判精神和社会关怀精神，引导大学生树立对于社会主义核心价值观的价值认同和实现中华民族伟大复兴的时代责任。其次是管理人员群体的道德责任。管理人员包括行政管理人员、网络管理人员等，主要承担管理育人的任务。他们通过党团建设、制度安排、网络德育等引导学生对规则的敬畏和对善的追求，通过民主管理弘扬大学精神，为共同善的实现营造良好的制度保障。再次是服务人员（主要是学校各类后勤服务人员）的道德责任。服务人员承担着服务育人的任务，主要通过创造美好的校园学习空间、生活环境、休闲娱乐设施等践行生活德育，不断提升自我的工作形象、工作作风和服务水平，彰显大学精神，感染学生，陶冶学生的道德情操。最后是学生群体的道德责任。学生是实现德育目标的关键所在，是高校德育的对象，又是高校德育的主体，他们在德育共同体中通过价值认同、自我反省、榜样借鉴和交往实践构建自我的道德责任，坚守共同的道德价值，展现大学生的精神风貌，践行社会主义核心价值观的文化自觉，承担中华民族伟大复兴的时代使命。其中，国际学生也是德育共同体需要关注的重要群体。学生群体在高校承担着自我管理、自我教育和自我成长的重要任务。此外，中国特色社会主义大学作为德育共同体的道德责任主要体现在它作为责任行为主体，以共同善为价值追求和道德价值评价标准，履行社会赋予它对个体、社会以及自然的责任，它既是道德的楷模，又公共道德的造就者；它在多元复杂的社会中坚守自身的价值目标和伦理操守，进而引领社会风尚，造就社会公共道德，促进社会德性的进步与发展。

德育共同体的道德责任体现为互为主客体的共同体成员的道德责任，还体现为共同体内部的多元主体在不同的场域的道德责任。一是教师和学生在课堂中的道德责任。课堂，作为一种学习共同体，是学习知识、传播理论和引领思想的重要场所，是校园生活的主要空间和重要场域，在促进学生的知识习得、人格养成中发挥着不可替代的作用，强调学生与老师之间、学生与学生之间相互配合、相互启发，共同学习，共同进步。二是教师、学生、服务人员和管理人员在生活中的道德责任。大学生的生活世界本就是一个共同体。共同体作为人们生活的一种样态，是德性的主要存在形式。在大学的生活环境中，共同体的德行诉求为德育共同体提供了必不可少的社会基础。大学生活环境作为共同体的重要场域，通过教师、学生、服务人员和管理人员多向的交互、交流、对话、合作，从大学生的日常生活出发，弥补了传统课堂的知性道德和专业知识教育的缺陷，使得多元主体在生活实践与生活体验中主动生成道德行为，最终实现共同体内部多元主体的共生与共赢。三是教师、学生、管理人员在网络社会中的道德责任。网络社会实际上就是具有共同的信念、共同的价值目标和共同的兴趣爱好的网络群体在共同活动的虚拟区域所形成的一种相对稳定的关系共同体。教师和学生、管理人员和学生通过网络社会这种稳定的关系共同体进行交互、对话、交流，应当传播社会主义核心价值观，增强大学生对当代中国主流意识形态自信和认同。

三、集体协同：德育共同体的内在逻辑

作为学习共同体的大学是指共同体内部“各成员共同参与制定人人都要遵守的规则，在规则的约束下，平等合作，共享资源，并在此过程中获得精神的契合，进而对共同体产生强烈的归属感和认同感”①。在学习共同体中，学习是一种实践、理解和主动生成的过程，教师不再单纯地作为知识的灌输者，而是学习过程的组织者、参与者、引导者和推进者。在学习共同体中，教学活动实际成为师生双方共同交流互动、探讨新知识、发现新知识和获得新知识的过程。正如洪堡所言，“高等学校的一个典型特征就是把科学和学问设想

① 李洪修，张晓娟．大学“学习共同体”的实践困境[J]．江苏高教，2015(5)：46－49．

为终极任务，并为此进行的不间断的探究过程。在高层次的教育中，教师和学生相互独立，又相互依赖，教师和学生都有权利共同探索知识”[①]。大学学习共同体的主要成员为教师和学生，强调个体和全体的共同目标和共同成长。在共同的目标指引下，共同体成员在平等的基础上，通过相互交流、沟通、对话，共享资源，新的知识体系由此生成。由此，我们可以发现，在学习共同体中，平等、实践、共享、生成是其基本特征，其中最为核心的特征就是实践。这是由学习共同体的实践属性所决定的，因为学习共同体的一个重要特征就是实践共同体的意义建构。共同体成员在学习实践中通过彼此之间交流、沟通、探究，对自身知识体系进行不断的“建构”，进而不断发展和完善自身的知识体系。

中国特色社会主义大学不仅是基于共同的目标愿景的平等合作且共享资源的学习共同体，更是一个集体协同生成的实践共同体。它强调集体协同，将集体协同作为德育共同体的内在逻辑，倡导个体的自主参与和德性的主动生成。从根本上讲，这种集体协同还是依托学习进行的，是师生共同成长、共同发展的过程，具有三个核心要素：一是共同的目标愿景。这种集体协同生成的实践共同体关注的是大学的总体目标，甚至是高等教育的目标，即培养德智体美劳全面发展的社会主义建设者和接班人。这也是共同体内部所有成员的共同目标愿景，所有成员将为此投入他们的热情，在此过程中通过实践活动的相互作用不断提升自己的认知和专长。二是共同的社区。这种集体协同生成的实践共同体的共同社区即中国特色社会主义大学，为了追求共同的目标愿景，共同体成员在同一社区中相互帮助，相互交流，相互影响，相互合作，共享信息，最终形成对共同体的认同感和归属感以及相互之间的责任和义务。三是共同的实践。这种集体协同生成的实践共同体并不仅限于教师与学生的双向互动，而是诸多个体组成的集合，“长时间地共享共同

---

① 克拉克．探究的场所——现代大学的科研和研究生教育[M].王承旭，译．杭州：浙江教育出版社，2001:19.

确定的实践、信念和理解，追求一个共同的事业。在该共同体中，每个成员都有着共同的任务、相关的实践资源以及共同认可的常识”①。共同体内部的成员之间是平等的，他们围绕着共同的目标愿景，通过整合各种资源，发挥整体协同作用，相互学习、相互促进、相互帮助，使大学教育实践活动从施加型向建构型转变，从包办型向自选型转变，提高大学生参与实践的积极性，把所有类型的实践都转变为自我成长型实践。在这种集体协同的实践中，新知识得以生成，德性得以养成。

德育共同体内部不同个体和群体集体协同的实现需要高校教师、学生、管理人员、服务人员以及其所在的部门如教务管理部门、学生工作部门、共青团组织、就业指导部门、专业院系等多方的共同努力。一是要坚定目标愿景，促成同心而动。一方面，以中国特色社会主义大学的人才培养为目标统领，达成共同体成员的价值共识，奠定协同基础；另一方面，要分解共同体内部个体和集体的需求层次，使共同体各个协同主体在各个层面、各个方面均存在价值共识和联结基点，促成共同体内部个体和集体的同心而动。二是要明确部门责任，促使同域释能。对共同体结构进行解构，明确共同体成员的功能和责任以及各个成员在共同体中所扮演的角色，促使共同体成员在同一功能场域发挥自己的功能，并强化共同体成员之间的功能联结关系。三是要优化沟通机制，促进同台共为。共同体存在的核心要素就是社会关系，因此可以通过优化共同体内部成员之间的联系，优化共同体的沟通机制，实现共同体成员的同台共为。这其中最重要的就是要以全程沟通代替事件沟通，以主动参与代替被动参与，从表面沟通拓展到深层沟通，让沟通贯穿于大学教育全过程。四是制定共同规则，力争同轨发力。共同的规则主要包括平等独立、相互尊重、包容互补等，这既有利于增强共同体成员之间的相互信任，促进成员间开展交流与合作；又有利于共同体在共同的行为规则中共同发力，实现共同的目标愿景。五是健全支撑机制，实现协同共生。共同体的良性运转离

① 王利敏．“实践共同体”研究综述[J].上海教育科研，2016(12)：28－32.

不开相关理论、政策、物质以及社会环境的支撑。因此，我们一方面要加强德育共同体理论的建设，以期为德育共同体实践提供更直接的指导；另一方面，除了要依靠政府在政策和经费方面的支持，还需要以公共意志为纽带，争取更为广泛的社会支持，最终实现德育共同体与社会的共生共赢和协同发展。

总之，将中国特色社会主义大学视为德育共同体，立足于“共同善”的伦理诉求，强调多元主体道德责任的本质要求，贯穿于集体协同的内在逻辑，突出了全员、全过程、全方位育人的重要性，这是对大学作为学术共同体或学习共同体的一种再探索、再反思和再认识，也是全面贯彻立德树人根本任务的必然要求和自然选择，更是对中国特色社会主义大学内涵的认知深化。

第二节　高等教育的中国特色之路

高等教育的中国特色主要体现在中国共产党对高等教育的绝对领导权上，这是“立德树人”的根本要求，更是中国特色社会主义大学的本质要求。在新时代，中国特色的高等教育就是要解决“立什么样的德、如何立德”这个突出问题。高校德育共同体是对“立德树人”根本任务的回应，也是破解高校德育困境，构建中国特色高校德育体系的必然选择，更是高等教育的中国特色的根本凝练。

一、高校德育工作的现实需求

当前社会转型的加剧，网络技术快速更迭，通信技术的飞速发展带来了多元文化的并存和多种意识形态的渗透，这在给高校德育带来机遇的同时，也给高校德育带来诸多挑战。高校德育工作迫切需要一种具有持久生命力的符合中国特色的德育工作体系，迎接新时代的挑战，提升德育工作的针对性和实效性。

（一）社会转型期的德育需求

社会转型期“传统的价值观念和规范体系逐渐弱化，而新的价值观念和规范体系尚未确立，出现‘价值真空’‘规范丧失’”[①]，这对大学生的道德价值选择造成很大的困惑和冲击。网络技术的快速更迭使得泛娱乐化的、肤浅的、碎片化的信息充斥着大学生的“现实世界”，使得社会主流价值和道德标准对大学生的引导力减弱，致使高校大学生思想道德和价值观念日益多元化，难以形成道德正向驱动力量。通信技术的飞速发展使得信息传播更为方便快捷，尤其是自媒体技术的发展，使得大学生成为信息传播的主体力量，如何进行理性的分析判断，如何加强信息监管，如何开展正向的舆论引导，以确保大学生视听的纯洁性是高校德育工作者面对的重要课题。高等教育的现实目标就是要“坚持教育为社会主义现代化建设服务、为人民服务，把立德树人作为教育的根本任务”[②]。这不仅是对高等教育之根本目的的规定，亦指明德育在整个教育中的首要地位。要顺利度过社会转型期，就必须建构中国特色的高校德育体系，培养具有一致的道德信仰和价值认同的大学生，而这一切都可以指向到行之有效的德育教化上来。

（二）高等教育改革中的德育需求

为了加快推进建设世界一流大学的进程，各大高校都积极借鉴国外一流大学的标准，先后进行了招生制度改革、院校合并、建立分校、学分制与弹性学制改革。这类改革措施有效地提升了我国大学的整体水平和国际竞争力，但是全面深入的教育改革也给高校德育工作带来新的挑战。多校区办学增加了德育工作的难度，分校区校园文化活动较少，出现“空城现象”和“文化沙漠”现象。学分制的实施和大类培养模式的推行，导致了原有固定班级的模糊化，以班级为单位的集体活动减少，意味着以班级为载体的德育对大学生

---

① 芮鸿岩. 社会转型期高校德育实践困境的破解与路径选择[J]. 中国青年政治学院学报，2013(5)：97-101.

② 胡锦涛. 坚定不移沿着中国特色社会主义道路前进，为全面建成小康社会而奋斗——在中国共产党第十八次全国代表大会上的报告[N]. 人民日报，2012-11-18(1).

的影响弱化。“西方原版教材的引进，双语教学的推广等把大学生推向了接受国外文化的‘单行道’，使大学生的‘民族意识’和‘本土意识’逐渐削弱。”①从海外引进的教师由于受到国外思想和文化的影响，他们的价值观念难免会在教学中影响大学生的理想信念和价值追求。这些问题在一定程度上加大了高校德育工作的复杂程度。在此种情况下，高等学校迫切需要一种有着良性运转的长效机制而且具有持久生命力的方案来应对当前高等教育改革中出现的各类问题，以便形成共同的道德规范、共同的价值观念、共同的理想信念和共同的行为规范。

（三）多元文化交织中的德育需求

各种外来文化不断融入大学校园，它们在为校园文化带来新鲜活力的同时，也对高校德育工作带来了严峻的挑战，在某种程度上冲击和侵蚀了已有的文化理念、道德准则和价值追求。一方面，西方文化通过各种媒介向大学生传播渗透资本主义的文化精神和核心价值，要求大学生认同“先进、文明、民主、普世”的文化精神。直接导致许多大学生热衷于万圣节、圣诞节、情人节等国外节日，反而淡忘了中国的传统节日。另一方面，外国文化产品对大学生的价值取向产生了重要的影响。“好莱坞大片”“韩剧”和“日本动漫”都是当前大学生追捧和谈论的文化热点。这些文化产品大都具有较强的娱乐性和视觉效果，极大地满足了大学生的好奇心，获得了大学生的认同。然而，这些文化产品中大都渗透着资本主义的“普世价值”，对大学生的理想信念、道德观念和价值观带来一定的负面影响。这在一定程度上削弱了高校德育工作的引导力和感染力，也降低了高校德育工作的实效性。习近平总书记在党的十九大报告中指出：“文化是一个国家、一个民族的灵魂。文化兴国运兴，文化强民族强。”②尤其是高校校园文化能为大学生提供坚强的思想保证、

① 马进甫. 高等教育国际化背景下大学生思想政治教育的形势及对策[J]. 北京教育，2008(2)：16－18.

② 习近平. 决胜全面建成小康社会夺取新时代中国特色社会主义伟大胜利[N]. 人民日报，2017－10－28(1).

强大的精神力量和丰润的道德滋养。因此，面对多元文化交织的现状，高校德育工作必须以马克思主义为指导，坚守中华文化立场，立足当代中国现实，结合当今时代条件，发展面向现代化、面向世界、面向未来的、民族的、科学的、大众的社会主义文化。

（四）大学本质的德育需求

关于大学的本质的观点，在西方主要经历了从纽曼的经典大学观到弗莱克斯纳的现代大学观再到科尔的多元巨型大学观的演变。英国著名教育家约翰·亨利·纽曼认为大学是知识传授的场所。他在《大学的理念》一书中谈道："大学是一个传授所有知识的场所。大学通过提供……教育，训练人的智力，造就社会的绅士。"①美国著名的教育家亚伯拉罕·弗莱克斯纳认为，大学是研究高深学问的机构。他在《现代大学论——美英德大学研究》一书中谈道："大学最重要的职能，是在尽可能有利的条件下深入研究各种现象：物质世界的现象、社会世界的现象、美学世界的现象，并且坚持不懈地去发现相关事物的关系。"②美国当代知名教育家克拉克·科尔认为，当代大学是一种新型的机构，是一种多元的巨型大学。他在《大学的功用》一书中谈道："多元化巨型大学是实现国家目标的主要工具，是一个智力域。它维持与传播真理，探索新知；它服务社会，产生效益；它保持稳定的自由，它的成员为真理而献身。"③从以上分析我们可以看出，西方学者关于大学本质的探讨，主要强调对于知识的传授、科学的研究以及对社会的服务。因此，大学被广泛地认识为学术共同体或学习共同体。

我国大学自产生之初，就强调对于德行的养育。《大学》开篇就指出："大学之道，在明明德，在亲民，在止于至善。"强调了大学的宗旨在于弘扬光明正大的品德，使人达到完善的境界。中国特色社会主义大学的本质除了强调知

---

① Newman J H. *The Idea of a University*[M]. Oxford: Clarendon Press, 1976: 124－155.

② 弗莱克斯纳. 现代大学论——美英德大学研究[M]. 徐辉，陈晓菲，译. 杭州：浙江教育出版社，2001：1－3.

③ Kerr C. *The Uses of the University*[M]. Harvard: Harvard University Press, 1964: 18－19.

识传授、科学研究和社会服务，更是将立德树人作为我国大学的立身之本和根本任务。立德树人事关中国特色社会主义大学的性质，事关我国高等教育发展的方向和人才培养的目标。习近平总书记指出："我国高等教育发展方向要同我国发展的现实目标和未来方向紧密联系在一起，为人民服务，为中国共产党治国理政服务，为巩固和发展中国特色社会主义制度服务，为改革开放和社会主义现代化建设服务。"[①]要坚持中国特色社会主义大学的办学方向和人才培养目标，就需要建构起与之相适应的、具有持久生命力且能良性运转的德育工作体系，即高校德育共同体。而这种认识是对大学作为学术共同体和学习共同体认知的一种提升，也是大学中国特色的本质体现。

二、"立德树人"的根本要求

（一）高等教育的根本任务

党的十八大报告指出："把立德树人作为教育的根本任务，培养德智体美全面发展的社会主义建设者和接班人。"[②]这是对党的十七大报告中提出的"育人为本、德育为先"的深化和发展，深刻揭示了高校德育的本质要求和根本属性。党的十九大报告进一步提出："要全面贯彻党的教育方针，落实立德树人根本任务。"进一步将立德树人的根本任务由理论层面提到了实践层面。高校立德树人的根本任务实际上是要回答"为谁培养人""培养什么样的人"和"怎样培养人"的问题。"为谁培养人"是培养的归宿问题；"培养什么样的人"是培养的目标问题；"怎样培养人"是培养的路径和方法问题。"为谁培养人"是立德树人根本任务的核心和前提，决定着"培养什么样的人"和"怎样培养人"这两个问题；"培养什么样的人"作为目标又为"如何培养人"提供了方向指引。相对而言，前面两个问题的答案是明确的："为谁培养人"当然是为了中国特色社会主义制度的长盛不衰，为了中华民族的伟大复兴，为了党和

① 习近平. 习近平在全国高校思想政治工作会议上的讲话[N]. 光明日报，2016-12-09(1).

② 胡锦涛. 坚定不移沿着中国特色社会主义道路前进，为全面建成小康社会而奋斗——在中国共产党第十八次全国代表大会上的报告[N]. 人民日报，2012-11-18(1).

国家的长治久安,为了人民的幸福安康培养人才;“培养什么样的人”自然是培养德智体美全面发展的中国特色社会主义建设者和接班人。然而,针对“如何培养人”的问题,却众说纷纭,各持己见,难以统一。因此,迫切需要有一个生命有机体来统筹整合立德树人根本任务要回答的三个问题。这个生命有机体就是高校德育共同体。

(二) 中国特色社会主义高校的立身之本

立德树人是中国特色社会主义高校的立身之本,为高等教育的健康持续发展指明了方向。中国特色社会主义高校自建立以来,始终将“育人”作为核心目标和根本任务,而育人在本质上就是培养大学生的道德信仰和对社会主义核心价值观的价值认同。一方面,“三个独特”决定了立德树人是中国特色社会主义高校的立身之本。习近平总书记在全国高校思想政治工作会议上指出:“我国有独特的历史、独特的文化、独特的国情,决定了我国必须走自己的高等教育发展道路,扎实办好中国特色社会主义高校。”①中国是唯一没有中断过的文明古国,有着五千年独特的悠久历史,增加了立德树人的底气;在五千年的发展中形成了独特的中华优秀传统文化,增加了立德树人的历史底蕴;处在社会主义初级阶段的独特国情则突显了立德树人的基本底线。另一方面,“三大规律”决定了立德树人是中国特色社会主义高校的立身之本。习近平总书记强调指出:“要遵循思想政治工作规律,遵循教书育人规律,遵循学生成长规律,不断提高工作能力与水平。”②“思想政治工作规律”强调高校作为社会主义人才培养的主阵地,要掌握人才培养的主动权;“教书育人规律”强调教师的任务不仅是专业知识的传授,更重要的是以自身的道德行为和人格魅力,言传身教,引导学生养成德行和完善人格;“学生成长规律”本质上就是实现人的全面发展。而在其中,德育占据首要地位,为人的全面发展提供了动力,确立了方向。

① 习近平. 习近平在全国高校思想政治工作会议上的讲话[N]. 光明日报,2016-12-09(1).

② 习近平. 习近平在全国高校思想政治工作会议上的讲话[N]. 光明日报,2016-12-09(1).

(三) 高校人才培养的中心环节

立德树人是高校人才培养的中心环节，高校培养出来的人才是为实现中华民族伟大复兴的中国梦不懈奋斗的高素质专门人才。习近平总书记在全国高校思想政治工作会议上强调，“要坚持把立德树人作为中心环节”“实现全程育人、全方位育人，努力开创我国高等教育事业发展的新局面”①。“立德树人”这个“中心环节”在高校人才培养的中心点，也就是说，全程育人、全方位育人的实现都要围绕“立德树人”这个中心开展。在人类社会的发展进程中，人才始终是推动社会进步和发展的重要力量。随着经济全球化和科技信息化趋势加快，人类社会已经进入一个全新时代，科技创新成为经济社会发展的新引擎。实现中华民族的伟大复兴，科技是关键，人才是核心，教育是基础，立德树人则是核心中的核心，因此，“高校必须要把社会主义核心价值观融入人才培养的全过程，大力推动中国特色社会主义理论体系，特别是习近平新时代中国特色社会主义思想进教材、进课堂、进头脑，使学生真正领会其科学内涵和精神实质，形成对中国特色社会主义的内心拥护和真诚信仰”②。

三、高校德育发展的必然选择

(一) 德育的主体发生变化

随着高校德育的发展，德育的主体发生了重要的变化，逐渐由单主体走向双主体乃至多元主体，这就为德育共同体的形成提供了重要保障。德育共同体的群体成员主要包括教师、学生、行政管理人员以及服务人员。首先是教师群体，无论是专业教师还是德育教师主要承担着“教学育人”的任务，他们通过课堂德育和实践德育引导学生“立”政治品德、社会公德、职业道德和生活美德；“树”具有爱国报国情怀之人、具有社会责任感且堪担大任之人、具

① 习近平. 习近平在全国高校思想政治工作会议上的讲话[N]. 光明日报，2016－12－09(1).

② 卢春龙. 高校要把立德树人作为人才培养中心环节[J]. 红旗文稿，2017(20)：30－31.

有创新创业精神之人。他们是实现德育目标的主要力量。其次是管理人员群体，主要包括了学生管理人员、教学管理人员、网络管理人员、图书管理人员，等等，主要承担着“管理育人”的任务，他们通过团体德育、角色德育、网络德育等引导学生形成对规则的敬畏和对善的追求。再次是服务人员，主要包括学校的餐厅服务人员、宿舍服务人员、环卫服务人员、交通安全服务人员等等，他们承担着“服务育人”的任务，主要通过生活德育等创造美好的校园生活环境，通过服务教育学生、感化学生，培养学生的对美好生活的热爱。最后是学生群体，他们是实现德育目标的关键所在，是高校德育的对象，又是高校德育的重要主体，在高校他们承担着自我管理、自我教育和自我成长的重要任务。

（二）德育的场域有所调整

场域调整是高校德育发展的必然结果。随着德育理论的成熟和互联网技术的发展，德育的场域由传统的以课堂为单一渠道的场域逐步走向融合了生活和网络等新的场域体系。德育共同体的场域体系主要包括了课堂环境、生活环境、网络环境、社会环境、国家环境等等。他们通过构建和谐的德育环境发挥熏陶与塑造功能，使大学生自觉接受德育的内容，并主动内化为自身的道德品质与行为规范，外化为自身的行为习惯，进而实现高校德育的目标。首先，课堂是高校德育目标实现的最主要渠道。在课堂上，教师通过一定的教学手段将德育内容传授给学生，让学生在参与中受到熏陶和感化。其次，生活环境是高校需要重点建设的环境，是高校德育目标实现的重要渠道。通过让学生在真实的生活情境和体验中不知不觉地受到熏陶和感化，最终实现知识的内化、思想的升华、情感的共鸣和自我的全面发展。再次，网络环境是意识形态生成、传播和斗争的重要阵地，也是实现高校德育目标的重要阵地，是德育在新领域的延伸。高校要积极占领思想政治教育工作的制高点和重要阵地，积极开展网络德育工作。最后，社会环境和国家环境是立德树人根本任务实现的外部环境保障。这就需要全社会共同参与、共同努力，创建和谐、有序、文明的社会环境和富强、民主、安全的国家环境。

（三）德育的路径有待优化

随着德育对象的变化和德育场域的调整，德育的路径也要有相应的优化。德育的路径是实现德育目标的纽带和桥梁，也是德育共同体的媒介体系，主要包含了德育的目标、内容、途径、方法等。首先，德育的目标是为了培养具有高尚品德的社会主义建设者和接班人，最根本的还是为了培养"全面发展的人"。其次，德育的内容主要包括了以政治教育、思想教育、道德教育、法纪教育、心理健康教育等为主的"知识体系"和以生命教育、生存教育和生活教育为主的"生活体系"两个层面。尤其在新时期，高校德育的内容更应该是为大学生提供"什么是正确的生活"这个问题的答案，根据时代的发展和大学生的特点突出生命的可贵性、生存的现实性和生活的多样性，并选取与之相适应的德育内容。最后，德育的途径、方法主要包括了以"教人"为主的开设思想政治理论课程、教学过程中的教书育人、开展社会实践活动、党团组织和班集体活动等和以"化人"为主的通过文化来承载德育、用文化来催生德性的方式，强调全方位全过程的育人。

第三节　高校德育共同体的时代使命

在新的历史时期，多元文化的碰撞和意识形态的渗透对高校德育工作具有较大的冲击，实现中华民族伟大复兴需要进一步强化大学生的政治认同和价值认同。如何强化政治认同和价值认同，有效地整合资源，优化资源配置，创新协同机制，构建中国特色世界一流的高校德育工作体系，既是实现"立德树人"根本任务的迫切要求，也是德育共同体最为重要的时代使命。

一、面向"两个一百年"的系统工程

中国特色世界一流的高校德育体系是面向"两个一百年"的系统工程。

“两个一百年”自党的十五大报告提出以来，历届领导人都非常重视。自党的十八大以来，习近平总书记在历次公开讲话与文章中，超过一百次提到“两个一百年”，其重要性可见一斑。“两个一百年”的奋斗目标，与中国梦一起，成为引领中国前行的时代号召。党的十九大报告清晰擘画出全面建成社会主义现代化强国的时间表、路线图：“第一个阶段，从 2020 年到 2035 年，在全面建成小康社会的基础上，再奋斗十五年，基本实现社会主义现代化；第二个阶段，从 2035 年到 21 世纪中叶，在基本实现现代化的基础上，再奋斗十五年，把我国建成富强民主文明和谐美丽的社会主义现代化强国。”①

社会主义现代化强国目标的实现离不开教育的现代化，尤其是高等教育的现代化。因此，当前高等教育的重要任务就是深化高等教育改革，加快建设中国特色现代大学制度。高等教育最终目的并不仅仅是办好一所学校，或者培养社会所需要的某种人才，而是要进一步落实立德树人的根本任务，将其融入实现“两个一百年”目标和“中国梦”的历史进程中。这就要求高校的德育工作必须扎实推动中国特色社会主义高校德育体系建设，进一步深化以马克思主义作为指导思想的理论内涵和外延的研究和建设，牢牢占领高校意识形态主阵地，不断增强大学生的道路自信、理论自信、制度自信和文化自信，将社会主义核心价值观带进课堂、带入学生头脑，培养大学生的家国情怀和社会责任，创立一个人人追求“善业”的美好的世界。

二、坚持“四个正确认识”的科学判断

中国特色高校德育工作体系要将“四个正确认识”作为切入点。习近平总书记在全国高校思想政治工作会议上提出：“正确认识世界和中国发展大势；正确认识中国特色和国际比较；正确认识时代责任和历史使命；正确认识远大抱负和脚踏实地。”“四个正确认识”是一个严密的体系。“正确认识世界

① 习近平. 决胜全面建成小康社会夺取新时代中国特色社会主义伟大胜利[N]. 人民日报，2017-10-28(1).

和中国发展大势是从全球视野和社会历史的角度来分析局势；正确认识中国特色和国际比较是从本土情怀和民族国家的视角来比对判断；正确认识时代责任和历史使命是从历史所托和当下所需的角度来肩负重任；正确认识远大抱负和脚踏实地是从人生价值和知行合一的角度来阐释路径。”①

正确认识世界和中国发展大势是高校德育工作的航标。世界和中国发展的大势就是“两个必然”，即人类社会发展的必然性和中国特色社会主义发展的必然性。高校德育工作就是要旗帜鲜明，坚持马克思主义为指导的中国发展大势，以社会主义核心价值观为主要内容，不断树立为共产主义远大理想和中国特色社会主义共同理想而奋斗的信念和信心。

正确认识中国特色和国际比较是高校德育工作的基石。经济的全球化带动了文化的全球化、教育的全球化，当今世界的发展已经离不开中国，中国的发展同时也离不开世界，高校德育工作就是要引导学生充分认识中国特色社会主义的优越性，增强大学生中国特色社会主义道路自信、理论自信、制度自信、文化自信。同时要培养大学生的国际视野和辩证思维，以理性客观的态度看待问题、认知世界。

正确认识时代责任和历史使命是高校德育工作的重要指南。正确认识时代责任和历史使命最主要的就是要认清当前中国的建设目标，即实现中华民族的伟大复兴。因此，高校德育要根植于改革开放的伟大实践，以学生为主体，坚持价值引领，创新方式方法，营造德育氛围，不断增强德育工作的吸引力和感染力，使得大学生将社会主义核心价值观内化为自我的道德修养，外化为将个人理想追求融入国家和民族的事业中的切实行动。

正确认识远大抱负和脚踏实地是高校德育工作的引擎。正确认识远大抱负和脚踏实地就是要引导学生树立实现中华民族伟大复兴的理想，但同时也要将理想付诸行动，自觉将爱国之情、报国之志转化为勤学钻研之行、报国

① 方正泉，白冰. 四个正确认识：高校思想政治工作的新内容和着力点[J]. 思想教育研究，2017(4)：9-12.

奉献之行。对此，高校德育工作要引导青年学生，坚持把理想树立在建设祖国的大地上，把梦想放飞在民族进步的进程中，坚持理论联系实际，理想结合实践，在奋斗中实现人生的伟大志向，实现民族的伟大复兴。

三、立足中国本土的德育解决方案

中国特色高校德育工作体系还是要立足中国本土、立足中国国情、立足中国特色社会主义的根本制度。习近平总书记在中国共产党成立95周年大会上指出："我们要建设的是中国特色社会主义，而不是其他什么主义。历史没有终结，也不可能被终结。中国特色社会主义是不是好，要看事实，要看中国人民的判断，而不是看那些戴着有色眼镜的人的主观臆断。中国共产党人和中国人民完全有信心为人类对更好社会制度的探索提供中国方案。"①这里的"中国方案"就是特指中国特色社会主义。中国特色高校德育工作体系就是要在借鉴世界先进经验、整合各类资源形成德育合力的基础上提出解决德育问题的中国方案，是具有内生动力的生命体系。

习近平总书记考察北京大学时强调："办好中国的世界一流大学，必须有中国特色……世界上不会有第二个哈佛、牛津、斯坦福、麻省理工、剑桥，但会有第一个北大、清华、浙大、复旦、南大等中国著名学府。我们要认真吸收世界上先进的办学治学经验，更要遵循教育规律，扎根中国大地办大学。"②因此，不同于高等教育的"苏联模式"，更不同于资本主义国家的发展模式，中国特色高等教育"来源于中国特色社会主义的本质要求，来源于中国优秀传统文化精神积淀，来源于中国的历史、政治、经济、教育等有机结合"③。

立足中国本土的高校德育解决方案，一是要在大学办学方向上，坚持社会主义办学方向，扎根中国大地办中国特色的社会主义大学，这就要求要坚

---

① 习近平. 在庆祝中国共产党成立95周年大会上的讲话[N]. 人民日报，2016-07-02(1).

② 习近平. 青年要自觉践行社会主义核心价值观——在北京大学师生座谈会上的讲话[N]. 中国青年报，2014-05-05(1).

③ 耿有权. 试论中国特色世界一流大学[J]. 研究生教育研究，2016(1)：1-5.

持中国共产党的领导，提出建设世界一流大学的“中国方案”，形成建设世界一流大学的“中国经验”，走出一条世界一流大学建设的“中国道路”。二是在大学治理模式上，不同于美国的董事会领导下的校长负责制，不同于英国的学院制，也不同于法国的校务委员会领导下的校长负责制，而是要坚持和发展党委领导下的校长负责制，这是中国特色社会主义大学制度的核心内容。三是在人才培养目标上，坚持“立德树人”根本任务，培养德才兼备、又红又专的社会主义建设者和接班人，积极发掘和弘扬中华优秀传统文化，自觉抵御错误思潮的渗透和侵蚀，开展社会主义核心价值观教育。四是在育人方式上，坚持全员、全过程、全方位的育人模式，实施“共同体”育人，促进大学生全面健康发展。

第四节　高校德育共同体的发展逻辑

高校德育共同体作为中国特色社会主义大学的本质体现，意味着高校要坚持马克思主义指导思想，坚持中国共产党的领导，坚定社会主义的办学方向，主动承担起实现中华民族伟大复兴中国梦的伟大历史使命，立足于立德树人的根本要求，从高校德育的对象、目标、内容、场域和路径等方面实现德育共同体的自我发展。

（一）德育对象凸显主体意识

高校德育共同体要求德育工作将大学生由被动的参与者变为良性互动者和主动的建构者，凸显德育对象的主体意识。这就需要构建一种主动性、参与式的“主动生成”的德育实践模式。首先，要尊重大学生的主体性。大学生作为德育的主体，通过自身的实践，如课堂学习、生活体验、团体活动、角色体验等的道德实践等，经过自己的情感体验，独立做出道德判断和道德选择，进而能够自主地调节自己的道德行为，“在实践中完善自己的品德，丰富和发展道德规范，在完善中求得情感的愉悦与人格的升华，更求得自身社会价值的提高”[①]。其次，要关注大学生个体的差异性。在德育工作过程中，要重视学生的自由选择，培养其道德选择能力，进一步凸显其德育主体意识。第三，要建立良性的师生互动模式，在德育过程中，教师要成为课堂的组织者、参与者，引导者，创设师生互动的情境，进而使大学生逐步成为课堂的主动参与者，激发学生的主动性和参与性，构建良性互动的师生关系。

（二）德育目标强调人的全面发展

高校德育共同体在目标上要求德育工作回归“关注人，培养人、发展人”，最终促进人的全面发展。马克思认为，人的全面发展要求“人以一种全面的方式，也就是说，作为一个完整的人，占有自己的全面的本质”[②]。而为了实现所有人的全面发展，首先必须实现单个人的全面发展，“每个人的自由发展是一切人的自由发展的条件”。因此，人的“全面发展”并非是同质化的均衡发展，而是异质化的个性发展。而“全面”也并非是一个完整的过程，而是一个逐渐生成的状态。总之，所谓“人的全面发展”即“是指每个人都能得到的平等发展、完整发展、和谐发展和自由发展”。人的全面发展的过程是一个不断接近和达到理想目标的历史过程。而中国特色的高校德育工作目标正是要强调“人的全面发展”和“德性的交互协同”，从马克思主义以人为本的基本立场出发，切实将大学生的自由全面发展定位为自己的根本宗旨与目标。

（三）德育内容注重结构化建构

高校德育共同体在内容上不应该只限于传统的“知识体系”，而是应该对知识体系、情感体验和认知结构进行结构化建构。知识体系是对德育内容进行结构化构建的基础，生成道德行为的前提和基础，也是大学生道德形成和发展的前提。尽管传统的以知识传授为主的德育内容有诸多弊端，但要解决这些弊端，并不意味着要摒弃知识体系，而是要进一步优化知识体系，构建基

---

① 庞雪群. 德育对象主体性视域中的价值澄清理论[J]. 学术论坛，2011(12)：60－63.

② 马克思，恩格斯. 马克思恩格斯全集：第42卷[M]. 北京：人民出版社，1979：123

于生命、生活和生存的知识体系。中国特色的高校德育应当引导大学生进行主动建构内容，从尊重生命开始，进而去反思自己以及自我的生存状态和生存价值，最终在自我角色定位与实现中生成道德行为。情感体验是建立在知识体验之上的，通过情景教学、现场教学、角色体验等创设情感交流和体验的情境，在情感体验中培养道德情操，提升道德境界，生成道德行为，构筑精神家园，追寻自我价值的实现。认知结构是对知识体系和情感体验的升华，是通过知识的普及和情感的体验，使学生认识、体验并最终掌握其内容，根本目的在于让学生掌握建构意义的方法。由此可见，这三者是一个不断递进升华的过程：知识体系是情感体验的重要基础和重要条件，这两者又同时作用于认知结构，最终通过知识的习得和情感的体验，使学生生成认知结构。

（四）德育场域回归“生活世界”

高校德育共同体在场域上要求德育工作回归“生活世界”，在现实的生活世界中完成。“生活世界才是人生的目的、意义和价值的来源，奠基于生活世界的实践之上，理论、科学及其他的观念化成果才得以可能。”[①]回归“生活世界”，就是要尊重“生活世界的整体性”，不仅建构在“日常的生活世界”中，更建构在“非日常的生活世界”中。正如哈贝马斯所说，“道德反思渗透于生活世界的每一个要素的功能之中从而推动整个道德生活持续的合理化，只有在生活世界中，平等交往的主体之间达成的价值共识才能构成道德原则的普遍有效性基础”[②]。回归“生活世界”的高校德育场域，要进一步丰富课堂的主渠道功能，从中寻找发掘丰富而生动的教育资源，根据时代的发展和大学生的特点突出生命的可贵性、生存的现实性和生活的多样性，并选取与之相适应的德育内容。回归“生活世界”的高校德育场域，还要体现“生活世界”的生活化，让学生在真实的生活情境和体验中，能够形成一种独立自主的思想意识，使每一个学生都能通过体验、感知和反思发现、发挥和加强自己的创造潜力，

① 张彤. 胡塞尔的生活世界学说对欧洲科学危机问题的思考[J]. 北方论丛，2011(5)：136-139.

② 唐涛，陈中建. 个性·权力·传统：哈贝马斯面向生活世界的道德反思[J]. 求索，2013(6)：96-99.

进而让学生在不知不觉中受到熏陶和感化，最终实现知识的内化、德性思想的升华、情感的共鸣和自我的全面发展。回归“生活世界”的高校德育场域，还要向网络等新领域延伸，在个人电脑、移动手机等逐步成为大学生生活必备品的前提下，高校德育工作者要积极占领并构建网络德育阵地，既要防止敌对势力在意识形态领域对大学生的渗透，也可以通过网络德育使大学生在上网的过程中受到潜移默化的熏陶。

（五）德育路径强调“内化于心、外化于行”

高校德育共同体在路径上要求德育工作不论是角色德育，还是团体德育，抑或是实践德育，都是强调在体验的过程中潜移默化地达到育人的效果。“化人”就是在德育过程中塑造人、熏陶人、培养人、武装人、引导人，使人按照一定的方向发展。① “化人”之“化”并不是教化、训化，而是育化、养化和同化，具有自然性、潜在性和浸润性。因此，“化人”式的德育，其途径并不是教人知识、道理和规则；而是使人受到浸润、感染和启迪，在德育过程中去主动生成德性。角色德育强调在角色中历练，是一种内化性的德育方式，大学生通过扮演不同的角色，在角色体验中逐步掌握不同角色的规范，增强道德价值认同；团体德育注重大学生在团体中的成长，强调大学生在以主体培育、情境营造、手段改进等为主的团体活动中的参与和体验，进而通过团体活动来承载德育、催生德性；实践德育强调在实践中的收获，德育内容内化于心和外化于行的过程都离不开实践，是内化和外化的重要媒介。因此，“化人”式德育的一个重要途径就是同化，主要包括“认同”和“转化”两个环节：“认同”就是内化于心的过程，强调对于文化的接纳程度，是“化人”的起点；“转化”则是外化于行的过程，强调的是对人的熏陶和启迪，是“德性”催化的过程。

生机勃勃的新时代高等教育正向我们走来。当前，我们正从高等教育大国向高等教育强国迈进。高等教育毛入学率的提升，各层次高等教育体系的建立，“双一流”建设号角的吹响，无不昭示着一个伟大民族在世界舞台上的

① 李春华. 文化的“化人”与思政的“育人”[J]. 马克思主义研究，2012(9)：138－144.

冉冉升起。回归教育的初心，促进人的全面发展依然是时代的主旋律，尤其是在经济快速发展、信息浪潮澎湃的今天。对高校来说，高校德育共同体不仅是德育的对象、目标、内容、场域和路径的再认识、再反思和再探索，也是高等教育改革发展的题中应有之义，更是促进大学生健康向上发展的必然要求。

索　引

后　记

高校德育工作是高等教育体系的重要组成部分，是中国特色世界一流大学建设的核心要义之一，是培养中国特色社会主义事业建设者和接班人的根本任务要求。党的十八大把“立德树人”作为教育的根本任务，揭示了高等教育的本质属性，赋予了高等教育重大的使命，体现了高等教育的鲜明特征。在党的十九大报告中，习近平总书记强调：“要全面贯彻党的教育方针，落实立德树人根本任务，发展素质教育，推进教育公平，培养德智体美全面发展的社会主义建设者和接班人。”这一重要论述，深刻回答了“培养什么样的人、如何培养人以及为谁培养人”的历史命题，充分反映了高等教育办学规律和人的全面发展内在诉求的协调统一，为新时期高校改革发展指明了方向、明确了目标、提出了方案。

立德树人，关键在于德育，本质是育德。德育自古有之，中外相通，内外兼修。尤其在有着五千年文明史的中华大地，有关仁、义、礼、智、信等“德”的观念根植民间，深入人心，延绵不断。近代以来，教育界把德育与智育相提并论，并将政治学习、思想品德、行为规范、能力素养、公民教育等纳入德育的范畴，德育的战略地位得到了前所未有的提高。当前，我国正处在全面建成小康社会的关键期，中华民族伟大复兴的历史使命需要一代代青年学生锐意进取、奋勇拼搏、不懈努力。在这样的历史进程中，如何把握高等教育办学的客观规律，如何巩固马克思主义意识形态的主导地位，如何破解高校德育工作中面临的巨大挑战，如何造就能担当大任推动进步的有生力量，如何在传承中继续弘扬发展德育、开展育德，是高校教育工作者必须回答的重大问题。基于此，在教育部人文社会科学研究专项任务项目（中国特色社会主义理论体系研究（18JD710094））的支持下，浙江大学德育与学生发展研究中心组织力量，开展了“高校德育共同体”的课题研究。

课题组坚持以习近平新时代中国特色社会主义思想为指导，围绕实现立德树人根本任务，提出构建高校“德育共同体”的理念，期望强化德育工作的系统性、主体性、协同性、实践性。课题组试图通过对理论框架的梳理、现实格局的分析、实现路径的架构，进一步完善高校德育工作的认知结构，突出德育主体对德育价值的意义建构，探索主体发展相融合、路径和场域相交织、“交互协同”的德育工作模式。而在本书完稿之际，教育部也出台了《高校思想政治工作质量提升工程实施纲要》，提出构建“十大育人体系”，要求大力提升高校思想政治工作质量。“十大育人体系”与“德育共同体”的理念不谋而合，都突出强调全员、全过程、全方位育人的重要性，深化对不同场域、不同环境、不同路径、不同主体间德育工作的认识，为新时代高校德育工作的改革创新提供了解决方案和本土样本。

本书是浙江大学一线思政工作者集体智慧的结晶。课题研究由浙江大学党委书记、浙江大学德育与学生发展研究中心主任任少波同志主持组织，他对全书的框架设计、学理逻辑、结构安排做了审定。理论部分（第一、第二章）由刘翔、王小燕、许占鲁、李红香、潘贤林撰写，实践部分（第三、第四、第五、第六、第七、第八、第九章）由傅方正、徐洁、段园园、王亚南、叶文、楼姣、徐晓峰、潘贤林、吕成祯撰写，楼艳和韩沁钊、曹政两位博士生参与了其中的一些工作。党委宣传部、党委学工部、校团委、建工学院等提供了案例素材，马克思主义学院张彦教授参与讨论并做了学术指导，浙江大学出版社的相关编审提出了很好的修改意见，许多专家学者给予了认真指点，在此一并表示由衷感谢！

本书还积极吸收了课题组的阶段性成果，包括《德育共同体：内涵、特征与时代使命》《新时代高校思想政治教育范式建构初探》《德育共同体：中国特色社会主义大学的新认知》等论文的主要观点和内容。

本书的初稿完成于2018年7月，经过多次修订、增删，但深知仍有许多新内容、新思考未能述及。在书稿写作过程中，研究团队参考了大量研究资料，但理论研究永无止境、实践继续创新。由于研究团队水平有限且时间仓促，书中难免存在一些疏漏和不足，真诚地希望专家学者和读者朋友批评指正。

图书在版编目(CIP)数据

高校德育体系新认知 ：共同体的实践 / 任少波等著.
—杭州：浙江大学出版社，2019.12
ISBN 978-7-308-18359-8

Ⅰ.①高… Ⅱ.①任… Ⅲ.①高等学校—德育工作—研究—中国 Ⅳ.①G641

中国版本图书馆 CIP 数据核字(2018)第 128744 号

高校德育体系新认知——共同体的实践
任少波　等◎著

责任编辑　诸葛勤
责任校对　杨利军　李瑞雪
封面设计　卓义云天
出版发行　浙江大学出版社
（杭州市天目山路 148 号　邮政编码 310007）
（网址：http://www.zjupress.com）
排　　版　杭州林智广告有限公司
印　　刷　浙江海虹彩色印务有限公司
开　　本　710mm×1000mm　1/16
印　　张　18.5
字　　数　264 千
版 印 次　2019 年 12 月第 1 版　2019 年 12 月第 1 次印刷
书　　号　ISBN 978-7-308-18359-8
定　　价　56.00 元

浙江大学出版社市场运营中心联系方式：0571—88925591；http://zjdxcbs.tmall.com